民主主義教育21
Democracy Education
Vol.12

新学習指導要領批判と主権者・憲法教育

全国民主主義教育研究会＊編

2018.4
同時代社

民主主義教育21 VOL.12

新学習指導要領批判と主権者・憲法教育

目次

特集1　主権者・憲法教育

特集2　新学習指導要領批判

若手教員のための授業入門編

現代の課題を学ぶ

全国民主主義教育研究会　第四八回大会

◎書評

全民研二〇一八年中間研究集会講演

憲法改正と憲法教育論

青井　未帆

本稿は、機関誌編集部の責任でまとめたものであり、文責は編集部にあります。

はじめに

学習院大学のロースクールに所属し、法学部生の一、二年の憲法とゼミを担当しています。大学卒業後、司法権の研究をしていました。そのころ、ミサイル防衛のための武器輸出三原則の緩和という議論があり、その理由を調べると、これが憲法、法律、命令にも記載されていなくて、施行令の「解釈基準」に表示されただけで、法的には曖昧なものが憲法九条と密接なものとして捉えられていました。九条は条文だけでなく、社会や制度のなかに具現化されているのかと思っていたら、安倍政権で「九条改憲」が提示される事態になりました。今、安倍内閣は憲法改正を既定路線にする動きのなかで、その言い分は「改正しかない」「いつ改正するか、どう改正するか」という議論で、マスメディアの扱いも同様です。憲法改定の雰囲気的は、これまでと変わってきています。憲法改正と一口にいってもさまざまなことがあるのですが、九条をについて次の世代、社会をどうつくるかという視点が求められているように思います。

憲法改正と国会

政治動向として立憲主義への攻撃がおこなわれています。立憲主義は「王のいた時代の考えかた」と安倍首相は言いました。また、聖徳太子の一七条憲法を引きあいに出されます。そして「法の支配」を好んで使用します。特に対外関係で盛んに述べています。これはきわめて意図的なことだと思います。少し勉強した人には一七条憲法は行政法的、民法的

規律で「役人の心がまえ」で、今の憲法とは違うことを知っています。近代憲法のなかに一七条憲法は入らないのですが、現行憲法の意味を変えようとして一七条憲法の引用がおこなわれているようです。法学部で近代憲法の授業をすれば、国家は憲法に縛られ、個人が憲法から自由であることが明らかになります。これは同一平面のように、国家と個人は手をとりあってともに進むという関係が実現しやすくなることです。

　こうしたなか、二〇一七年の国会で、憲法五三条に「内閣は、国会の臨時会の招集をすることができる。いずれかの議院の総議員の四分の一以上の要求があれば、内閣は、その招集を決定しなければならない」が問題になりました。これは前半が任意であり、後は強制です。安倍内閣は三ヵ月も臨時国会を召集しないで、開いた途端に冒頭解散をしました。これは、「憲法には従わなくてもよい」といわんばかりです。そのほか、強行採決、議論しない国会など、憲法無視の政治です。議論しない国会について、学生に「統治」を教える授業の際、国会中継をみてもらいました。学生の感想は「あんなふうになっているとは思わなかった」という感想です。私は今の国会状況が恥ずかしいと思います。こうした政治があたり前とおもわれないようにしなければなりません。今の政治は憲法が定めている規定から離れていることに批判的です。先般の衆院での冒頭解散理由は不明で、「モリ、カケ」事件から逃れるためと誰もが思うようです。

　安倍内閣のなかで、憲法に従わなくてもよい政治が続いているといわざるをえません。そして、憲法を守らなくても制裁《サンクション》はありません。国民は民法や刑法に違反したら制裁をうけますが、国家が憲法に違反したら、どのような制裁をうけるのかといえば、そういうものは無いのが憲法です。

　制裁はないが、憲法は守ることが前提になっています。憲法は神が与えたものでもでも神の子孫が統治しているでもなく、あくまで国民主権のもとで憲法のもとに国家をつくっているということです。今、憲法に従わない政治を許容し、それを批判する力が弱くなっています。この数年ですが、個別の条文だけでなく、現行憲法、そのものを変えたいという強い意志が働いているようにみえます。そうなると無制約の権力にもなりかねないのですが、これは他国からみたら、普通の国とは思われないということに気がついていないと思います。北朝鮮のことで必要以上に危機が煽られていますが、北朝鮮がなぜ怖いとみなされるかといえば、国民の命を守らない。国民を守らない国家はなにをするかわからないということです。普通の近代国民国家は国民を守ります。これに対し、国民の人権を守らないということは近代国家ではない。国家は、権力を分流して暴走しないようにします。が、このタガが外れた国家がいかに恐ろしく、外からみるとどう見えるのかについて注意を払う必要があります。こういう議論が内むきのなかで行われていますが、国際法の常識から憲法改正はどう判断がされるのか、国際政治にどのようなシグナルを出しているのかについて、視点が小さくなっているように思います。憲法改正問題は国際政治と密接な関係にあります。国際政治の観点から憲法改正問題を真剣に考えることが不足しています。

近代立憲主義と権力の統制

次に「権力の統制」についてです。振り返ってみますと「権力の統制」が近代立憲主義にとって課題であったわけですが、これを解明するにはもう少し遡るべきだと思います。元来、ヨーロッパでは、ゲルマン民族には「高次の法」として「国王といえども法律には従わなければならない」「その法律には国王も縛られる」というのが近代立憲主義の淵源として語られています。これは「中世的立憲主義」といいます。学説的には、立憲主義を中世に求める考えです。それは、封建諸侯の既得権を擁護するための議論です。そのなかで、国王といえども封建諸侯の既得権を奪えないなかで、国家が中央集権化するためには法律に対する理解が一八〇度変わらなければならないことになります。こうして国王がつくるものが法律であるとし、中央集権国家への地ならしがおこなわれます。そして人権擁護の議論が必要になり、既得権や身分制は人権を制約すると同時に守るものでもあったのです。これ以後、かなり時間が経過するなかで、実証主義が盛んになると自然法は下火になりますが、最終的にナチスドイツ全体主義ファシズムを通して、第二次世界大戦後には自然法のリバイバルがあり、「違憲審査革命」と呼ばれる司法権あるいは憲法裁判所、また、独立の機関が政治をコントロールすることが世界的に進行しました。こうして、現在では司法権や憲法裁判所が政治をチェックすることになっています。

日本の場合はわかりにくいのですが、世界を見ると「メガ司法化」という言いかたをします。これは、きわめて大きな政治的判断のアクターとして行動しています。メガという言葉がふさわしいのですが、日本でもこうした変化がみられます。政治と法を簡単に言うことはできない、未完のプロジェクトであるということに注意が必要です。

憲法で規定された国民の権利と政府の対応

憲法がつくられたので、これを守るだけでよいということではありません。憲法を制定することは一つの試みであり、憲法の下でどういう慣行を積み重ねていくのか、不断の努力が必要です。立憲主義は日々の政治のなかでしか実現できません。憲法があるだけでよいのではなく、どうやって中身を充填していくのかが問われます。

日本国憲法には議院内閣制が書かれていますが、そんなにキチンとは述べられてはいません。ただ、イギリスなどのような成文憲法のない国と比較すれば「書きすぎ」の部分もあります。また、他の法律とは違い「書いていない」こともあります。立法府の関係でいうと憲法、国会法の規定、議員規則といったときには、先例にゆだねられている部分がかなり大きいのです。議院内閣制が立法府のなかで、どのような国会運営をするのかは、先例集を見ないとできません。内閣も憲法の規定は少なく、どう意思を統一するのかは慣行にゆだねられている部分が多く、憲法条文が決め言葉にならないなかで、良い慣行を積み重ねていくなかでしか議院内閣制を動かす方法がないと思います。権力の統制を憲法にかきこめばどうにかなるというものではありません。こういう観点でいえば、ここ数年、非常に悪い慣行が積み上げられており、大変まずいように思います。

権力の統制というのが立憲主義の課題ですが、権力（者）は制約されたくないという意識が強まっているように思います。権力（者）が制約されないということは、短期的には「書いてあるが守る必要はない」ということで為政者の自由度が増します。が、これは政権の側、為政者にとっても危険な行為です。こうした行為に降りかかる責任は極めて重いものがあります。「日本国民の人権なんて知ったことではない」などという為政者が現れることは許されません。日本のなかで人権を守る場合、何が課題かといえば、国外の権威が大きな不安定要因です。はっきり言えばアメリカとの関係です。憲法は為政者にとって守ってくれる防波堤です。アメリカの要求について「我が国は憲法があるのでできません」「憲法にはこうした人権が保障されています等々」と言えるのです。他国からの圧力に対して人権擁護の立場が可視化される必要があります。憲法学の立場からすれば、最高法規の憲法について、国外のことを議論に入れることは困難です。安全保障政策だけを見ると日本の議会、内閣、そしてアメリカの議会もツープラスツー（2＋2）で対応し、それが議会を通じて法律になり執行されています。沖縄の問題にしても全基地方式がとられている地位協定を考えた時、憲法改正という国内の話だけの問題として語り続けることができるのかと思います。権力統制の課題というとき、安全保障体制がどのようにからみあってくるのかについて認識することなしには議論することができないのではないかと思います。

立憲主義的な統制の大切さと現状の危うさ

軍の統制に失敗して、日本国憲法はそこから出発しました。平和憲法と言われるには大きな理由があったと。九条というのは単なる価値を超えて、統制の規定と理解するのが自然なように思います。権力統制の根拠規定であると。

権力・実力の統制をどうするか、権力の中でも一番大きいのが実力ですので、どう統制するのかと言ったときに憲法の規定だけではダメですよね。他の国の憲法でもそうですが、憲法的な統制、法律的な統制、文民統制教育、政治家の意識、国民の監視などなど複合的に、実力・権力の統制というのを図っているわけです。けれども日本国憲法の場合は憲法的統制に非常に大きな比重がかかっている。プラスの面もマイナスの面もあるのですけれども、これを一度正面から見なければいけないのではないか。こういう権力の統制問題として考えたときに、非常に危うい状況にだと言わざるを得ないと思います。

そもそも統制のできない領域があるのではないか？　日米安全保障条約とか日米地位協定とかという話を先に変えることなく、日米安全保障体制の中で、いわゆる日米同盟の中で憲法改正議論をするとなると、実はアンタッチャブルのところが大きいのですね。この権力統制が憲法のみに依拠している現状は問題なのです。本当は正当化できないが、憲法を改正して自衛隊を二〇一五年の安保関連法レベルで追認すると言うことになると、改悪する憲法レベルで固定化することになります。統制できない領域を憲法が認めてしまうことにもなりかねない。そうすると、日本国憲法の中に立憲主義的な統制が十分に及ばない領域として、いま天皇条項がありますけれども、他にできてしまうことになる。

九条の立憲主義とは

日本型立憲主義として実力の統制にまいります。九条のお話、憲法のお話というのは、日本型立憲主義だったのではないかと思います。立憲主義と言っても、軍隊を持っている国が立憲主義国を進めてきたという現実が過去にはありますので、立憲主義だから軍隊を持ってはいけない、ということに当然ならないわけです。日本の場合はどうだったでしょうか。

立憲主義の課題に、ａ憲法に組み入れることによる統制とｂ憲法から排除することによる統制、立憲主義という観点からすると、権力の統制には二つの方法が考えられます。他の国ではａが基本ですが、ｂの道を行ったのは日本が初です。

憲法から排除することによって立憲主義、権力の抑制を図るという非常に明確な方法ではあったのです。したがって、防衛法制をつくっていった初期の人達は十分わきまえていた。つまり、防衛法制をつくった段階では、立憲主義的な統制の方法として九条が存在することを、私は理解されていたと思います。

その結果といたしまして、「二〇一四年七月一日閣議決定までは、曲がりなりにも筋道だって説明できる政府解釈の下に、防衛法制が組み立てられていた。」と書きました。でも安保法制下では破綻してしまっていると思います。それは沖縄の犠牲の上で成り立っていたという解釈もありますが、今から考えれば、最低限憲法を守ろうとしていたのですね。九条を守ろうとした結果、九条を法として認め、言い回しに忠実な解釈がなされてきました。価値評価、価値判断は別としても法であったことを確認しています。この日本国憲法の効果といたしまして、九条の効果は「軍に関わる規定が憲法から消去」されたことを意味しているのです。

今の九条の下で自衛隊は通常行政組織

政府は、自衛隊がいま憲法に根拠がないので、普通の役所と基本的に同じですと説明しているのです。自衛隊と防衛省、組織からすると防衛省で、それは普通の役所です。また自衛隊員について見てみても「通常の公務員関係」が基本の位置です。こういう理解がされて防衛法制が組み立てられています。特別扱いできないのです。特別扱いをするための根拠がないから特別扱いができない。つまり、不思議なことを迫られるのですね。自衛隊というものが普通の役所と区別するような根拠がないからこそ今の形であるのです。

防衛省という省庁があり、これを運用という面から見ると自衛隊だという説明の仕方を政府はしてきました。防衛二法によって防衛省が設置され自衛隊がある。この両者を行政組織として説明しています。しかし、自民党は自衛隊だけに特別な憲法上の根拠を与えると言っているわけです。一方の防衛省は、法律で作られたままです。これらの不合理さが明確になってきています。

憲法九条改正のもつ意味

他の国の軍隊とは異なった性格を自衛地は持たざるを得ないのです。自衛隊の編成とか自衛隊の指揮権とかです。時間の関係で指揮権と軍法会議だけ取り上げます。

かつての統帥権についても現在では自衛隊法七条に「内閣総理大臣は、内閣を代表して自衛隊の最高の指揮監督権を有する」という規定になっております。なにしろ普通の行政組織であるという説明を政府はしてきておりますので、この指揮権とは何か、軍隊の指揮権とは何か、憲法七二条の「行政各部の指揮監督権の確認」規定だと説明しているのです。これは非常に面白いと思うのです。内閣総理大臣が普通の役所に対して持っている指揮監督権を確認したものが統帥権。でも、こう説明せざるを得ない。

軍法会議の不在というのも、「自衛隊が軍隊とは異なることの例に挙げている」憲法に「特別裁判所を設置することができない」という規定があります。裁判所である軍法会議は設置できないということになっている。私が思うに、軍事的合理性を持ち出せば、人権が簡単に押しつぶされてしまう。軍法会議が何のためにあるかと言えば軍紀の維持のためにあるわけで、一般市民法秩序の中で重要なのは人権なのです。人権を守ることが価値である憲法と軍紀を守ることが価値である軍事組織の法とは、どこかでぶつかることになります。一つ言えるのは、軍法会議がないことで、国防とか安全保障とかを理由にすれば人権が制約されるとは、これまではなかった。

軍事的合理性が貫徹できる社会構造と人権が至上の命題である社会というのは、どういう風にバランスをとるのか非常に難しい。いま九条があるので囲われている軍事的合理性というものが覆われている。これが本当に正当なものとして憲法に書き込まれたときに、人権を抑制するものが憲法ということが問われる状況になる。自衛隊は一ミリも変わりませんというのはしばしば言われるフレーズです。そんなことあるわけがない。本当はどう変わるかが知りたいのです。

憲法に自衛隊を書くことの目的と効果

「特殊性を根拠づける憲法根拠規定がない」ということが日本国憲法の下での防衛法制の特徴だと申し上げました。こう考えますと、憲法に入るか入らないかは雲泥の差ということになります。憲法九条一項二項を残して何項にするのか、新しく枝番号の九条の二にするのかというのはこの時点でも分からないようです。九条二項を残した上で「前条の規定は、我が国を防衛するための必要最小限度の実力組織として自衛隊を設けることを妨げるものと解釈してはならない。」としています。ちょっと前からこういうような議論がされている時に、例えば京都大学の大石先生などが提案されていたのは「(自衛隊を書かずに)実力組織を設けることが妨げられない」と、こういうような言い方をしたらどうかという風に考えています。

そこでのポイントは自衛隊を書かないと。書かないというような形では京都大学の憲法の先生が述べているように、これは意図的にアドバルーンで上げたのだろうと思います。自衛隊を書き込むことがなぜおかしいのかと言いますと、会計検査院のように、どのような権限を持つ組織なのかということが明らかにされたうえで憲法に書き込まれるのと、言葉だけ書き込むと言うことが違うからです。「我が国を防衛するための必要最小限度の実力組織」ということでは、具体的に任務とか権限、作用とかが憲法上確定することができない。憲法は何のためにあるのかというと、国会はどういうところですか、内閣はどういうところですか、裁判所はどういうところですかという限界を定める意味があります。内閣をつくります、全部法律で定めます。国会をつくります、全部法律で定めますだと、憲法で書く意味がないのですね。法律では衆参二つの議院が可決すること、過半数で成立する。法律ではなくて憲法に書くからこそ簡単に変えられない。そこで権力が実態的に分けられるのです。

任務、権限、作用などの確定ができないものを自衛隊として書き込むことは、その内容を全部法律で定めるということになります。憲法のそもそもの意味というのが、定義のしっかりしたものを書くというところにポイントがあります。今議論されている「自衛隊の明記」、それでは統制が十分ではありません。

軍事力と警察力の行動基準のちがい

ちょっと補足いたしますと、軍、日本では自衛隊が近いものとしてありますが、警察がどう違うのかというのが意識されていない。災害救助のときの自衛隊の活動というのは、あれは警察権の行使ですので、別に防衛作用ではありませんから、私達が普段見慣れている自衛隊員の活動というのは、ほぼほぼ警察作用なのです。だから何となく警察の大きいバージョンが自衛隊ではないかというイメージを持っておられる方も、市民の中には多い。でも実は、組織の論理として相当違って、警察官というのは秩序のある社会、秩序のあるところで行動する。これに対して軍隊というのは無秩序の中で行動する。行動論理がそもそも違う。秩序ある社会の中で警察官が行動するから、一人一人の警察官が適法性を判断して自分で行動できるのです。自分の判断で動けるのが警察官です。

これに対して、軍人が一人一人判断できるかと言いますと、無秩序の中で行動するわけですから部隊行動を通常は一般的に基本的に部隊行動ですね。部隊行動で、縦のラインでやると。上官命令に従っていく、上官命令に従うということですから、一人一人が判断してはダメなのです。自分がこういう風にしたいと思っても上官命令に従わなければいけない、そうじゃないと軍は維持できない。上官命令に違反するとか、課せられた任務を遂行しないということをやってはいけません、どうしたら良いかというと、刑罰の威嚇によると。軍紀の維持というのが目的なのですね。この軍人道徳と言いますか、軍人社会の中の、軍人秩序においては軍紀を守ることが目的で、そのために刑罰の威嚇が使われる。市民社会においては、人を守らない人達を守らせるために刑罰の威嚇が使われる。そもそも成り立ちとして相当に違います。

軍法会議が必要な軍である以上は、警察とは全然違いますので、軍紀の維持に必要な制度というのがほしいということに、きっとなってゆく。だとすると、加憲という形で憲法に自衛隊を書き込んで、今ある自衛隊を書き込むだけで何も変わりませんということでは済むはずがないのでしょう。

武力で平和が守れるか守れないか

憲法学も法学の一つですので、お作法としては道徳という議論を正面からできない。できないのですが、事柄はもう理屈の話でなくなっている。そして、最終的に私達が何を求めるかという国民の意識・気持ちになってきますので、道徳と法律学、憲法学の議論にどうやって結合していくのかというのが課題なのです。

「平和が大事」と言うと、これを否定するのは中々いないです。「平和なんていらない」安倍首相も平和を堅持すると言っているところです。ただその後すぐに決して交わることのない立場が現われます。「攻めて来たらどうする。武力で対抗するのは当たり前。」という人とですね。何があっても「武力で戦わない」という人は、交わることのない議論です。何があっても自分は戦わないと言う人と、何があっても戦うと言う人が自分の見解を変えるのは非常に難しいことなのではないかと。

実は憲法九条は、武力で守るのが当たり前だと言うことになると、自衛のための軍隊はあっても良い。いや違う、今持っているのは軍隊ではない、実力としての自衛隊なのだということをいくら言っても、装備とか能力は軍隊なのです。軍隊なのだから軍隊として書いた方が良いと？　法律、理屈のお話として、いやあれは軍隊ではないと。軍の規定を削除してそうではないものを作ったのだ。と言うのは、この理屈も難しい。

モラルやプライドとして九条を語ること

九条について考えてみると、道徳的なコミットメントが弱くなっても大丈夫かと考えます。戦争は絶対にダメなのだ、武力によっては平和は解決できないというようなコミットメントが強く思わないと、改憲を阻止できてもダメだと思う。やっぱり戦争は止そうという「モラル・ハイグラウンド」に立たないとこの問題に対峙できない。

今日話してきたのは、統制方法というのが全部緩いと、さらにアメリカという権威が外にあることも大問題なのです。「日本国憲法九条型実力統制と道徳・倫理」問題は、最終的にはモラルなのではないか。我々の社会で生きる者としての、あるいは日本国家として一定の平和ブランドをつくりあげてきたとプライドをもつ。

「モラル・ハイグラウンド」という言葉を猪口さんは使います。彼女が武器軍縮会議の議長になることができたのは、日本がそういう道義的に高い位置を占めたからと言います。道義的に高い「モラル・ハイグラウンド」に立っているので、日本が議長でも仕方がないと言われた。「国の重みはそういうところに出るんだなと思うのです」と、彼女はこの時点において発言をしていました。「モラル・ハイグラウンド」というのは結局のところ九条を支えるというか、九条を完成する未完のプロジェクト、解釈があって可能だったのです。

私は教員免許を持っていなくて、あまり先生方に申し上げるのは何なのですけれども、市民教育が必要なのです。そこでは、市民社会、市民教育が必要なのです。教科のお話を超えたところで市民社会の教育というのができるのではないかと。国の形が変わるというのが今の憲法改正の議論ですので、しっかりとした議論をお願いしたい。

全民研第四八回大会特別報告（二〇一七年七月二八日）

沖縄の現状と自己決定権

新垣　毅

沖縄というと、いろいろな観光地や料理、海水浴などを楽しみに来る人が多いと思いますが、その明るい側面の反面、基地問題や戦争の歴史とかありまして、その明暗をどういうふうにして、私たちの言葉で大和といいますが本土の皆さま方が共有しているのか。明るいところばかり目を向けて、果たして暗いところ、住民の奥深い精神性や生活の部分に眼差しがちゃんと差し向けられているのかということを、私は東京に来てからずっと関心ごととして見ております。

沖縄の暗い部分には政治家でも目がいかない。非常に閉塞状況にあると思いますが、今日は沖縄の非常に暗い話を前半にして、それを打開して明るい展望を開くためになぜ自己決定権が必要かという少し前向きな話を後半にできればと思っております。

沖縄から見る日本ということを最初に申し上げたいのですが、今、日本丸という船がどういう座標軸の中でどこに向かっているのかということを、大きな展望で考えたことがありますでしょうか？　本日のこの研究会のテーマ「憲法施行七〇年──全国の民主主義教育を考える」が、大きな座標軸の中で教育を位置づけているところに敬服しております。というのも、今大きな座標軸の中でこの日本丸がどこへ行くのかという視点が重要であるからです。

沖縄に降り注ぐ二重の差別

私は今、沖縄に関して風当たりの強い部分があると思っています。そして、沖縄の人は二重の差別が沖縄に降り注いでいると認識しています。一つは、亡くなった大田昌秀元知事が言っていましたが、日本全体のわずか〇・六％の面積しかない沖縄に、当時でいえば七四％の米軍の施設が集中している。これはあまりにも不平等ではないか。数字に表れるような基地集中、基地負担、基地押し付けという物理的な差別が沖縄にはある。なお、差別という言葉は沖縄ではこの十数年間で定着してきた言葉です。もう一つは、近年の話ですが、排外主義あるいは人種差別というような沖縄へのヘイトスピーチ、あるいはヘイトクライムが起きています。辺野古のテントが壊されたりといった認識論的な差別が、物理的差別にプラスアルファで襲いかかっているというのが、沖縄への非常に大きな風当たりとして感じています。

政府による印象操作としての負担軽減

政府の認識は、大田知事が言った〇・六％と七四％という数字を用いるものですから、面積的な縮小をやればいいということで、首相が好きな印象操作、国民に対して負担軽減しているように見せることを一生懸命やっています。だから去年一二月に北部地域、これはヤンバルの自然豊かな地域ですが、その北半分のジャングル訓練場を返しました。たしかに沖縄本島に占める米軍基地の二割くらいの大きな地域ですので、沖縄が本土に復帰して最大の返還だということでセレモニーを大々的にやって、私たちは負担軽減に貢献していますということをＰＲするわけです。

負担軽減の名の下に行われる基地の機能強化と永久固定化

結論から申しますと、沖縄問題の本質は基地の機能強化と永久固定化だと思います。負担軽減という政府の美名の下で、実は新たな基地が開発されているのです。沖縄で基地を返還すると政府がいった場合、必ず二つの条件が付きます。一つは代替施設を沖縄県内につくること。もう一つは最新鋭の兵器に対応した施設をつくることです。代替施設を沖縄につくりそれが最新鋭ということは耐久年数が長くなるので、半永久的に沖縄は基地の島になる宿命を負わされてしまう側面があるのです。

では、その負担の本質を除去するのが政府の策かというと、必ず県内に代替施設をつくることを条件にしています。たとえば高江のヘリパットに関して話しましょう。この北半分を返すと日米が合意したのは一九九六年です。なぜ合意したか。実はここはベトナム戦争を想定した訓練場です。要するにジャングル戦争です。今は、テロ戦争含めてジャングルにおいて戦争で活躍するなんてことはほとんどありません。どちらかというと都市型です。恩納村には都市型訓練施設がありそこでは活発に訓練をやっていますが、こちらはもう必要ないということでアメリカは合意するわけです。二〇一三年のアメリカの報告書が発見され、北半分は使用不可能地域だと書かれていました。政府が沖縄の負担軽減をいうなら米軍が使用不可能と言った時点で返すべきではないかと思うのですが、ずっと塩漬けにしてきた。なぜならこの南半分にヘリパットをつくらないと返さないという条件がある。これが高江におけるヘリパット建設問題です。

ここに高江の村があり住民一五〇人ほどが住んでいます。この集落を囲むように六つのヘリパットをつくりました。これが条件でした。しかも最新鋭のオスプレイが離着陸できる仕様だったということは後で判明しました。日本政府はずっとそれを隠し続け、アメリカに対する情報公開請求で明らかになっていくわけです。このように県内に代替施設ができるまでは返さないのです。二〇一三年のアメリカの報告書にはこう書いてあります。「新しいヘリポート基地を開発するのだ」と。

六つのヘリパットができてしまいました。昨年六月時点で二つのヘリパットができていて、それによるオスプレイの離着陸訓練によって近隣の学校の児童生徒が睡眠不足に陥りました。沖縄県教育委員会の調べで、六～七月の二ヵ月間、睡眠不足が理由で休んだのが八人、ある児童は最大九日間学校を休むくらい激しい訓練が行われています。

沖縄の負担としてのオスプレイの存在

今日の沖縄の負担はたくさんあるのですが、次に象徴的なものとしてオスプレイと女性に対する米兵のわいせつ事件、この二つに特化した話をいたします。

普天間飛行場に二四機配備されているオスプレイ、周りには住宅、市街地があり世界一危険な飛行場だとアメリカのラムズフェルド国務長官が言ったために、日本政府もこの普天間の危険を除去することが最優先だと言いました。

オスプレイは他のヘリコプターと違います。どこが違うかというとプロペラが二つあります。そのプロペラを前に傾けると飛行機になるので、早く遠くへ飛べるのが軍事上の利点とされている輸送機です。ところがこのプロペラが二つあることが大きな構造的欠陥と言われています。プロペラが二つあるということはエンジンも二つあるということで非常に重い。機体全体が異常に重い。さらに普通のヘリは、エンジンが停止したときに自然の風圧でプロペラが回ってなるべく軟着陸していくオートローテーション機能が付いていますが、これがオスプレイには付いていない。ということは、オスプレイは機体が重いうえにエンジン停止やエンジントラブルの場合にはストーンと真下へすぐ落ちるわけです。瞬間のコントロールが効かない。それがもし住宅地の上空だったらどうでしょうか。

名護市で二〇一六年一二月にオスプレイが墜落しました。それを日本のメディアは「不時着」といまだに伝えています。なぜか？　米軍が「不時着」と発表したからです。それを防衛省は鵜呑みにした。鵜呑みにする以外ない、検証できないからです。メディアも横にならっている状態です。

ところが、琉球新報と沖縄タイムスは「墜落」と書いた。米軍側はなるべく事故を矮小化したいので「ソフトランディング」と発表しますが、我々現場は今までの取材の蓄積でわかるので自分たちで判断して書くのです。「墜落」です。ＣＮＮを敵視しているトランプさんが唯一信望しているＦＯＸでさえ「クラッシュ」です。

一九五九年、沖縄県の宮森小学校に米軍機が墜落し、一八人の児童らが亡くなりました。そういう事故がまた起きないと限らないのです。沖縄に七割以上の米軍基地が集中しているということは、それだけ日本の主権が及ばない治外法権の矛盾が沖縄に集中しているということです。

後を絶たない米兵によるわいせつ事件

次に女性のわいせつ事件。今の普天間、辺野古問題の発端というのは、一九九五年の少女乱暴事件でした。沖縄本島中部に住んでいる小学校六年生の女の子が、近所の文房具店に文房具を買いに行く途中に海兵隊員ら三人にさらわれて輪姦されるという痛ましい事件でした。これを機に沖縄では八万五千人の県民集会が開かれ、そこで先ほどの大田知事が少女に詫びるのですね。行政の長として少女の人権を守れなかった責任は私にありますという言葉を発します。

それが普天間問題の最初で、これは沖縄の不満が爆発しそうなのでガス抜きしないといけないということで、普天間飛行場を返還することに日米が合意した。ところがふたを開けてみると、県内移設が条件としてあり、その移設も辺野古に着工しているところですが、今までの阻止行動があるので遅れているわけです。辺野古の基地ができなければ普天間を固定化しますよという声も政府内部にある、そういう構造の中で何も状況が変わっていない。その証として二〇一六年の四月、二〇歳の女性が元海兵隊員にレイプされ殺害されました。事件がまた起きてしまったと、やるせない気持ちになる。

二〇一六年の四月に女性が殺されたとき、政府関係者は「最悪のタイミングだ」と言いました。

その後、政府は日米地位協定の運用の見直しみたいなことをやっています。これは何かというと、元海兵隊の軍属が犯人だったので軍属の明確化の作業をやっています。非常に画期的だと官房長官が発表したわけですが、いまだに軍属の数を正確に把握できていません。どこの範囲まで日米地位協定を適応するかという議論は確定されていません。

沖縄に海兵隊が集中している本当の理由

海兵隊を沖縄に集中させている他の理由が日本政府にあるはずです。これは二つあると思います。

一つは人質です。尖閣有事が安全保障環境の発火の一つだと政府は宣伝していますが、だからこそトランプさんが当選した時に五〇万円のゴルフバッグを持って、何とか安保五条を適用してくださいよということをやる。これを何度も言ってアメリカに確約させるわけです。尖閣有事ですね。尖閣で何かが起きた時にまず対応するのは軍事的なガイドライン上、自衛隊になっています。まず自衛隊が戦わなければいけない。その後、米軍が参戦することになっています。日本政府としては米兵に血を流させることを考えていると思います。

アメリカ国民は自国民の血が流れるのに非常に敏感です。あの太平洋戦争の始まりとされたパールハーバーは、それが起こるまではアメリカは日本と戦争するのは消極的でした。ところがパールハーバーで自国民の血が流れたものですから、一挙に戦争へと雪崩れていく。そしてご存知のように9・11。イラクに生物破壊兵器があるかないかは関係ない、自国民がこれだけ死んでいるから報復するわけです。そういう国ですから、米兵に血を流させるということがアメリカを参戦させる、要するに日本の戦争に引き込む一つのアイテムだということを日本はよく知っているのです。

ちなみにアメリカは日本に約束したのですが、中国にもいい顔をしています。中国には「私たちは領土問題には干渉しません」と言っています。尖閣諸島問題、日本政府は領土問題が存在しないという立場ですが、中国は存在する立場。それを尊重しているアメリカはこっちに干渉しない、そういう話を日本のメディアは報道しない。両方にいい顔をすることによってアメリカは東アジアに介入する、プレゼンスを高める、そういう自国の国益を高めているわけです。こういう状況をもう少し冷徹に見ていかないと、本当の脅威というものがどれだけのものかを見誤る可能性があるわけです。保守層、右寄りの人たちから安倍政権が非常に評価されている点の一つは、米軍をつなぎとめているということです。

沖縄に海兵隊が集中しているもう一つの理由は、自衛隊への家庭教師だと思います。憲法九条を変えようというのも、あるいは昨年成立した安保法制、要するに日米の軍事的一体化、これを成し遂げていくためには自衛隊をアメリカ兵と一緒に海外で戦争できる兵士に育て上げなければならない。沖縄の米軍基地は、海域も含めて訓練地域が膨大にあります。環境基準などでアメリカ本国ではクリアできない訓練をわざわざ沖縄に来てやるのです。昨年九月にハリアー戦闘機が墜落したように、沖縄の海域はたくさんの米軍機が墜落しています。日本に復帰して四五年ですが、年に一機以上墜落しています。それくらい沖縄は訓練基地としても利用されている。これも大きな負担だということです。

暴走する沖縄に対する誤解と偏見

たとえば高江で機動隊員が沖縄の人に向かって「土人」と発言しました。ネットでは福島の人たちにも土人という言葉が使われているそうです。この土人という発言に対して、最初金田法務大臣が「これは差別的表現だ」と国会答弁しましたが、鶴保沖縄担当大臣は「いや差別的表現ではない」と言いました。

誤解と偏見が沖縄に関してはものすごく暴走しています。典型的なのは、沖縄は基地で食っているから基地がないとやっていけないというものです。たしかにアメリカの統治下にあるときは沖縄の基地への経済的依存は三〇％くらいあったと言われています。これは総県民所得に占める基地収入の割合ですが、一九七二年の本土復帰時点では一五％くらいでした。そして、二〇一二年度の最新の数字では五％まで減っています。

一方で、北谷町美浜や那覇市の新都心は元々米軍施設があった地域ですが、返還されてものすごく繁栄しています。こういう地域は米軍基地があった時と比べて経済効果が二八倍、雇用が七二倍、税収は三五倍と増えました。基地があった方が経済効果は上がらないということを、この二〇年くらいで県民は自分の生活の中でまざまざと見せつけられたわけです。どういうことかというと、この前の県知事選で翁長さんが約一〇万票の大差で仲井真さんを破りましたが、仲井真さんは沖縄では経済界のドンです。それに対して翁長さんは、「基地は経済発展の最大阻害要因だ」といって県民の支持を得て当選した。沖縄が基地に依存していたのはもう三〇年、四〇年前の話なのです。

自己決定権が無視されている沖縄

そういう暗い状況ですが、時間も迫ってきた中で打開する考え方の一つとして「自己決定権」という国際法に定められた概念をキーワードに、二〇一四年五月から二年ぐらいキャンペーン報道をしました。

本土の世論は沖縄に関して冷たい。これではどうしようもないと考えた翁長知事は、沖縄県知事として初めて一昨年の九月に国連の人権理事会に参加してこう訴えます。「沖縄の自己決定権と人権が侵害されている」と。強固な政治とメディアの劣化で沖縄の本質が伝えられない状態で、国際世論あるいは国連の外圧を利用しないとなかなか打開できないという認識まで沖縄は達しているということです。逆にいうとそれくらい追い詰められている。国際的な連帯を通して沖縄問題を捉え返していこうということを一つのキーワードとして自己決定権というのが出てきたということです。

歴史的に見ると、この第一条の自己決定権を通してアフリカや東南アジアの国々が独立していったという歴史はあります。ところがこれは独立ありきではありません。国際法学上は二つの意味合いがあります。一つは内的自決権、国家の中でマイノリティの人たちの自己決定権を尊重するような政策を国の政治に反映することを保証しなさいというものです。ところがこの内的自決権を政府が保証しない。どんどん痛めつける、内的自決権も侵害されまくっている。それならしかたないから外的議決権を行使してもいいでしょう。これが今の国際法上考えられている自己決定権の考え方です。

内的議決権は考えてみれば自治権に近いかもしれません。今の日本を見てください。地方分権とかいいながらいまだにそれが進まない。超中央集権社会、それどころか官邸が金も人事も握っているという極度のピラミッドの先の尖った中央集権になって、非常に悲しい事態があって、一時期全国の知事の八割から九割が旧自治省・総務省出身だったりするのです。今はそこまでではありませんが、それでも官僚出身が7割くらいを占めるわけです。そうなると地方自治体は政府の外郭団体です。政府にたてつく自治体があまりいない、原発問題にしても。沖縄は米軍統治という特殊な歴史を経てきた。そういう背景があって政府にきちんとものをいう政治風土が培われたのかもしれないなと思います。

そういうことで沖縄の米軍統治下と言いましたが、沖縄はいってみれば国防の道具にされてきた歴史があります。一八七九年に「琉球処分」という日本からの併合を受けた後も、日本帝国の南の関門として防波堤政策が進められて軍備が進められます。山縣有朋氏が進めていきますが、防波堤にされた結果が沖縄戦ですね。あれは本土決戦の時間稼ぎのための捨て石といわれたように、沖縄が陥落したことに対して中央は騒ぐわけですが、結局、広島・長崎までいきます。戦後は米軍の統治下に置かれるわけですが、その時は反共防衛の要石にされました。共産主義諸国に対抗するための軍事基地として利用されるわけです。こういう防波堤になった。

そして冷戦が終わります。冷戦が終わったら、中国や北朝鮮が脅威だと、あるいは中東、そういうところまで実は沖縄の米軍基地の戦略は世界まで広がっていく。半永久的に、世界の基地全部が無くなったり核が無くなったりするまで、沖縄に基地が存在する戦略が続けられているわけです。植民地主義からの解放のために自己決定権を行使する。この概念で世界的に自己決定権が尊重されてきたという国際的な潮流があるのです。この潮流に乗ろうという新しい動きがあって翁長さんも国連にも行くわけです。

「琉球処分」の不正

「琉球処分」を国際法上に位置づけてみましょう。一八五〇年代に琉球も日本も国際法上の主体であったならば、この「琉球処分」は国際法のルールに則ったものなのか。国際法学者によると、国の代表者への強制の禁止という国際慣習法でルール化されていたものに違反するという。琉球の王様を明治政府軍・特殊警察五〇〇人あまりが首里城を囲って、無理やり「明日からあなたたちは沖縄県だ」と通告するわけです。こういうやり方で琉球併合を達成したことが不正だということがわかりました。

なぜ我々が百何十年前の話をやるのか。今更と思うかもしれませんが、クリントン当時のアメリカ大統領はある国会の決議にサインをしている。何のサインかというと謝罪のサインです。当時から一〇〇年前、一八九三年にアメリカがハワイ王国を併合したのは間違いでしたと謝ります。なぜならハワイ王国もイギリスなどと国際条約を結んでおり国際法上の主体と認知されていたところなので、アメリカによる併合が不正だったということを認めてサインをしたのです。

元々住んでいた人々をIndigenous peoplesという。日本語では先住民と訳されていますが、その土地に住んでいたという意味です。沖縄の人が日本人かどうか民族的にどうかというは、一義的には関係ありません。元々そこに住んでいたということで、マイノリティとして権利主張ができるわけです。この条約には沖縄の植民地化されてきた歴史を告発する糸口がある。

少し進めますが、なぜ沖縄では自己決定権の主張に到達したかというと、やはり憲法を求めてきた背景があります。日本復帰運動を強く推し進められた時代がある。戦後すぐ、最初は私たちは日本人である、アメリカの異民族支配を許さないという、子が母親の元に帰るようにそれは自然の権利であるという民族主義的な復帰運動からスタートするわけです。ところが五〇年代に銃剣とブルドーザーによって米軍基地を作るための土地接収が起こる。民間人の土地が取られるということはものすごく大きな人権問題です。アメリカ本国でも問題になり、日本本土でも朝日新聞が最初に取り上げて、最初に「沖縄問題」と言われたのはその朝日報道、これが土地接収の問題です。これで人権意識が芽生えるわけです。一九六〇年に祖国復帰促進協議会というのができますが、憲法への復帰を明確に打ち出します。人権侵害が目の前で起きて、さらに朝鮮戦争やベトナム戦争の出撃基地になる。これは沖縄にとっては苦痛になる。沖縄戦を経験しており、平和を希求しているという側面からです。それから平和主義を謳い人権を保証している日本国憲法がものすごく輝いて見えるわけです。これの下に復帰しようという運動が強まっていく。これが六〇年代後半になってくるとベトナム戦争が泥沼化していきます。それに対してベトナム反戦運動という国際運動が大きなうねりになります。国際運動と復帰運動が連帯するようになり、沖縄が求めている平和が国際的なものだということを復帰運動の中で位置づけていく。ここでいわれるのが反戦復帰といわれます。最初は民族主義で始まったものが憲法で定める権利を求めるようになり、ひいては世界的な平和を求めるようになる。権利要求の高まりというものがあります。米軍統治下の時代、沖縄の住民運動は労働権とか自治権は憲法が適応されていませんから米軍と戦って勝ち取るしかない。だから激しい運動で勝ち取っていく権利獲得闘争という側面があるわけです。

東アジア共同体構想と沖縄の役割

私は夢を持っています。東アジア共同体構想です。東アジア共同体というのはＡＳＥＡＮ一〇カ国に日中韓の三カ国が加わった枠組みです。これは鳩山政権の時に強く進めようとしてアメリカから嫌われて彼は梯子を外された経緯がありますが、小泉政権の時代もこの東アジア共同体を中心にアジアとの協調政策、外交ビジョンというものがありました。

ここで沖縄は大きな役割を果たせるのではないかと思います。この長いスパンで見た場合、東アジア共同体のような地域共同体を作るなら、沖縄がそのへそになりましょうと。こう政治的な対話、文化的な交流、民族的な交流、沖縄は芸能にも長けていますし、地理的にも中心にあります。こういう対話の場、交流の場として平和の緩衝地帯になるというものです。平和の緩衝地帯というのは実は今の翁長知事が言っていることでもあるのです。東アジア共同体とまでは言いませんが、平和の緩衝地帯というのが翁長さんのビジョンとしてあるわけです。沖縄は琉球併合をされた後は、帝国日本のアジア侵略のステップになりました。五〇〇人の部隊が王様を囲んで琉球併合をやったのが伊藤博文氏です。伊藤博文氏は一九一〇年の韓国併合を同じような手法でやった。ようするに琉球併合がモデルケースになったわけです。そういう意味で帝国日本がアジア侵略のステップにしたのが「琉球処分」と位置づけることができるわけです。

私はいい意味での逆コースを主張しています。逆コースというと戦前への回帰という悪い意味で使われますが、沖縄からアジアに開く、日本がアジアと共生する逆コースです。日中韓に対話の場や交流の場を提供できればと思っています。日中国あるいは朝鮮半島と長い交流の歴史を沖縄は持っていますす。ですから中国や朝鮮半島から見る沖縄への視線は日本人一般とはちょっと違うところがあります。そういうところを利用してどうしたら懸け橋になれるか、これを沖縄から考えていく。これが自己決定権行使の大事なところだと思います。どうやって日本と中国あるいは朝鮮半島、東南アジアも含めて平和な地帯を作れるか、そういうことを考える場として沖縄が役割を果たせれば、あるいは交流の懸け橋になる、それこそが沖縄の生きる道だと思います。

私が好きな人にマーティン・ルーサー・キング・ジュニアという牧師がいます。黒人の解放運動家として闘いました。彼の有名な演説「I Have a Dream（私は夢を持っている）」、これが好きなのでこれを言って終わります。彼の言葉は非常にシンプルです。黒人であろうが白人であろうが子どもたちが同じ砂場で遊べる、これこそが私の夢だと言いました。北朝鮮や中国を敵視する前に、もう一度子どもたちが共に生きる将来を皆さんと一緒に考えていければと思います。

（琉球新報社）

記念講演（二〇一八年一月五日）

北朝鮮の実情　朝鮮半島問題をどう考えるか

箱田　哲也

二〇一七年は朝鮮半島がテーマになることが多く、自ずと議論も熱を帯びてきました。私は都合一〇年間、朝日新聞のソウル特派員をしてまいりました。どっぷり漬かったキムチみたいになっています（笑）。今日頂戴したお題は北朝鮮ということですが、今ちょっと煽りすぎているのではないかと思います。本当の実態はどうなのか、結論から申しあげるとよく見えません。私達が通常行っている官庁や政治家、あるいは一般の現場に入って取材をするようなことが北朝鮮の場合はどうしてもできない。入国して取材できたとしても制限されてしまう。ということで隔靴掻痒の感があるのですが、いろいろなもののこれまでの経緯、そこからのばす延長線を、実線でなくても点線くらいで考えると、この範囲のあたりで収まるのではないか、というようなことを日々考えながら私は社説やコラムなどを書いております。

北朝鮮という国は

私も北朝鮮には五回、日帰りを含めると六回ほど行っていますが、私は一部の日本の政治家の政治利用が過ぎるとも思っています。というのも、当然北朝鮮にも普通の人が住んでいて、感情があり豊かな暮らしをしたいと思っている。皆が皆喧嘩したいと思っていなくて、仲良くしたい、安定した中で生きていこうという人達が日々のなりわいを送っているわけです。どうしても一部の新聞や週刊誌、ＴＶだけを見ると、北朝鮮の人達自体が、昔のブッシュさんの言い方をすると悪の枢軸というか、邪悪なものである。正義ではないというイメージが先行するけれども、そうではありません。ただ、この国は独特です。最高指導者を絶対的なものと崇める「首領制国家」という体制をとっている独特な国です。

日本による植民地時代、いろいろな独立運動が朝鮮半島にあったわけですけれども、その内の一つロシアと今の北朝鮮の国境あたりで、馬に乗ってゲリラ戦を展開した、その人達のトップが非常に若いけれども勇敢で頼りがいのあるリーダーがいる。名前は何というのだ、金日成というのだといということで、今のよく出てくる、割とぽてっとした金正恩さんのお祖父さんが金日成、後の国家主席になるわけですけれども、実質上のこの人が建国の父なわけですね。

金日成さんが一九九四年に亡くなった時に、次の指導者が金正日になることは決まっていました。社会主義国家の中で、自分の息子に権力を継承させることは、これはソ連とか中国にはないわけです。金日成は非常にカリスマ性があったけれども、息子の代になると正統性の問題が出てくる。その時に北朝鮮の内部で行われた教育というのは、金日成の息子だからではなく、卓越した指導力がある才能の持ち主が金日成の長男である金正日だったということで後継する。そして、金正日も死んで、今の三代目です。ちょっとぽったりした金正恩になると、もう正統性すらも強調しないですね。当然国内では家族の誰かがなるのだろうと、中国と北朝鮮の間にある白頭山という山がありますけれども、彼らなりの表現を使うと「白頭の血統」という、血筋を持っている人間が治めるのだということが当然視されています。金日成、金正日、金正恩というこの三人を、絶対的な存在としてあがめさせ、国をまとめているのです。

また、北朝鮮ではちょっと難しいややこしい言葉ですが、「社会政治的生命体論」というのがあります。これは一つの国家有機体論です。基本的には国家を一つの人間の身体と見立てて、頭脳は首領様であると。そして、一般の人民、二五〇〇万人の人々はこれはそれぞれの細胞なのだ。そして、細胞と脳を結ぶ神経が朝鮮労働党なのであるという。この三つが合わさって一つの国をつくっているのだという考え方なのですけれども、これは現世のいま見えているこの肉体が滅びても首領を信じている限りは、必ず幸せが待っているのだという、社会政治的生命体論というのは肉体の生命と別にあるのだというような主張です。

韓国には北朝鮮を抜けだしてきた、いわゆる脱北者という人々がいます。いまではもう三万人を超えました。昔は脱北者が多くなくて、取材するのも苦労したのですが、今は容易に会って話が聞けます。どうしても北朝鮮の体制を必要以上に悪く言ったり、北朝鮮での生活の悲惨さを少しオーバー目に話したりするから、鵜呑みにするわけにはいかないのですが、こういう人たちの、とりわけ少し年齢が上の層の人たちの話を聞くと、この社会政治的生命体論というのが頭の中から離れず、韓国での生活になじむのに苦労すると言う人が何人かいました。北朝鮮の内部の人々は私たちの常識で推し量ることはできないほど、思想が強固です。今までに何度も経済的に飢餓に近いような状態があったのですけれども、崩れない。

北朝鮮の思想

　また、主体思想というのは、朝鮮語でチュチェ思想と言いますが、北朝鮮を語るうえで避けられない言葉です。北朝鮮は社会主義国を標榜しながらも、国際的な社会主義運動からは距離をとって、さっき申し上げた首領制、私たちは社会主義なのだけれども、ソ連とか中国ではない独自の主体的な社会主義を歩んでゆく。これこそが真の自主独立路線なのだということで、友好国ではあるけれどもべったりくっつかないと。これは金日成の地位を狙うような政敵がソ連や中国から支援を受けて台頭する力を持つのをそぐために、独自の非常に手前勝手な考えですけれども、とにかく主体思想の国であると主張する。

　さっき申し上げたように、金日成は、日本に抵抗しゲリラ活動をしてきた。それによって正統性があり、存在感を示しているのですが、もう一つ北朝鮮が政治的に非常に問題視しているものがあります。それはアメリカです。

　植民地支配からの解放後、やっと独立できると思ったのもつかの間、待ち受けていのは東西の冷戦、米ソの対立でした。

北朝鮮からみた朝鮮戦争後の情勢

　結果として、米ソにより分割占領された。その後いろいろな動きがありましたが、うまくゆかず今からちょうど七〇年前、南北がそれぞれ建国を宣言しました。そして一九五〇年六月二五日未明、北朝鮮は南進、つまり南側に攻め、朝鮮戦争が始まりました。勃発直後は瞬く間に北朝鮮軍がどんどん進撃して行き、戦争は終わってしまうのではないかという状況になったのですが、当時の国連軍司令官マッカーサーがソウルの西にある仁川、韓国語でインチョンと言いますが、ここまで回り込んで、いわゆる仁川上陸作戦というものを展開します。すると今度は攻守が逆転して、北朝鮮は中国との国境沿の方まで追いやられた。万事休すかと思った時に中国義勇軍が参戦し、そこからは膠着状態に陥りました。そして、一九五三年にもうこの辺で戦争は終りではないけれども、とりあえず休戦にしましょうと、国際法的には戦争状態のままですが、休戦協定が結ばれて、今に至っています。

　北朝鮮からすると憎むべき相手は日本のほかにもう一つできたわけです。アメリカさえ参戦しなければもう釜山と端っこまで追い詰めたのに、アメリカが私たちの南朝鮮の同志を解放することに邪魔をしたのだということで、アメリカを非常に意識する一種の敵視をするようになってしまった。今の核とミサイルの問題というのは、これは日本ではなくて、とにかくアメリカを意識した動きです。自分たちの身を脅かす存在が国際社会にあるとすれば、これはアメリカだということで、全ての政策の照準をここに合わせている。

現在の北朝鮮の核・ミサイルの開発ですけれども、そもそもなぜさして国土も大きくない、そして科学技術も先端技術を持っているとも言えない、お金もそんなにあるわけでもない。そんな国が核ミサイルを持とうとそこまで執拗に考えるのかということですが、これもまさにさっきの北朝鮮の恨（ハン）に関係しているのですけれども、八〇年代後半からよく言われた言葉で、国際社会では「クロス承認」ということが言われました。八〇年代後半というのは、東西冷戦がいよいよ終わろうとして東ヨーロッパなどで社会主義の国が中で変化が起きてきた。そんな中で、実際に軍事衝突が起きた現場である、朝鮮半島の冷戦構造を何とか解消せねばならないという機運が非常に盛り上がったのですね。

また、一九八八年には韓国で初となるソウルオリンピックというのがありました。この前年に韓国は長い軍事独裁政権にピリオドを打ちました。市民達が民主化を勝ち取ったわけですね。その勢いをもって八八年にオリンピック、平和の祭典を東側の参加も含めて成功させて、韓国は一気に国の勢いが上がったわけです。そういった状況で、それまでは疎遠だった当時のソ連と中国も韓国と関係を良くして、政治的にも経済的にも安定や利益を得ようという動きが出てきました。しかし、気がかりなのは北朝鮮です。北朝鮮だけでなく、南北が一緒に周辺の大きな国との関係を改善しようという動きも出てきた。北朝鮮からすると、日本とアメリカとの国交正常化ですね。日本も、今の安倍政権でちょっと考えにくいですが、当時の金丸信さんという副総理までやった人が、社会党の田辺誠・副委員長と一緒に平壌に行って金日成さんに会って、私たちも関係改善に向けた話をしようじゃないかと始まったのですね。アメリカもそこまで行かなかったけれども水面下での接触を頻繁にするようになった。韓国が中ソと国交を回復する代わりに、北朝鮮も日米と国交を回復してゆく。どっちも安定させようじゃないかという考えだったのですが、これが片一方だけに終わってしまった。まず初めに九〇年に中ソ国交正常化、さらに中韓も正常化して、北朝鮮はすごく怒りました。

核の論理の加速した九〇年代

この間も日朝の関係改善に向けた動きがあったのですが、ダメになってしまいます。なぜかというと、ここで北朝鮮は核に手を出すのですね。九三年くらいから顕在化しますけれども、北朝鮮の論理からすると、中ソが自分たちから離れた。自分たちは核を持っていない。アメリカはあんなに核兵器を持っているではないか。そうすると私たちは丸裸になって誰も守ってくれないではないか。いわゆる「核の傘」がない。ならば自分で持つよという。この論理を正当化して、当時ソ連製の実験炉をかなり古かったのですけれども稼働させ、そこから核燃料を再処理してプルトニウムを出した。当然、アメリカはそれを許さない。もう国交正常化どころでない。

こうやって起きたのが、九三年から九四年にかけての第一次朝鮮半島核危機といわれる事態です。当時のアメリカでクリントン政権は、寧辺（ヨンビョン）という北朝鮮の核施設が集中している地域に、部分的な爆撃を加えるかどうかの検討まで行っていたのだということがいろいろな人の回顧録とか自叙伝で出ていますけれども、そういうところまで行ったのです。だが、当時カーターさんというアメリカの元大統領が特使として金日成さんと会って、危なっかしいことをやめようではないか、あなたたちが本当に核兵器ではなくてエネルギーの問題を解消したいというのであれば、核兵器に転用しづらい軽水炉というものを二つ作りますよ。これでエネルギー事情は良くなりますよねと。そしてさらにそれができるまで、アメリカは責任をもって毎年五〇万トンの重油を送り続けますよ、これでどうですか。手を打ちましょうよ。ということで危機はいったん去りました。

なぜ北朝鮮は核開発するのか

北朝鮮が核を持とうとした動機は、このように中ソが離れていったことが大きかったのですけれども、もう一つ指摘されます。それはいわゆる抑止力といいますか、核を持つことで自分たちの体制を守ることができると考えているからです。これはリビアとイラクの教訓だとも言われます。アメリカは本当は自分たちのことを潰そうと思っている。その証拠がある。一つがリビア。カダフィ大佐というのが核兵器持つぞとか、ずっと反米的なことをやっていたけれども、翻意して核を放棄し、アメリカと握手した途端にカダフィは崩壊させられてしまったではないか、と。

もう一つイラクのフセイン政権です。大量破壊兵器を持っていると疑われたけれども、本当は核を持っていなかった。フセインは愚かだ。核を早く作っていたらアメリカは手を出せなかった。私たちはあの教訓に学んで急いで核を作ろう、そして急いでこの核を運搬手段として米、アメリカの本土に持ち込めるミサイルを開発しよう、という考えにどんどん染まっていくわけですね。これらが絶対に核を持たねばならないという北朝鮮の考え方に火を点けてしまったというところが非常に大きい。

それと、北朝鮮という国は、私たちの常識では考えられないけれど、彼ら彼女らなりに身勝手でも、理屈は合わせる、利にかなったことを主張します。国際法もすごくよく勉強しているとも言われます。

例えば、核兵器を持つ意思も能力もない、というのは有名なお祖父さんの金日成の言葉ですけれども、お祖父さんの言葉は「遺訓」と言っても絶対に刃向かってはいけないのです。これは聖なる言葉だと言われている。にもかかわらず、核ミサイルの開発をしているではないか、矛盾のように思うのですが、北朝鮮的には矛盾しない。アメリカがこんなに地球を何百回も滅ぼすことができる核を持っている限り、中小の非核国、核を持たざる国は非常に困っているのだと、いじめられているのだと。こういう世の中をなくすには、確かに国土は小さいけれども、どこかが立ち上がって国際社会としての非核化交渉、軍縮交渉をせねばならないのである。そのためには、核を持っていればこそ、この交渉にアメリカを引きずり出すことができるのであるという論理で、お祖父さんの遺訓を守るために核とミサイルを開発するのだと主張する。朝鮮半島の休戦協定というのは、さっき申し上げたように終わっているわけではない、終わらせるために平和協定を結ぼうと。平和協定を結ぼうということになれば、自然な形として国と国とが関係を正常化することになるという論理で、アメリカに国交正常化を迫ります。

また、北朝鮮は核・ミサイル実験を繰り返したことにより、国連安保理の制裁決議が何回も出されていますが、その決議には弾道ミサイルだけでなく、人工衛星を打ってもいけないとなっている。なぜならば人工衛星を打ち上げは、長距離弾道ミサイルを発射する技術と一緒だからです。しかし、北朝鮮はその後も衛星を打ちました。ミサイルもうちました。

北朝鮮の論理は

その北朝鮮の論理からすると、これは安保理制裁決議がおかしいのだと。全ての主権国家は、どんな小さい国でも、宇宙の平和利用の権利というのは等しく平等に持っているのだと。安保理制裁決議がなにを訴えようと、主権国家の私たちの権利の方が優るという論理です。なんて身勝手なとも思いますが、国際法の学者に言わせると、前例はないけれども、もしかしたら北朝鮮の言っていることは正しいかもしれない、という人は結構います。

さっき申し上げましたように、北朝鮮ではお祖父さん、お父さんと続いて3代目の金正恩にいたったわけですが、やはりどうしても国内的カリスマ性が薄れてくる。そんな中で金正恩は独自性を出しています。若いころ、スイスに留学していたということもあるのでしょうが、今までの北朝鮮経済をがらりと変えて実質的にはもう市場経済を導入すると。首都の平壌を中心にあちこちに市場ができています。農家は国家に上納する作物以外は、市場に出して売ったり、自分のところで食べたりできるようになった。

工場の生産物などもそうですね。国家に納める分以外はあなたたちが勝手にすれば良いと。こういう経済的インセンティブが出てくると、非常にみんなよく働くようになった。韓国の中央銀行の統計などでも、大体北朝鮮経済は3％ずつぐらい成長してきている。毎年のように平壌を訪れる人達から話を聞くと、少なくとも平壌ではどんどんタクシーの台数が増え、市場は賑わい、活気を帯びてきている、というようなことを言います。

北朝鮮攻撃と日米

一方で、私も会社で、北朝鮮はあんなむちゃくちゃな体制なのに、なぜクーデターが起こらないのだろうなどと聞かれることがあるんですが、そういうことを起こしにくい構造を整えている。やはり実力部隊としての軍を警戒するわけですが、小さな部隊にまで朝鮮労働党の人を派遣して、何か変な動きが少しでもあればすぐに報告するようになっている。

こういうことで北朝鮮が国の形をずっと維持してきていると言えると思うのですけれども、今年の九月で北朝鮮は建国七〇年を迎えます。では、この国とどう対応していくのかということですが、さっきも金丸さんの例を出しましたけれども、これまでも何度か、日本政府は国交正常化に向けた動きというのは一般のメディアに出ていない部分も含めて、やってきました。アジアのリーダーたる地位を確立したいと思っている日本にとって、北朝鮮とアメリカが先に関係改善をするようなことがあっては、とても恥ずかしいことです。しかし、流れが変わってしまうのは二〇〇二年の、当時の小泉首相の第一回訪朝です。小泉さん自身はそんなつもりではなかったのだと思いますが、結果的には北朝鮮と日本の国交問題というよりも、日本人拉致の問題が対北朝鮮問題に強い光があたるようになった。人道人権問題ですから当然解決しなければならないのですが、一方で関係改善の必要性を唱える政治の力が、非常に薄く弱くなってきたというのも事実だと思います。いま日本政府はそれ以来ずっと北朝鮮には「対話と圧力」だと、圧力をかけるけれども対話もすると言ってきたけれど、特に今の政権になってからは事実上、圧力偏重になっています。

アメリカのトランプ大統領と安倍首相は気が合うようで、電話会談あるいは直接会って会談した後に、必ず安倍さんは言いますね、「トランプさんと完全に認識が一致しました」と。つい数日前にも言っていました。完全に一致しない日が来るのかもわからないけれども、軍事行動というものが日本にいかに大きな影響を与えるかということを、どこまで真剣に考えるかどうか、少し不安になります。トランプさんはよく「全てのオプションがテーブルの上にある」と言います。これは軍事行動を完全には否定しないよということだと思うのですけれども、これに対して一〇〇％認識一致したというのは、私は大きな問題があると思っています。トランプさん自身にすごく問題があるのは、これは多くの指摘がありますが、ただこの人自身が、対話しようとか、軍事行動に移ろうとかは自分で選択できるわけですね。でも安倍さん違う。自分が軍事行動に走ろうという何らかのアクションを主導できるわけではないのです。つまり、トランプさんの判断の無条件に従うというのは、軍事行動にも従ってしまう可能性を含む。もちろんそれは北朝鮮の譲歩を引き出すための一つの手段だということを言うのですが、それにしてもそんなに諸手をあげて賛成だとはたして言って良いのだろうかと。この点では韓国の方が、しっかりしている。絶対に戦争だけは回避すると最後まで政治指導者として言い続けていますが、当然の発言なのではないかと思います。

朝鮮で有事を考える前に

万万が一、朝鮮半島で軍事衝突が起きたときに邦人をどうやって避難させるかというのも深刻な問題になっていますす。観光客も含めて大体平均で六万人ぐらい、日本から行っている人がいるといいます。過去の歴史の問題があるので韓国側としては日本の自衛隊の輸送機が韓国の空港に降り立つのは抵抗感があります。有事の時にまで自衛隊機は離着陸するなと言うかどうかわかりませんが、確実なのはアメリカの輸送機だということになります。しかし、韓国国内にいるアメリカの人はもっと多いのです。二〇万人以上いるといわれます。ことが起きて、自分たちの米軍の家族より先に日本の人達を運んではくれるのでしょうか。どんな形で有事が起きるかということによって、全然想定が違ってきます。政府内には一応、マニュアルのようなものがあると言いますが、どこまで機能するのかわかりません。また、在韓の日本の人達が逃げることも大事ですけれども、北朝鮮から逃げてくる人のことも考えねばなりません。そんなこんなの状況も含めれば、私は安倍さんが何でもかんでも、「一〇〇％一致」と言わない方がいいのではないかと思います。

とはいえ、この安倍政権も、水面下では北朝鮮と接触していると言われます。たまに新聞に出ますけれども、拉致問題に限った接触のようです。北朝鮮側は、あなたたちと核とミサイルの問題は、話し合う相手はアメリカだからしゃべらないと言っていますが、第三国、北朝鮮でもない日本でもない国で接触はしてきている。でも、想像ですが、おそらく進展はあまりないのだと思います。

北朝鮮周辺国の態度

日本は非常に悩ましい立ち位置にいます。地理的にもそして政治的にも、韓国との関係でもいろいろ超えなければならない問題がある。実はアメリカと北朝鮮のこれまでの合意とかあるいは交渉の歴史を見ると、北朝鮮だけが悪いわけではないことが結構あるのですね。はっきり言うとアメリカが約束を守っていないこともあります。さっき第一次朝鮮半島危機がカーターさんの訪朝で金日成さんと合意して去ったというのがありましたが、これは米朝ジュネーヴ合意、あるいは合意枠組という名前で言われているのですが、さっき申し上げたように軽水炉を二つあげます。軽水炉をつくるのはお金がいりますが、それは韓国と日本で、と言って、請求書が送られてきた。同時に軽水炉ができるまでの間に五〇万トン毎年重油を送ると約束したのですね、アメリカ政府が、クリントン政権が約束したのですけれども、民主主義国というのはこういうものだと言えばそれまでですが、政府は約束したけれども議会が承認しない。なぜあんな国に五〇万トンものやらなければいけないのかということで、アメリカの議会がウンと言わない。そもそもアメリカという国はこんなに自由が制約されてこんなに資源がなくて、こんなにひもじい国がやっていけるはずがないと思ったから、もういい五〇万トンやるよ、そのうち潰れるよと思ったのですね。でも、さっき申し上げましたように、非常に思想強固な体制をつくりあげていますのですので中々潰れない。そうすると、五〇万トンが来ないのですね。毎年毎年議会が否決する。北朝鮮は、お前ら約束違反だと言うわけです。そうするとクリントンさんは、最後に大統領権限で自分で署名をしてこの予算を出してくれと。何年も遅れた。北朝鮮からすると、もうジュネーヴ合意を守らなかったのはアメリカだと、私たちが守らなかったのではないと。だからウラン開発を行っていいというわけではありませんが、そういうこともありました。

あとは中国とロシア、このあたりがいわゆる安保理制裁の決議があってもどうしても制裁逃れというか、穴が開いていると。これは北朝鮮をめぐる利害がどの国も違うと申し上げましたけれども、しょうがない面がある。中国は北朝鮮と近接していますが、東北三省は非常に貧しいところです。北朝鮮の経済ではなくて、東北三省の経済を守るためにも、中国の政府としても見て見ぬふりをせねばならないところがある。ロシアは政治利用ですね。アメリカとの関係で北朝鮮と一定の関係を持っていることをカードとしてアメリカを違う政策で動かそうというところがあるので。いくら友好国と言っても心根から友好を感じているわけではないでしょうが、一方で厳しすぎる制裁には限界があるとも思います。最近でも洋上で、海上で石油をやりとりしているというのが出てきていますけれども、あれも氷山の一角だという指摘がある。

今後の展開は？

これから考え得る展開なのですが、可能性が高いと思う順番にお話しします。

一つは長期膠着状態に陥るのではないかと。二つ目はアメリカと北朝鮮の間に取引が成立する。三つ目はアメリカ軍による軍事行動が起きる。四つ目は偶発的な衝突。三つ目と四つ目はどちらの方の可能性が高いというのはちょっと私迷っているのですけれども、一つは北朝鮮はしぶとい、どんなに制裁しても、頑張っても耐え忍んできた。アメリカも北朝鮮が核を放棄すると言うまでは、絶対に対話しないぞと言えば、これは数年間ミサイルも核実験もやり続けるけれども、軍事行動も起きない、にらみ合いの状態が続くというのが一つありうるかと思います。

二つ目はdeal好きな取引好きなトランプさんがもういいと、日本も韓国も反対しているが、自国にとって最悪ではない形で決着させようというパターン。しかし、最近のトランプさんの自身の発言を見ると中途半端な取引というのは難しいのかと思います。もし何らかの形で日本と韓国の頭越しで米朝がdealすれば、韓国の中では今でもありますが、間違いなく核保有論が今よりも何倍も大きくなっていく。もう昔の北朝鮮と一緒ですね、核の傘がないのだ、俺たちがつくらないといけないという論理。韓国には原発がたくさんあり、使用済みの核燃料がたまっていることも気がかりです。日本はどうでしょう。今のままの主張を貫き通すと孤立してしまうかもしれません。拉致問題もあるわけですが、圧力一辺倒とだけ言っていると、場合によっては孤立してしまう恐れも排除できません。

アメリカによる軍事行動。これは九〇年代にあったようなピンポイントでということがありうるかもしれません。しかし当時と現在が決定的に違うのは、当時はプルトニウムだけでしたが、今はウラン由来による核兵器があるのではないかということです。プルトニウムの施設というのは非常に大規模なので衛星写真で見ていても分かるのですけれども、ウラン濃縮というすごく小さなスペースでもできると言われ、どこでやっているのかわからない。つまり核で反撃してくる可能性はゼロではない。また、戦いには勝てても、伴う被害が大きすぎるという問題があります。ソウルは火の海だということで非常にリスクが大きい。

偶発衝突。これは非常に危ないのですけれども、トランプと金正恩という、非常に特異なタイプ同士が何をやりだすかわからないという不確実性ですね。決して互いに本意でなくても疑心が疑心を呼んで、ちょっとした弾みで何かあったら衝突が起きかねない。最近もトランプさんが金正恩のことを「ちびのロケットマン」だと言ったら、金正恩も負けてなくて「おいぼれやくざだと、お前は」、金正恩が「核のボタンが常に机の上にある」と言ったら、トランプさんは「俺のボタンの方がでかいぞ」と言ったのですけれども、ほとんど子供の喧嘩みたいなことをやっていてですね、この素人政治家同士が何かの弾みで、よしそれならもうこっちもしょうがないとなれば有事となりかねません。

ただ、私は、米国による軍事行動はあっても、北朝鮮による軍事行動はないと思います。少なくともこれまでを見る限り、北朝鮮は非常に合理的にものを考えているので、もし自分たちから一発核を撃ったら最後、もう自分たちの命がないと言うのは百も承知。あくまでも身を守るための抑止の核、なのだと思います。

究極の目的は、朝鮮半島から核がなくなることですけれども、まず当座私たちがやらなければいけないのは、考えなければいけないのは、ここで軍事衝突を起こさせないことだと思うのです。その意味で私は対話することは全然譲歩を意味しないと、また、問題は対話でしか解決できないと思います。いろんなメディアを通して、さして根拠のない不安を煽るだけのような言説が面白おかしく飛び交っていますが、肝心なのは冷静にファクトを見極め、共存の道を探るということではないかと思います。ありがとうございました。

（朝日新聞論説委員）

憲法・平和学習の課題 覚書

――高まる改憲論議のもとで

沖村 民雄

二〇一七年一〇月の衆議院総選挙の全体の投票率は五三・六八％、一八歳が四七・八七％、一九歳が三三・二五％であった。一八歳選挙権が実現して初めての二〇一六年七月の参議院選挙では、一八歳が五一・二八％であった。母集団は一致していないが、参議院選挙で投票した一八歳が翌年の総選挙では二〇％近くが投票していないということをどう考えればよいのだろうか。

また、朝日新聞の出口調査で比例区の投票先を年代別にみると、一〇代は四六％が、二〇代は四七％が自民党に入れ、他の年代より高かった。「自衛隊を明記する憲法九条改正」の賛否では、一〇代と三〇代は五二％、二〇代は五六％が「賛成」と答えている。

日本国憲法の「改正」が具体的な政治日程にのぼりつつあるなかで、これまでの憲法・平和教育の取り組みを振り返りながら、憲法・平和学習の課題について考えてみたい。

1 憲法学習と立憲主義の学習――「二つの法体系」論

中学でも高校でも、市民革命や人権宣言、法の支配についての学習に続いて、憲法とはなにかを学習した。人権宣言としての憲法の意味を理解させるために、憲法九七条「基本的人権は人類の多年にわたる自由獲得の努力の成果」「過去幾多の試練に堪へ、侵すことのできない永久の権利として信託」を紹介し、「自由獲得の努力とはどんな努力だったのか」「どんな試練をへて人権が確立してきたのか」と問い、話し合いをさせた。続いて、憲法九八条で憲法が最高法規であることを確認し、九九条「天皇又は摂政及び国務大臣、国会議員、裁判官その他の公務員はこの憲法を尊重し擁護する義務を負ふ」を取り上げた。「ここになぜ国民がないの?」と生徒に問いかけて話し合いをさせた。

憲法は人権宣言であり、その人権を侵害させないために憲法によって権力者を拘束するのが立憲政治であることをおさえてから憲法の具体的な学習に入った。

中学校の憲法学習でとくに重点をおいたのは、①大日本帝国憲法と比較しながら日本国憲法の基本理念をおさえる、②基本的人権の内容と現実の課題、③アジア太平洋戦争の惨禍と憲法九条、自衛隊・安保条約をどう考えるか、④ヒロシマ・ナガサキと核兵器廃絶の課題、ということだった。

高校では、①近代民主政治の成立と人権思想の発展、②日本国憲法は近代憲法と現代憲法としての性格が同時に登場したものであり、さらに第二次世界大戦をへて平和国家の構想を打ち立てたものであること、③戦後日本の政党政治の展開と憲法政治の現実、に重点をおいた。

このような憲法学習の構成を考えるにあたって大きな影響を受けたのは、長谷川正安著『昭和憲法史』や渡辺洋三著『憲法と国民生活』、小林直樹著『日本における憲法動態の分析』であった。長谷川正安さんや渡辺洋三さんの「現在の日本の法体系は、憲法を頂点とする法体系と安保条約を頂点とする法体系の全くあい容れない二つの法体系によって支配されている」「憲法の歴史は、憲法を生かそうとする人たちと、憲法を殺そうとする人たちとの闘いの歴史だった」という現代日本の認識は私の授業構成の基本的な軸になった。

憲法を守り生かす人々と、改憲をめざす勢力とのせめぎあいが大きな焦点になっているとき、この「二つの法体系」論は今日の憲法学習においても重要な意義を持っている。

2　国民主権と象徴天皇の学習

国民主権の学習では、国民の政治参加と選挙制度、日本の政党政治の展開を取り上げてきた。その際、重視したのは天皇主権から国民主権への原理的な転換と、大日本帝国憲法の天皇制と日本国憲法における象徴天皇との違いであった。

昭和天皇の死去(一九八九年一月)に際して、天皇制とは何か、天皇の戦争責任をどう考えるか、マスコミでもいろいろ取り上げられた。授業でも天皇制や元号・「君が代」について解説し、天皇制のあり方について討論させた。職場では元号とは何かを議論し、卒業証書の元号記載を西暦に変更する学校もあった。新天皇の「即位の礼」が行われた一九九〇年一一月一二日(祭日となる)には、和光高校などで教員が生徒たちに自主登校をよびかけ、学習会がもたれた。

二〇一六年八月に天皇は退位の意向をしめす「お言葉」を発表した。これを受けて、政府は二〇一七年六月に天皇の退位特例法を制定し、一二月には退位を二〇一九年四月三〇日とし、翌五月一日に新天皇が即位し、改元も同じ日に行なうことを決定した。

天皇は「国政に関する権能を有しない」のであり、憲法に明記された国事に関する行為のみを行うと定められている。政府は、この国事行為と天皇の私的行為との間に、戦没者慰霊式への参加などを「公的行為」として位置づけ、憲法違反ではないとしてきた。現在の天皇については、被災地訪問と慰霊の旅をとおして、国民に寄り添い平和を大切に思う天皇像が拡大再生産され続けた。憲法違反の疑いが強い「公的行為」を拡大し、それができなくなってきたから退位の意向を示すというメッセージそのものに問題が含まれていた。しかし、世論の圧倒的な賛成の前に、与野党とも本質的な議論にならず、退位と皇太子の即位が決まっていったのである。

天皇制をどう考えるかは、民主主義のあり方とも関連して、生徒に考えさせるテーマの一つである。『平成の天皇制とは何か』（岩波書店）所収の「近年の天皇論議の歪みと皇室典範の再検討」（渡辺治）『『象徴』とは何か―憲法学の観点から」（西村裕一）などは象徴天皇のあり方を考える上で参考になる。

3　たたかいとられた基本的人権の学習

憲法の具体的な教材研究にあたっては、播磨信義他編『どうなっている!?　日本国憲法』（法律文化社）に学んだ。彼は、憲法の条文を中心とする教育を批判し、「第一に、憲法条文の背後に存在した（する）否定的事実をできるだけ豊富にかつ具体的に、そして出来るだけ身近なものを提供」し、「どのように人々が苦しみ悩んだか（今なお悩んでいるか）に思い馳せてほしい」「第二に、それらのなかからどのように当事者が立ちあがり権利の獲得や実現に努力したか（今なおしているか）、身近な具体例を豊富に提供」「困難な中から立ち上がった人々の勇気を、また直接関係のない多くの人々がどのようにさまざまな形態と程度において連帯・団結したかを学んでほしい」と述べている。この播磨信義さんの指摘については、前田輪音さんも『民主主義教育21』九号所収の「憲法を理解し使える憲法教育を」で取り上げている。

この視点を参考に、女性の差別と働く女性の権利や家永教科書裁判の授業を組み立てた。「結婚したら退職しますという念書をだして採用された女性が結婚で解雇された。この解雇は不当か」というテーマで討論させ、裁判に訴えた女性の思いやそれを支援する運動、裁判所の勝訴判決を教材化した。教科書検定については、その実態を示し、裁判所に訴えた家永三郎さんの思い、それを支援するお母さんたちの活動、憲法上の争点もよく授業で取り上げた。国鉄の分割民営化にともなう解雇に対して、これを不当労働行為として労働委員会に申し立て、さらに裁判所に提訴した国労の闘いも取り上げてきた。なぜそこまで闘い続けるのか、生徒と一緒に考えた。

教科書にはハンセン病や冤罪、過労死などさまざまな問題が紹介されている。電通社員の過労自殺事件は新聞でも大きく報道された。教材化にふさわしい問題である。

4　憲法の平和主義と国際法の学習

一九九一年の湾岸戦争や国連平和維持活動（ＰＫＯ）への自衛隊参加をめぐる論議はこれまでの憲法・平和学習に大きな課題をつきつけた。平和・国際教育研究会会長の森田俊男さんは「日本国憲法と国連憲章の学習を」とよびかけた（『平和・国際教育論』など）。佐貫浩さんも「九条の教育は主として憲法違反としての自衛隊というものを考えさせることに力が置かれてきた」のではないか、九条を「世界の正義を実現するための平和的なたたかいの方法を示したもの」としてとらえるべきではないかと提起した（『平和を創る教育』など）。

私の授業でも、これらの指摘に学び、国際平和の方法として日本国憲法の平和主義の意義を考えさせようと試みるようになった。浅井基文著『新しい世界秩序と国連』も参考にしながら、戦争の違法化の歴史、国連憲章の基本原則（紛争の平和的解決と武力行使の禁止）や集団安全保障と集団的自衛権（軍事同盟）の違いを押さえながら、日米安保条約の内容を授業で取り上げるようになった。国連憲章と日本国憲法の平和主義の共通点と相違点も説明した。

二〇〇一年の9・11テロ事件とアフガニスタン戦争、二〇〇三年三月のイラク戦争と自衛隊の派遣、有事法制の成立と、九条をめぐる事態が急速に展開していく中で、国際法や憲法の平和主義の学習の重要性がよりいっそう強調された。

5　自衛隊と憲法九条をめぐって

自衛隊が憲法に違反するかどうかという問題は、政府解釈の変遷もふまえておさえておくべき学習内容である。そのうえで、自衛隊をどのように考え、憲法九条改定をどう考えるか、次の座標軸を使って議論させてきた。

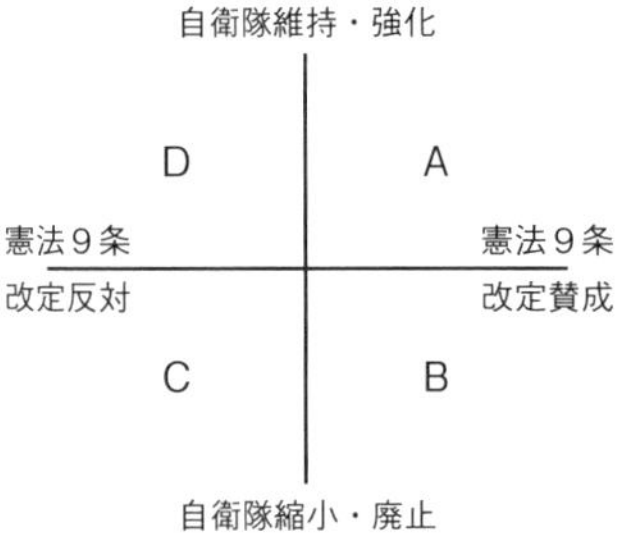

「自衛隊は憲法違反であり、できるだけはやく縮小廃止。九条改正に反対」という意見や「自衛隊は憲法違反、しかし自衛隊は必要だから憲法に自衛隊を明記」という意見、「自衛隊は憲法に違反しない。九条はいまのままでいい」「自衛隊は憲法に違反しない。しかしそれをはっきりさせるために九条を改正する」といった意見がだされた。

桑山俊昭さんは『民主主義教育21』八号所収の「現代の課題にこたえる平和教育が求められている」のなかで「日本国憲法の平和主義にもとづく政策を生徒とともに考える」一つの試案として「対米従属的な日米安保条約を廃棄し、米軍基地を撤去、日米友好条約に改める」「自衛隊については軍備を縮小しつつ近い将来の廃止をめざす」「北東アジアに平和友好的な情勢が構築されるまでの間は、自衛隊を維持する」と述べている。この試案に近い政策を高校生に提示してコメントを求めたことがあるが、「近い将来廃止をめざすというけど、結局は自衛隊が必要という見解なのではないか」「違憲の自衛隊がしばらく存在し続けることをどう考えるのか」という意見がだされた。このあたりは大人にとってもかなり難しい議論になっている。『日米安保と戦争法に代わる選択肢』（渡辺治他編）や『日本国憲法の核心』（法学館憲法研究所編）などに学びなら、桑山さんの提起を憲法学習のなかでどう考えるか、さらに検討を深めるべき課題である。

6　憲法九条改定をめぐる動向と学習課題

集団的自衛権の行使を容認する閣議決定（二〇一四年七月）とこれにもとづく安全保障関連法（二〇一五年九月）は、「憲法第九条が認める自衛権の行使は必要最小限度の範囲にとどまるものであり、集団的自衛権の行使はその範囲を超えるため憲法上許されない」というこれまでの政府見解を変更するものであった。一九五四年の自衛隊発足後、「専守防衛」を基本としてきた安全保障政策の大転換となったのである。

しかし、この集団的自衛権の行使容認も憲法九条のもとで「わが国の存立が脅かされる明白な危険があった場合」に限定せざるをえなかった。この九条の制約をなくす意味でも九条の改定を実現しようという動きが加速化している。

憲法九条改定をめぐってはさまざまな議論が展開されている。自民党の改憲草案（二〇一二年）は、憲法九条を改定して国防軍を保持するというものだった。自民党のなかでは、新たな改定案として憲法九条一項と二項はそのままにして自衛隊を明記するという案が検討されており、二〇一七年一二月の「論点取りまとめ」では「両論併記」となっている。

自衛隊が憲法に違反するかどうか、自衛隊が必要かどうかなどいろいろな論点があるが、当面の学習課題は、集団的自衛権の行使を認めた安全保障関連法のもとで、自衛隊を明記する九条改定がどのような意味を持つのか、である。

日米安保条約と自衛隊のあゆみ、日米安保体制の強化と集団的自衛権の行使容認（安全保障関連法）を資料にもとづいて提示して、憲法九条に自衛隊を明記するとどうなるのか、丁寧に議論していけば、自衛隊を単に憲法で認めるということに留まらず、海外での武力行使が文字通り無制限になる危険性があるという理解が深まるのではないだろうか。

沖縄の基地問題も重要な学習課題である。沖縄の基地問題について、日本政府は「日米同盟の抑止力の維持と普天間基地の危険性を除去するためには辺野古移設が唯一の解決策」と繰り返し述べている。「日米安保条約によって日本の安全が守られているならば、沖縄に集中している米軍基地を本土がもっと引き受けるべきだ」という問題提起（『沖縄の米軍基地―「県外移設」を考える』高橋哲哉著）も議論をよんでいる。これに対して、「米軍基地は沖縄にも本土のどこにもいらない。日米安保条約を廃棄し、すべての米軍基地撤去を」という主張も根強い。生徒に議論させたいテーマである。

7　高校生が求める社会と政策選択を考えさせよう

二〇一四年二月に、高校三年の選択講座で「安倍政権とアベノミクスを考える」というテーマで、日本の進路をめぐって何が争点かを考え、投票行動と政策選択について考える授業を行なった。最初にどの政党に投票しますかとアンケートをとる。すぐには開票しない。日本の進路をめぐる大きな争点を考えようと提起し、生徒とのやりとりから、縦軸に平和・外交をめぐる問題をとり、横軸に社会保障をめぐる問題をおくとＡＢＣＤの四つの方向性になる。「あなたはどれをめざしますか」と問い、すこし意見を出させて挙手してもらったところ、圧倒的多数がＣのグループであった。つぎに、それではと、衆議院総選挙で各政党があげた政策を新聞の一覧表からみて、各政党はＡＢＣＤのどこに入りますか、と考えさせる。自民党はＡ、共産党や社民党はＣ。民主党や公明党はどこに入るのか、いろいろな意見がでて迷ったようだ。その後に授業の最初に行なった投票を開票すると自民党が多数だった。自分たちが望む社会は圧倒的にＣであったにもかかわらず、政党支持では過半数がＡの自民党だったという結果に生徒が驚いた。

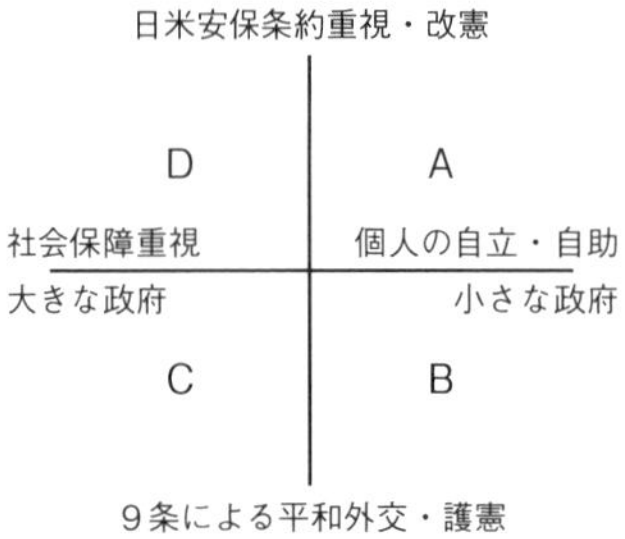

「自分の考えている日本の方向性と自分が支持した政党は、考えている方向性が大きく違う点に衝撃を受けた。安倍政権が何をしようとして、どこに向かっているのか、もっと勉強して、自分が選挙権を持ったときに責任ある自信を持った投票ができるようになりたい（Ｉ）」「いかに僕らが政党の掲げている政策を知らないのかがよくわかった。口だけ『選挙にいく』といってもだめで、しっかりと各政党の政策を知らなければならないと思った（Ｓ）」という感想が多くの生徒に共通していた。

自分たちがどんな社会を望むのか、それを実現するためには、どんな政党がどんな政策を掲げているのか、わかりやすく提示し考えさせる工夫が求められている。

一八歳選挙権が実現したいま、学校の内でも外でも、現実の政治や社会について学び語りあう場が求められている。憲法と国際法の到達点にたった憲法・平和学習をきちんと行なうこと、生徒会や社会部などの高校生の自主活動を改めて重視すること、学校の外では高校生平和ゼミナールのような活動を励まし、若者が政治や政策を考える場や世代間交流の場をさまざまな形で持っていくことを強調したいものである。

（東京・元私立高校教員）

付記　本稿は拙稿「憲法・平和教育の取り組みをとおして考えたこと」（『中等社会科実践研究』２号）をもとに再構成・加筆したものである。

立憲主義の歴史的修正・発展

——中学校社会科歴史的分野における立憲主義の実践

大坂　誠

はじめに

憲法教育は、「すべての国民が、人権・主権・平和などの憲法的価値を身につけ、これらの価値を自主的・主体的・民主的に実現できる能力の育成」を目的とした「家庭・学校・職場・社会という全生活領域において、しかも、生涯にわたって追求される」教育であり、学校教育では社会系教科を中心に近代・現代憲法の特色や意義を認識させ、日本国憲法の理解を深めさせる研究・実践を蓄積してきた。[1] 憲法学は、近代・現代憲法を「①近代・現代憲法の最も基本的な価値である個人主義＝『個人の尊重』（憲法一三条）、②その具体化としての人権諸規定、③それらを保障するシステムである統治機構に関する諸原理、という階層構造」として捉え、「①の普遍性・根源性に対して、②は相対的（修正可能）であり、③はさらに相対的（修正可能）」（＝①・②と③とは、「目的―手段」の関係にある）とする。また③とは、「『平等な市民の自己統治』に基づく『国家権力の形成・運用の正統性に関わる原理』」（＝国民主権・民主主義）と「憲法を基準として民主主義的正統性を有する国家権力を外側から制限する原理」（＝立憲主義）であり、それらが相補的・緊張関係にあることを基本的観念とする。[2] しかし、これまでの憲法教育は、近代・現代憲法を「個人が国家の権力から自由な権利をもつ一面と、国家の成員として責任や義務を負う一面という、相対立する二元性を共存させているところに特色がある」としながらも、その緊張関係によって生じた問題の解決を「国民全体の意向を尊重すべき」とした（＝憲法教育の視点）ため、立憲主義を認識させてきたとは言い難い[3]。

そこで、憲法教育の視点を、①「個人は、憲法上の存在として公共社会のあり方を最終的に決定する（＝民主主義）『主権主体としての国民』と国民国家の権力に対しても対抗し（＝立憲主義）、憲法制定権者ともなる『人権主体としての個人』の二つの立場を持ち、『主権主体としての国民』の基底に『人権主体としての個人』が据えられること」、②「民主主義と立憲主義は、憲法的価値・人権の保障を「目的」とした「手段」であり、相補的・緊張関係にあること」、③「個人は憲法的価値・人権の確保に最適な立場や原理を選択すること」と再構成し（＝「憲法教育の視点」）、その上で、立憲主義の原理や意義を国民・市民の基礎的教養として義務教育終了時までに習得させる必要がある[4]。このような認識に立ち、本実践の目的は、歴史的分野において、近代立憲主義の課題を明らかにし、現代立憲主義の原理や意義、また立憲主義が歴史的に修正・発展する原理であることを認識させることにある。そこで、憲法学の研究成果を視角に、これまでの立憲主義研究・実践を分析・検討し、「立憲主義研究・実践の視点」と「立憲主義の歴史的修正・発展の段階的定義」を示す。次に、単元「日本国憲法の成立」を提示し、実践から得た成果と課題を示す。なお、本稿では、前提とする視点・認識から中学校を対象とし、さらに社会科に限定して論じる。

1　先行研究

（1）中学校学習指導要領

中学校学習指導要領および解説（＝以降「学習指導要領」）には、「立憲主義」の語句はないが、歴史的分野「（5）近代日本と世界」には、「立憲制の国家」が示されている[5]。

> 内容（5）近代日本と世界
>
> ウ　自由民権運動、大日本帝国憲法の制定、日清・日露戦争、条約改正などを通して、立憲制の国家が成立して議会政治が始まるとともに、我が国の国際的地位が向上したことを理解させる。
>
> ウ　解説
>
> 「自由民権運動」「大日本帝国憲法の制定」については、自由民権運動の全国的な広まり、政党の結成、憲法の制定過程とその内容の特色を扱うようにする。その際、大日本帝国憲法の制定によって当時アジアで唯一の立憲制の国家が成立したことに着目させ、立憲制の国家が成立して議会政治が始まったことの「歴史上の意義や現代の政治とのつながり」（内容の取扱い）に気付かせる。

学習指導要領は、「立憲制の国家が成立して議会政治が始まる」について、「その歴史上の意義や現代の政治とのつながりに気付かせる」とするが、それが依って立つ憲法の特色を明らかにする必要がある。すなわち、近代・現代憲法は、「個人の尊重」と人権の保障を「目的」とし、「手段」である民主主義と立憲主義がその実現を図るのに対し、大日本帝国憲法は「万世一系の天皇」が「統治権の総覧者」となることを「目的」とする外見立憲主義憲法であり、人権・権利は天皇からの恩恵的権利に過ぎない（＝「臣民の権利」）。したがって、「立憲制の国家」成立の歴史的意義と「現代の政治」との「つながり」については、慎重を期す必要があろう。[6]

（2）法と教育学会誌『法と教育』

法と教育学会は、「法を対象とするあらゆるレベルの教育について、その教育を実践または研究する者相互の連絡・協力を促進し、その研究の学術的成果を挙げることを目的」とする。[7]したがって、学会誌『法と教育』の分析・検討は、法を対象とした教育の研究・実践動向を明らかにする有効な手段といえるが、主として立憲主義研究・実践について検討した論文・論考は、新岡昌幸の「法教育における憲法教育の課題と展望」のみである。[8]

新岡は、近代立憲主義的人権思想が国民一般に浸透しきれていないことを前提に、「『公権力の危険性を感じ取ること』ができるような具体的事例を意識的に選び出し、それを素材として憲法という法規範の基本的役割を理解させることが目指されるべき」とし、「人権の『擁護者』としての国家観が人権理論において一般化することは『すこぶる問題』」とする。しかし、近代・現代憲法の広く共通して認識されている基本的意味は、憲法的価値や人権の保障を目的に設立した国民国家の権力を制限する「立憲的意味」にある。[9]そのため、「人権の『擁護者』としての国家観」を問題視する立憲主義研究・実践は、国民国家の設立目的や近代・現代憲法の基本的意味・観念の認識を難しくする危険性を孕む。したがって、立憲主義研究・実践は、国民国家の設立目的を前提に据える必要がある。

（3）法務省法教育推進協議会を中心とした法教育実践

法教育は、「法律専門家ではない一般の人々が、法や司法制度、これらの基礎になっている価値を理解し、法的なものの考え方を身に付けるための教育」[10]であるが、江口によれば、法教育は憲法教育を発展的に継承した教育として位置づけることができる。[11]中平は、法教育を「①『アメリカを中心とした諸外国の法教育実践やカリキュラムを研究したもの』、②『法教育推進協議会（法教育研究会）などの実践をもとに、独自の授業案を考察し、それを実践・研究したもの』、③『裁判員制度をもとにして授業を実践したもの』[12]」の三つの系統に分類するが、このうち②は、法務省法教育推進協議会が『はじめての法教育』を「リニューアル」した『法やルールって、なぜ必要なんだろう？』を全国の中学校、教育委員会に配布するなど、学校教育に与えた影響が大きいと推察される。そこで、中平が整理した三つの系統のうち、②について、『はじめての法教育』を前提とした『中学校の法教育を創る』における関谷文宏実践（＝以降「関谷実践」）を分析・検討する。

関谷は、アメリカ合衆国の公民教育センターが開発した法教育カリキュラムを基底に据え、各時代を代表する主要法令の比較を通じて、権威や法・ルールの「見方・考え方」を習得させる歴史的分野の実践をおこなった[13]。関谷自身が指摘する通り、近代以前の国家・社会と「権威やプライバシー、責任、正義に関する紛争を解決する最終的な権利と責任を個人がもつ現代の社会とはあまりにも懸け離れている」。しかし、関谷実践の成果の一つは、歴史的分野において法的な「見方・考え方」が歴史的に修正・発展にすることを認識させた点にあり、その成果によれば、近代・現代憲法の人権や統治原理が歴史的に修正・発展するとの「見方・考え方」も歴史的分野で認識させることができるといえよう。

2　「立憲主義研究・実践の視点」と「立憲主義の歴史的修正・発展の段階的定義」

ここで、立憲主義研究・実践の視角を得るため、憲法学の研究成果を整理する。

中世ヨーロッパは分権的・重畳的社会構造であったため、世俗の君主権力は絶対的ではなく、すべての人は自らが属する身分や団体から切り離されることはなかった。身分編成社会原理を基礎とした中世立憲主義は、「法の支配」によって君主権力を制限し、権利を確保するが、その権利とはあくまで身分的権利に過ぎなかった。

近代市民革命は、国民単位による領域国家を成立させ、かつその領域内にある諸権利・権力を集中させることで、身分編成社会原理を解体し、個人を解放した。だが、それによって、個人と強大な国家権力とが直接対峙することから、近代憲法は、国民自らが国家による統治に参加する国民主権（＝民主主義）とその国民国家の権力を制限する立憲主義を統治原理とした。しかし、近代憲法は、憲法判断権をも議会に与えた議会中心主義の憲法であり、立法権の合憲性審査についても議会自身の判断と自制に委ねざるを得なかった。

その後の資本主義の成立・発展は、自己責任の原理では解決できない経済・社会問題をもたらした。そこで、国民は自由放任主義国家から福祉国家へと国家観を転換したものの、行政府の肥大化を招き、さらに国民主権原理の拡大が行政府首長と国民とを結びつけ、その正統性を大幅に強化した。組織的政党が立法権・行政権を掌握したことで、権力制限装置である権力分立の形骸化がしばしば見られるようになったため、現代憲法は司法権に立法権・行政権を統制させ（＝違憲審査制）、権力相互の抑制と均衡を再確保する（＝近代立憲主義の現代的変容＝現代立憲主義）とともに、社会権保障の実効的「手段」とした[14]。

以上のような憲法学の研究成果によれば、立憲主義研究・実践では、「①立憲主義は、憲法を基準に国家権力を制限（＝統制・拘束）する統治原理であること、②立憲主義は、歴史的に修正・発展する統治原理であること」を認識さ

表1　立憲主義の歴史的修正・発展の段階的定義

	定義	
中世立憲主義	法（＝君主との間に結ばれた協定・契約）によって、君主権力を制限し、身分的権利を保障する統治原理	↓
近代立憲主義	成文憲法典・硬性憲法典・権力分立等によって、国民国家の権力を制限し、憲法的価値である「個人の尊重」や人権・権利を保障する統治原理	憲法的価値や人権・権利の保障を目的に修正・発展する統治原理
（現代的到達点）現代立憲主義	成文憲法典・硬性憲法典・権力分立・違憲審査制等によって、国民国家の権力を制限（＝統制・拘束）し、憲法的価値である「個人の尊重」や人権・権利を保障する統治原理	↓

（執筆者作成 2017）

せる必要がある（＝「立憲主義研究・実践の視点」）。①は、近代・現代憲法の基本的意味の認識に不可欠である。②によって、憲法的価値や人権を保障する立憲主義の実効的なあり方を追究させることで、「よりよい社会の形成という永遠の課題に対して、前向きに対応していく公民」の育成（＝社会科教育・公民教育の目的）を実現する。[15]また「立憲主義研究・実践の視点」は、立憲主義の歴史的修正・発展の段階を表1のように整理することで具体化することができる。また、これまでの立憲主義研究・実践は、近代立憲主義を立憲主義としてきたが、現代憲法が現代立憲主義を統治原理としていることに注視すべきである。[16]すなわち、現代立憲主義の原理や意義が、憲法を基準とした司法権による立法権・行政権の統制にあることから、権力「制限」の意味に「憲法を基準とした国家権力の統制・拘束」を含ませることで、民主主義と立憲主義の相補的・緊張関係や社会権保障の実効的「手段」であること（＝国民国家が市民社会に「介入しないよう制限する＝介入するよう統制する」）を認識させることができる。[17]

3　歴史的分野における立憲主義実践
――単元「日本国憲法の成立」

単元「日本国憲法の成立」は、歴史的分野「（6）現代の日本と世界　ア」の導入部として構成した単元である。学習指導要領は、「日本国憲法の制定をはじめとして大きな改革が次々に進められ、現代の日本の骨組みが形成されたことに気付かせる」とするが、「現代の日本の骨組み」である日本国憲法の特色や意義は、近代憲法や大日本帝国憲法との相違点を明らかにすることで浮き彫りとなる。このことは、「各時代の学習の初めにその特色の究明に向けた課題意識を育成した上で、他の時代との共通点や相違点に着目しながら、大観や表現の仕方を工夫して、各時代の特色をとらえさせるよ

表２　「日本国憲法の成立」の単元計画（３時間扱い）

<table>
<tr><td colspan="3">単元目標
第１時　「人および市民の権利宣言」・『法の精神』（＝近代憲法）と大日本帝国憲法の違いを理解する。
第２時　全権委任法による権力制限装置（＝ワイマール憲法）の破壊から近代憲法の課題と教訓を理解する。
第３時　大日本帝国憲法、近代憲法と日本国憲法との比較から現代立憲主義を統治原理とする日本国憲法の特色や意義を理解する。</td></tr>
<tr><td></td><td>学習活動</td><td>教師の支援・指導</td></tr>
<tr><td>第１時（近代憲法と大日本帝国憲法）</td><td>○市民革命について確認する。

○近代憲法と大日本帝国憲法の違いを少数グループで話し合い、その結果を発表する。
課題１　「人および市民の権利宣言」・『法の精神』と大日本帝国憲法の違いを読み取りなさい。

○近代憲法と大日本帝国憲法の違いを考える。
課題２　近代憲法と大日本帝国憲法の違いをまとめなさい。</td><td>・市民革命が、身分制を破壊し、「個人の尊重」を最も大切な価値とする社会を確立したことを確認する。
・近代憲法は、憲法的価値である「個人の尊重」を具体化する人権、中でも自由権の意義を強調した。そのため、権力分立による国家権力の制限（＝近代立憲主義）と、国民自らが統治に参加する国民主権（＝民主主義）を不可欠とした。しかし、大日本帝国憲法は、「万世一系の天皇」を「統治権の総覧者」とすることを目的とした外見立憲主義憲法であり、人権・権利は天皇からの恩恵的権利（＝「臣民の権利」）に過ぎないことから、二つの憲法が全く異なることに気づかせる。
・近代憲法は個人の尊重とその具体化である人権を民主主義と近代立憲主義が保障するが、大日本帝国憲法は天皇による支配を目的とした外見立憲主義憲法であり、人権・権利も恩恵的権利に過ぎないことを理解させる。</td></tr>
<tr><td>第２時（近代立憲主義の課題と教訓）</td><td>○近代憲法と大日本帝国憲法の相違点を確認する。

○「人および市民の権利宣言」・『法の精神』とワイマール憲法を比較し、相違点を発表する。
課題３　「人および市民の権利宣言」・『法の精神』とワイマール憲法の相違点を読み取りなさい。
○全権委任法の問題点を少数グループで話し合い、その結果を発表する。
課題４　全権委任法の問題点を読み取りなさい。
○近代憲法が憲法違反の法律を止める手段を少数グループで話し合い、その結果を発表する。
課題５　ワイマール憲法のもとで、全権委任法のような憲法違反の法律を止める手段を考えなさい。
○近代憲法の課題について考える。
課題６　近代憲法の課題をまとめなさい。</td><td>・近代憲法と大日本帝国憲法の違いを前時の学習から確認する。
・ワイマール憲法が、社会権を人権として規定した進歩的な近代憲法であったことに気づかせる。

・国民代表機関である議会が成立させた全権委任法が、権力制限装置である権力分立を破壊し、行政権の暴走を許したことに気づかせる。
・小学校で習得した三権の役割についての知識を活用しながら、ワイマール憲法には、憲法違反の法律を止める手段が議会以外になかったことに気づかせる。

・近代憲法では、憲法違反の法律を止める「手段」が議会以外にはなかった。そのため、全権委任法によって権力制限装置は破壊され、ナチスによる独裁を許したことを理解させる。その際、ナチス独裁の教訓から、行政権・立法権を制限する必要があることに気づかせる。</td></tr>
<tr><td>第３時（日本国憲法と現代立憲主義）</td><td>○近代憲法の問題点を確認する。
○ワイマール憲法と日本国憲法の相違点を資料から読み取る。
課題７　ワイマール憲法と日本国憲法の相違点を読み取りなさい。
○日本国憲法が違憲審査制を採用した理由を少数グループで話し合い、その結果を発表する。
課題８　日本国憲法が違憲審査制を採用した理由を第２時の学習内容も踏まえながら考えなさい。
○第１時、第２時の学習を日本国憲法の特徴をワークシートに記入する。
課題９　「人および市民の権利宣言」・『法の精神』、ワイマール憲法と日本国憲法を比較し、日本国憲法の特徴をまとめなさい。</td><td>・近代憲法の課題や教訓を前時の学習から確認する。
・ワイマール憲法と日本国憲法を比較し、相違点を発表させる。その際、日本国憲法の違憲審査制に気づかせ、必要に応じて補足説明・解説をする。

・ナチス・ドイツの教訓に基づき、日本国憲法が行政権・立法権を制限（＝統制・拘束）する違憲審査制を採用した（＝現代立憲主義）ことに気づかせる。

・日本国憲法が、世界史レベルの教訓をもとに、近代憲法を修正・発展させた現代憲法であること、また立憲主義が、修正・発展する統治原理であることを理解させる。</td></tr>
</table>

うにすること」とする学習指導要領の趣旨であるともいえる。なお本単元では、近代立憲主義を現代立憲主義に修正・発展すべき理由について、国民主権原理の拡大による権力分立の形骸化に限定した。

4　実践の成果と今後の課題

(1) 実践の分析

本実践は、本校第三学年生徒、四学級一四三名（このうち欠席六名）を対象に、二〇一七年六月におこなった。分析には、生徒が記入したワークシートを用いることとし、単元目標と密接に関連する課題2・6・9を検討対象とした。

課題2では、一一六名の「人権宣言や『法の精神』と大日本帝国憲法は、国のしくみは同じような形をしているけど、憲法の目的や実際の機能が全然違う」などの記述から、近代憲法と大日本帝国憲法の相違点を認識できたと考えられる。課題6では、一〇二名の「ワイマール憲法も民主主義によって国民の人権保障を目指していたけど、選挙で選ばれたヒトラーが憲法を無視した。選挙で選ばれた人の政治が間違えていたり、権力を悪用しているときは、止める方法が必要だと思う」、「多数決でまちがったことを決めてしまったときにまちがいを直す方法がないと、ナチスと同じことが起きるかもしれないから困る」などの記述から、近代立憲主義の課題を認識し、それを修正・発展すべきことに気づけたと考えられる。課題9では、一一九名の「同じ日本の憲法でも大日本帝国憲法と日本国憲法は全然違って、日本国憲法は欧米の憲法とほとんど同じだけど、日本国憲法には違憲審査制があって、選挙で選ばれた議員や内閣総理大臣の決めたことも裁判で勝てば止められる。少数者にはありがたい」などの記述から、現代立憲主義を統治原理とする日本国憲法の特色や意義を認識できたと考えられる。また、そのうち一一名から、「裁判官は、国会や内閣の決めたことを憲法に違反していないか確かめ、憲法に違反していたことをやっていたらやめさせられる。裁判官の権力ハンパない」など、違憲審査権の危険性を指摘したと考えられる記述があった。

(2) 実践の成果と今後の課題

生徒の記述から、本実践では、近代立憲主義の課題を明確にし、現代立憲主義の原理と意義、また立憲主義が歴史的に修正・発展する原理であることを認識させ、日本国憲法の理解を深めさせることができたと考えられる。したがって、「憲法教育の視点」・「立憲主義研究・実践の視点」は立憲主義実践に有用であり、それらを基底に据えることで、歴史的分野においても立憲主義実践が可能であることを、本実践は明らかにしたといえよう。

しかし、課題3・4・7・8では、教師による多くの補足説明・解説を必要としたため、生徒自らが近代憲法の課題を見出し、そこから日本国憲法の特色や意義を認識したとは言い難く、資料の選定や提示方法などの再検討が最大の課題として残った。特に、違憲審査制の説明・解説には多くの時間を要したことから、歴史的分野では近代立憲主義の課題と日本国憲法がその課題を修正・発展させた現代憲法であることを認識させることにとどめ、公民的分野において個別・具体的な制度から立憲主義の原理や意義を追究させるなど、三分野を見通した単元構想が憲法教育に不可欠であることが改めて明らかとなった。今後の研究・実践の基底に据えたい。

また「裁判官の権力ハンパない」との記述は、現代立憲主義の課題への気づきであり、この気づきを活かした実践についても憲法学の研究成果に依りながら考えていきたい。[18]

〔註〕

（1）星野安三郎「憲法教育の今日的課題」『日本教育法学会年報　第4号』（一九七五年、有斐閣）一三〇頁。また、近代憲法および現代憲法について、詳しくは、杉原泰雄編『新版体系憲法事典』（二〇〇八年、青林書院）六五頁を参照。

（2）北川善英「『法教育』の現状と法律学」『立命館法学5・6号（321・322号）』（二〇〇八年）七八頁、および八一頁。また近代・現代憲法の基本的観念について、詳しくは、樋口陽一『国法学』（二〇〇四年、有斐閣）九～一四頁を参照。

（3）日本社会科教育学会編『社会科における公民的資質の形成』（一九八四年、東洋館出版社）一七六頁。また、中学校卒業時に立憲主義の認識が不十分であることについて、詳しくは、大川仁「憲法教育の目的、目標、内容、方法」『民主主義教育21　Vol.7』（二〇一三年、同時代社）一〇五～一〇六頁を参照。

（4）個人が持つ二つの立場とその関係について、詳しくは、前掲（2）北川六七～六八頁を参照。

（5）文部科学省『中学校学習指導要領解説　社会編』（二〇一四年、日本文教出版）八七頁。また、公民的分野の分析・検討については、拙稿「憲法教育と立憲主義」『法と教育　Vol.7』（二〇一七年、法と教育学会）四九頁を参照。

（6）大日本帝国憲法が立憲主義の要素を日本社会に導入した意義は小さくない。詳しくは、前掲（2）樋口三九～四二頁を参照。しかし、この単元では外見立憲主義憲法であった点を強調する必要があると考える。

（7）『法と教育　Vol.1』（二〇一一年、法と教育学会）四頁。

（8）新岡昌幸「法教育における憲法教育の課題と展望」『法と教育　Vol.4』（二〇一三年、法と教育学会）一五～二四頁。

（9）詳しくは、芦部信喜『憲法学』（一九九二年、有斐閣）九頁を参照。

（10）法教育研究会『はじめての法教育』（二〇〇五年、ぎょうせい）二頁。

（11）詳しくは、江口勇治「社会科50年とこれからの教育改革」『社会科教育研究　No.79』（一九九八年、日本社会科教育学会）三二～三九頁を参照。

（12）中平一義「法とルールの基本的価値を扱う法教育授業研究」『社会科教育研究　No.114』（二〇一一年、日本社会科教育学会）四二頁。

（13）詳しくは、江口勇治・大倉泰裕編『中学校の法教育を創

る』（二〇〇八年、東洋館出版社）一〇一～一一三頁を参照。

（14）北川は、社会権保障の点から近代立憲主義の修正・発展の必要性を指摘している。詳しくは、北川善英「義務教育における法教育」『法の科学　47号』（二〇一六年、日本評論社）四九～五九頁を参照。

（15）前掲（3）五頁

（16）これまでの定義については、『法やルールって、なぜ必要なんだろう？』（二〇一五年、法教育推進協議会（法務省））六四～八三頁および、播磨信義・上脇博之・木下智史・脇田吉隆・渡辺洋『新・どうなっている？日本国憲法〔第2版〕』（二〇〇九年、法律文化社）一一～一三頁等を参照。

（17）現代立憲主義は、司法審査の結果に基づき、主権者として立法権・行政権を再構築するよう国民に求めるが、司法審査の結果に承服できない場合、国民は主権者から憲法制定権者へと立場を変え、憲法改正によって、その意思を貫くことができる。ただ、筆者は憲法改正にも限界があるとする憲法改正限界説に立つが、詳しくは別の機会に論じる。

（18）司法裁量の画定は憲法学の課題でもあり、今後の研究が待たれる。詳しくは、清水泰幸「司法審査と立法裁量に関する予備的考察」『福井大学教育地域科学部紀要（社会科学）65号』（二〇〇九年）一～一一頁を参照。

※本稿は、二〇一七年全国民主主義教育者研究会全国大会口頭発表「立憲主義の歴史的修正・発展」を大幅に加筆・修正したものである。

（神奈川・野川中学校）

権力分立をどう教えるか

――政治学習の鳥瞰図をふまえて

桑山　俊昭

大学で社会・公民科教育法の授業を担当しているが、学習指導要領はどのような学習内容を定め、それを効果的に指導する授業の方法は何かというようなことに、私は重点を置いていない。社会科は、社会のしくみを批判的に分析し、社会を改革する方向を探究する教科である。まずは、教師が社会の現状をどのようにとらえ、どのように改革すべきと考えているかが問われる。学問の成果に学びながら、教師が自分の頭で、何を教えるべきか、それにはどのような授業の仕方が適切なのかを考えるところから、授業づくりは始まる。学習指導要領もそのための参考資料の一つと見るべきである。

そういう観点から、社会・公民科教育法の授業では、社会科の政治・経済・国際関係・倫理などの分野ごとに、私ならどんな問題意識から何を重点にどのように教えるべきと考えているかを、学生に提起してきた。過去に受けてきた社会科の授業とも対比しながら、学生たちが自らの授業づくりに当たるときの参考にしてほしいとの意図である。

ここでは、政治分野の授業づくりについて、私が提起しているところを報告したい。政治分野といっても広くなるので、具体的には「権力分立をどう教えるか」が中心テーマとなる。

〔注1〕私の社会・公民科教育法の授業では、学生への授業づくりの提起だけでなく、学生による模擬授業・班討論・ディベートなどの実践的な学習活動もしています。念のため。

〔注2〕近年、文科省による大学の教職課程への指導が強化され、教科教育法についても共通シラバスの方向（授業内容の画

一化）が迫られているようです。当然のことながら、教科教育法は「学習指導要領に沿っていかに授業をするか」の知識と技術を習得するものに画一化されます。早晩、私のような我流の授業は退場を迫られるかもしれません。

1　政治学習の鳥瞰図を描く

社会科の政治分野の授業（学習）の要は何だろうと考えて、私が作成したものが次の頁の資料である。要約すれば、次のようになる。

政治とは人々の間の利害対立の調整の営みであり、長い人類の試行錯誤の結果として民主政治が最良のものとなった。しかし、民主政治とは国民が国民を統治することであり、その国民の利害が対立するところに、多数派による統治を行わざるをえないことから、国民の意思と実際の政治が一致することはありえない。むしろ、民主政治は常に多数派による横暴の危険をはらんでいる。そこで、この多数派による横暴を抑制するために、民主政治はいろいろな制度を工夫して編み出してきた。それが立憲主義であり、権力分立であり、法の支配であり、人権保障である。民主政治は不可避の難問とそれを改善するための制度を備えて、現在に至っている。

教師は、このような鳥瞰図を頭に描いたうえで、政治分野の授業に臨む必要があるのではないか。日本国憲法、基本的人権、国会・内閣・裁判所、地方自治、政党政治、選挙制度などの個別の単元の学習も、この鳥瞰図のなかに位置づけて教える必要があるのではないか。

私は、学生にこのように語ったうえで、この後の展開では、多数派の横暴を抑制する制度の一つである〈権力分立〉をとりあげることにした。なぜ権力分立をとりあげたのか。理由は二つある。一つは、現在の安倍政権の下でこの権力分立が形骸化しつつあるのではないかという危機意識である。もう一つは、国会・内閣・裁判所の制度暗記学習はあっても、権力分立の意義と現状を探究的に学ぶことは意外な盲点となっているからである。

2　三権のなかで最も力をもっているのはどれか

〈権力分立〉をとりあげることにして、まず、学生に次のような予習課題を出した。

◎日本の三権（立法権＝国会、行政権＝内閣、司法権＝裁判所）のなかで最も力をもっているのはどれか。次の順序で答えなさい（配布の教科書記述を参照、憲法条文は各自で確認、あくまで自分の頭で考えてください）。

①国会であるという仮説に立った場合の根拠
②内閣であるという仮説に立った場合の根拠
③裁判所であるという仮説に立った場合の根拠
④私はこう考える（以上をふまえて自分自身の見解）

政治とは何か…人々の間の利害対立の調整　　例．残業時間の上限を規制するか

↓　　　　農畜産物の輸入規制（量・関税）を撤廃するか

利害対立の調整をしないとどうなるか…「万人の万人に対する闘争状態」（ホッブズの仮説）

↓

どのように利害対立を調整するか…誰かに統治権力を与える（社会契約説）

↓

誰に統治権力を与えるか…寡頭政治（王政、貴族政）　または　民主政治

↓

どちらが先行したか…寡頭政治から民主政治への長い道のり

↓

民主政治とは何か…人民（国民）が人民（国民）を統治する（人民主権、国民主権）

↓

民主政治（国民の代表が国民を統治する）は大変難しい

国民の意思（利害対立あり、分裂している）と実際の政治は一致しない

多数派による横暴になる可能性は避けられない

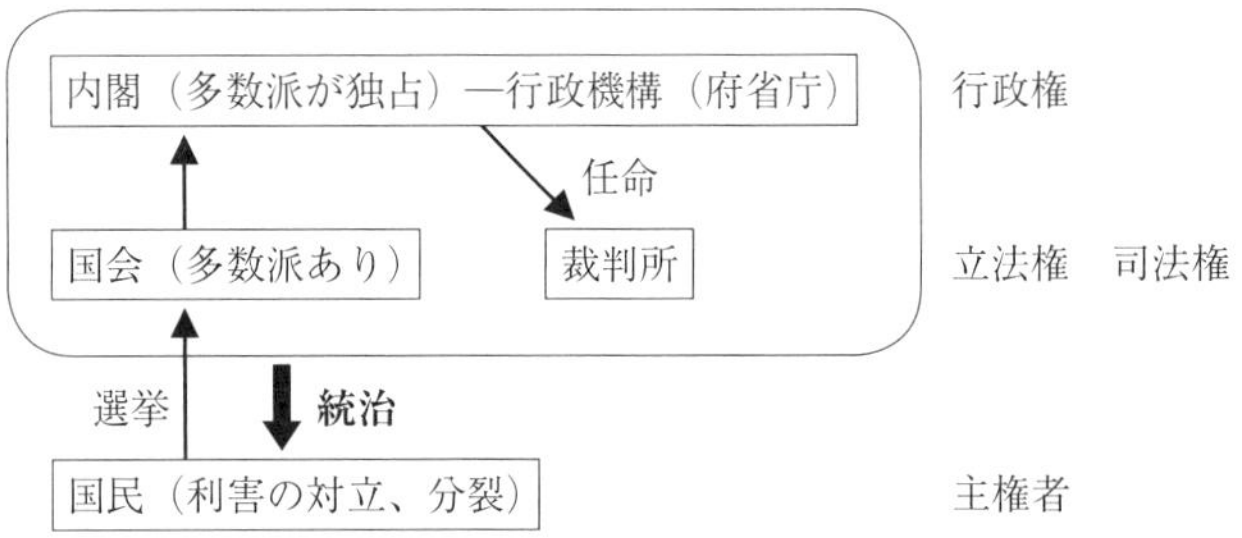

↓

民主政治は多数派による横暴を抑制するための制度を工夫してきた

①立憲主義（憲法によって権力者を規制する）　←　権力者は憲法を守らないことがある

②権力分立（権力を分割して相互に抑制させる）　←　権力は独裁化することがある

③法の支配（権力は法に基づいて行使しなければならない）←権力は法を無視することがある

④人権保障（権力者も国民の人権を侵すことはできない）←権力者は人権を侵すことがある

「最も力をもっている」というのが制度面を指すのか実態面をいうのかが曖昧かなとも思ったが、制度・運用・実態は分かち難いことから、このような問いかけでも構わないと判断した。学生は①から③までの検討を経て④を考えるので、ディベートのように多角的に問題を考察することができる。

さて、この結果である。私は、高校生なら「国会」と答える生徒が圧倒的だが、大学生なら若干「内閣」の方が多いだろうと予想していたが、外れた。国会二九、内閣二〇、裁判所五、その他三（総数五七）という結果になった。「国会は国権の最高機関」という憲法の条文の影響度は強力であった。

授業では、数の少ない方から、裁判所説、内閣説、国会説の順に、それぞれを支持する学生から根拠を発表してもらい、足りないところは私が補いつつ、最終的には次のように整理した。

一　国会説の根拠

＊国権の最高機関と憲法が規定している（四一条）
＊法律の制定、予算の議決、条約の承認という国政上の重要な権限をもつ（四一条、六〇条、六一条、八六条）
＊主権者国民が直接選出し、国民の意思を直接に反映する機関だから
＊内閣も裁判所も人事の根源は国会にあるから（国会→内閣→裁判所）
＊幅広い国政調査権をもつ（六二条）
＊衆議院は内閣不信任決議権をもつ（六九条）

二　内閣説の根拠

＊国政の基本方針を作成する　例：経済財政運営と改革の基本方針、防衛計画の大綱、エネルギー基本計画
＊法律案や予算案を作成する権限をもつ（七二条、七三条）
＊その法律案や予算案はほとんどの場合国会で成立する（内閣と国会の多数派は同一政党）
＊国政を日常的に運営するのは内閣である（国会は議論と決定のみ、常時開いてはいない）
＊政令・省令・規則を制定する権限をもつ（法律で大枠を決め、詳細は行政に委ねるシステム、七三条）例：最低賃金の金額、生活保護の基準額、環境基準の数字
＊外交権をもつのは内閣だけである（七三条）
＊国会による内閣不信任決議は成立しにくい（内閣と国会の多数派は同一政党）
＊国会の解散権をもつ（内閣に都合のよい時期に総選挙を実施できる、七条三項？）

三　裁判所説の根拠

＊国会と内閣に対して違憲法令審査権をもつ（八一条）

国会説の根拠が建前的・形式的であるのに対して、内閣説の根拠は実効性のあるものばかりであること。特に、内閣が「国政の基本方針作成―法律案・予算案の作成―行政の執行」という本筋を抑えていることは決定的であること。内閣が国会（衆参両院）の多数派を掌握してさえいれば、国会が内閣

を抑制することは難しくなっていること。以上のことから、日本では三権のなかで内閣が最も力をもっていると結論づけた。議院内閣制という制度そのものが内閣優位にできていることは疑いない。

しかし、三権分立だけが権力分立ではない。権力分立では、立法権・行政権・司法権のそれぞれの内部でも相互に抑制と均衡が働くことが期待されているし、地方自治体が内閣の抵抗勢力になることもありうる。権力分立を問う場合には視野を広げる必要がある。

そこで、あらためて内閣（内閣総理大臣）の力を抑制する可能性のあるものを整理してみた。

国会（衆議院、参議院）、裁判所、内閣法制局（内閣提出法案を審査）、各省庁（事務次官、局長、審議官、課長、…）、与党、野党、地方自治体／マスメディア、世論、国民の批判・反対運動、選挙などがあげられる。権力分立に直接関係するのは国会から地方自治体までであるが、内閣（内閣総理大臣）の力を抑制する可能性のあるものということで、拡大して表示した。

これらの一つひとつを具体的に見ていくと、内閣法制局長官人事や内閣人事局設置が典型であるが、近年は権力分立を支える制度や慣例が意図的・強権的に改変されてきたことに気づく。権力分立が機能せず、内閣（内閣総理大臣）の力が突出しているのは、制度面に加えて運用面によるところも大きい。

そのことを指摘したうえで、学生には次の課題を出した。「権力分立に実効性をもたせるにはどうしたらよいか」という課題である。

3　権力分立を機能させるための改革案を考える

◎日本の政治では、実質的に内閣（内閣総理大臣）が最も大きな権力をもつようになっています。この現状を改めて、権力分立に実効性をもたせるにはどうしたらよいと思いますか。制度や運用面でのできるだけ具体的な提案を考えてください。

政治学者でも答えるのが難しい設問である。本当は宿題にしてじっくり考えさせたかったが、授業展開の都合で最後の一五分間で書いてもらうことになった。改革した場合の弊害も検討して提案するべきだが、短い時間の課題なので、それはないものねだりである。学生からは次のような改革案が出された。

①立法は国会にまかせ、内閣が法律案の提出をできないようにする。
②国会が予算案の提出権をもつようにする。
③国会での法案の可決要件を過半数から三分の二に変更する。

④予算案や法律案の成立には、与党だけでなく野党の最低何%かの賛成を必要とする。
⑤国会での各党の最大議席数を制限し、ある程度野党も賛成しないといけない国会にする。
⑥新しい法律ができたら憲法に違反していないかを必ず裁判にかける。
⑦国会通過法案のうち重要な法案については国民投票にかける。
⑧国会議員の選挙制度を比例代表制に変える。
⑨内閣の都合のよい時期に衆議院を解散できないように、内閣の解散権をなくす。
⑩内閣提出法案の合憲性を事前に裁判所で審査する。
⑪内閣の人事構成を国会での政党の議席数に比例した配分にする。与党で構成する内閣に野党からも必ず加入させる。
⑫内閣法制局長官は内閣により任命できないようにする。内部昇格か裁判所の推薦で決める。
⑬各省庁の幹部の人事権を内閣にもたせず、各省庁内部で決めさせる。
⑭各省庁の幹部の人事も国民の直接選挙で決めるようにする。
⑮内閣不信任決議の成立条件を三分の一か五分の二程度に引き下げる。
⑯内閣総辞職や各大臣の罷免を国民投票でも行えるようにする。地方自治体の首長のように総理大臣を国民がリコールできるようにする。
⑰公平な世論調査で内閣支持率が三〇%を下回ったら、強制的に総辞職する制度を導入する。
⑱内閣総理大臣を地方自治体の首長のように国民の直接選挙で決める。
⑲内閣が裁判官を任命する制度を改めて、司法の専門家（弁護士や検察官）に任命権を与える。
⑳現在の制度は民意が反映される制度なので、変更の必要はない。変に内閣の権力を縛ってしまうと、国民の望んだ政策が実行されなくなるという弊害も出る。

思いつきにすぎないもの、実現性の薄いもの、かえって逆効果なものもあるかもしれない。しかし、短い時間のなかでの課題の割には、考えられる改革案のおおよそは出ているのではないかと、私は評価した。

私が学生の改革案を読んであらためて確認したことは、次の二点である。

①権力分立を機能させるためには、憲法の規定の改定よりも、運用面での改悪を是正することの方が現実的ではないか。具体的には、首相の恣意的な解散権行使に制限を加えること、民意を反映しない選挙制度を改めること、首相による恣意的な内閣法制局長官人事を禁止すること、各省庁の幹部の人事権を首相官邸にもたせないこと、国会での野党の質問時間を奪わないことなど。
②多数派の横暴に陥りやすい民主政治を是正するのは、最

終的には国民の力（賢い主権者）しかないのではないか。議院内閣制は、国民による国会議員選挙が権力成立の基礎になっている。どんなに強権をふるう首相でも、衆議院選挙で過半数を失えば退陣せざるをえないし、参議院選挙で敗れれば「決められない政治」に陥る。民主政治はきちんと多数派の横暴を矯正する機会を用意している。制度と運用を検討すればするほど、最終的には主権者国民の力量が問われるという結論に至る。

4　国会・内閣・裁判所をどう教えるか

政治分野の学習のなかで、国会・内閣・裁判所のところはあまりおもしろくない単元になりがちである。国家機構のしくみを知識として教えることが中心の授業となる。典型的な知識暗記学習となることから、ここは早く飛ばしてしまう先生もいる。

しかし、政治学習の鳥瞰図のなかに位置づけてみると、権力分立は民主政治の危うさを矯正するための重要な仕掛けであった。しかも、この仕掛けがいま重大な形骸化の危機に直面している。国会・内閣・裁判所の学習のところでは、権力分立の視点を導入して、次のような授業展開はできないだろうか。問題意識を鮮明にして学ぶなかでこそ、国家機構のしくみの理解も深まると思われる。

①国家機構（国会・内閣・裁判所）のしくみ（教師による説明と生徒の作業、図とワークシートを使用）
②なぜ権力分立が必要か（教師による説明）
③三権のなかで最も力をもっているのはどれか（予習課題〜班討論〜教師による整理）
④権力分立を実現するための提案を考える（予習課題〜班討論〜教師による整理）

（神奈川大学・法政大学非常勤講師）

立憲主義の視点から「憲法九条改正」を読み解く

竹山　幸男

一、はじめに

戦後史学習の最終段階で、これまでも「憲法改正」特に、「憲法九条改正」を考える授業を行ったことがある（「平和教育」七三号子どもの未来と憲法学習・実践記録『日本国憲法前文から「憲法改正」を考える授業』二四～二九頁参照）。憲法改正案については、九〇年代の読売新聞社案、二〇〇五年の自民党改憲案（第一次安倍内閣時）「二項削除、『自衛軍』明記・国際貢献案（国際社会の平和と安全のため、国際協調の活動）」、二〇一二年の自民党改憲案「二項削除、『国防軍』明記案」が出されている。いずれの案でも、シビリアン・コントロールを名目に、首相による軍の指揮命令権限も併記されていることにも注意を払う必要がある（『軍』の指揮命令権の憲法上の記載が根拠になり、軍事的事項を明確に禁止していた憲法上の性格を変えることになるので）。その時々の国際情勢や政治状況が影響しつつも、基本的には、自衛隊の海外での任務の拡大、集団的自衛権行使への道筋を描くものであることは変わっていない。早ければ二〇一八年中に国民投票が行われる可能性がある中で、どのような視点で整理して授業案を組み立てていけばいいか、検討してみたい。

二、憲法九条が示す「軍事禁止規範」

第二次世界大戦（アジア・太平洋戦争）の終わり方、日本国憲法の制定過程、戦後史学習を行っていくと、国内外の戦争の加害と被害、一人ひとりのいのち、人権を奪い去る戦争を再び行わない強い意志の下に、日本国憲法全体が構成されていることに気付かされる。特に、憲法前文にあるその誓いを具現化したものが憲法九条であると考えられる。憲法九条では一項と二項を通じて、戦争を起こさせない規制、制約（武力行使を行わない）と軍隊を持たないという規制、制約（戦力を持たない）によって「戦争放棄」が具体化されている。当然の帰結として軍隊を動かす権限者についての記載もない。現在の憲法九条は、軍事的な事柄に関する制限ないしは禁止規範として非常に明確なものとなっている。

二〇一四年から二〇一五年にかけての集団的自衛権に関する閣議決定、安保関連法の成立までは、政府ならびに内閣法制局の解釈としては「専守防衛」、個別的自衛権の行使を基本的な考え方に据えつつ、ＰＫＯ活動、日米ガイドライン改定等の動きの中での海外での武力行使については、見方によっては、この憲法上の制限、禁止規範との整合性をとり得るような解釈や説明の努力や工夫がなされてきたようにも見える。つまり、日本が攻められていないのに武力行使は行わない、集団的自衛権は行えないという一線が守られていた。そもそも、憲法九条が明確な軍事に関する禁止規範である以上、自衛隊を自衛隊法という憲法ではない下位の法律において定めてきたことも、憲法九条との整合性を考えたものなのだろう。

三、「軍事禁止規範」を一変させる「自衛隊」明記

それでは、今回の憲法九条一項、二項を残したままの「自衛隊」明記案（「自衛のための組織」「必要最小限度の実力組織」と言い換えた場合も同じ意味合いを持つと思われるが）はどのような意味を持つのか。授業を組み立てていくときに何を意識すればよいのだろうか。

まず、明記される場合の「自衛隊」とは何か。二〇一八年現在の「自衛隊」とは何か。いったい何が含まれているのか。

少なくとも、二〇一五年に安保関連法が成立しているので、海外での武力行使が正当化され得る集団的自衛権も含んだかたちの自衛隊であると言える。ただ、それにとどまらず、「自衛隊」という言葉さえ憲法に明記してしまえば、これまでの軍事禁止規範の性格を一変、変質させてしまい、これから法律の内容を自由に変えることにより風船のように中味をふくらませていくことができるという点にも注目しておく必要がある。一、二項を維持しつつ三項に自衛隊を明記するという加憲案に対しては、「後法は前法に優先する」「二項が死文化、空文化する」「自衛隊が二項の例外措置にもなり得る」として批判がなされているが、憲法九条にとどまらない、日本国憲法全体の性格を変え破壊してしまうくらいの「地雷」「時限爆弾」になりかねないものと危惧している。

一方、生徒はじめ日本社会における一般の「自衛隊」イ

メージはいかなるものか。二〇一五年の一月の内閣府の調査（「自衛隊・防衛問題に関する世論調査」）においては、自衛隊に好印象を持っていると答えた人の割合は、九二・二％で、過去最高だったという。ただ、自衛隊の存在目的を聞いたところ、第一位は災害救助、人命救出のための自衛隊（災害時の救援活動や緊急の患者輸送［八一・九％］）であり、第二位の日本の防衛のための自衛隊（周辺海空域における安全確保（個別的自衛権）［七四・三％］よりも多い。現在の自衛隊法における主たる任務から見ても、逆転したイメージ像が出ている（HPで回答参照）。限定的とはいえ集団的自衛権を含んだ安保関連法の内容（日本が攻められていなくても米軍等と協力して海外で戦争を行い得る）については、さらに一般の自衛隊イメージとしては出てきにくい結果となっている（同調査：海賊対処行動［二二・七％］など）。災害救助や他国から攻められたときの防衛であれば多くの国民は賛成する。しかし、安保関連法によって海外での武力行使をすることまでは多くの国民は賛成する状況にはない。このことは、現在まで自衛隊は、実際の戦闘で一人も殺し、殺されていないという日本の「平和ブランド」とも合致し、安保関連法が成立した今でさえそのイメージが続いているように思える。憲法九条への自衛隊明記は、分かりやすく言えば、災害救助や日本の防衛のための自衛隊ではなく、「海外で戦争ができ得る自衛隊」に変わってしまうということである。そして、さまざまなイメージ像が出されることを期待しつつ、これをどのようにわかりやすく整理し考えていくかが鍵とな

資料A

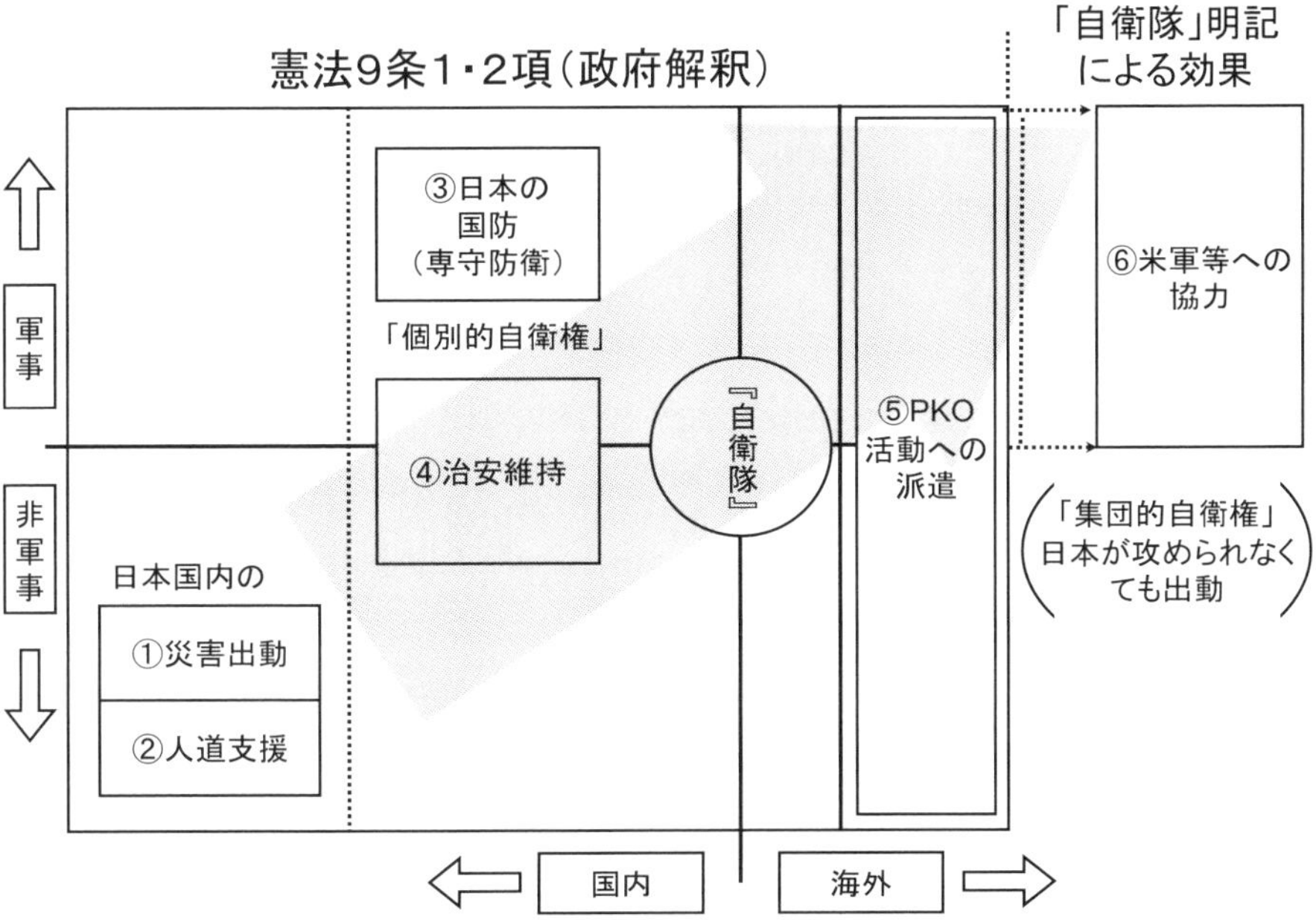

資料B

る（資料A・B・C）。また、戦後史学習との関連で、資料集などを用いて、イラク戦争を含めた米軍等との協力で自衛隊が出動したこと、自衛隊の現状とその変化についても学ぶことが必要だろう。

四、安倍首相流「憲法九条改正」――その巧妙な手法

それでは、安倍首相など「憲法改正」による自衛隊明記案を進めようとする立場の説明はどのようなものなのだろうか。

「九条の一項と二項が残り、自衛隊を明記するだけなので、今とは何も変わりません」「現在の九条を変えないのだから大丈夫だ」「自衛隊への信頼は国民の九割もある。それを書くだけです」「自衛隊は違憲かもしれないけれど、何かあれば、いのちをはって守ってくれるというのは無責任だ」「自衛隊が違憲であるか、という議論が生まれる余地をなくすべきだ」「自衛隊への〝ありがとう〟という気持ちで自衛隊を明記すべきだ」「憲法九条の解釈を一ミリたりとも動かさないで、自衛隊を明記して位置づけたいだけだ」「九条の一・二項を残すので、当然今までの憲法上の制約は受ける」「国民投票で否決されても、自衛隊が合憲であることは変わらない」

いくつか挙げてみたが、そもそも何も変わらないのならば「憲法改正」をする意味がないし、その「憲法改正」のために八五〇〇億円もの税金（二〇〇七年試算）を使う意味もない。どう考えても、改正することに意味があるからこそ、変わるからこそ、ここまで念入りに準備をしているのだろう。「今まで自衛隊が憲法に書かれていなくてかわいそう」というとても感覚的、感情的、情緒的な説明により、「国防軍」の明記や二項を削除するという最低限の整合性も無視するかたち（警戒心を抱かれないように）で、国民投票での賛成を得やすい内容、表現にする「ハードルを下げていく手法」がとられている。ここまで来ると、「自衛軍」「国防軍」「自衛隊」でも表現の違いはあまり重要ではなく、何らかの『自衛』のため実力組織」を憲法上に明記さえすれば、後はこれまでとこれからの法律で「何でもあり」の組織として拡大していくことを意図しているのではないかと考えてしまう。「自衛隊」という名前さえ書けば、何をやっても、どんな装備を持っていても、憲法で認められる存在（事実上の白紙委任）になり得る。その意味で、わざと勘違いされる方法でくせ玉を投げ、巧妙で非常に危険な改正提案が行われてきているると言えるだろう（「フェイク改憲案」「だまし討ち改憲案」とでも言えるでしょうか）。

このような動きを助長するのが第一次安倍内閣時の二〇〇七年にすでに制定されている「国民投票法」である。当時もその内容についてQ＆A〈①国民投票の過半数とは何か？（有権者数、投票者総数、有効投票総数）②国民投票が有効となる最低投票率が定められているか？（YES・NO）③国会での発議後、国民投票が行われる時期は？（二～三ヵ月の間、六ヵ月～一年の間）④有料広告放送の制限がある

資料C

憲法９条改定を考える（ワークシート・イメージ案）

Ⅰ（１）憲法９条のイメージをイラストか自分の言葉で簡単に書いてみよう。

（２）「自衛隊」の存在する目的について、自分の持っているイメージで書いてみよう。（箇条書きでもＯＫです。）
（資料Ａの①～⑥のどれにあたるかを選択することも可能）

（３）下記のそれぞれの内容について、○、×、？（わからない場合）を（　）にうめてみよう。

＊自衛隊の目的、安全保障関連法について

（　）自衛隊の主たる任務は、災害救助、人命救出であり、日本の防衛のための任務、治安維持の任務も付随している。

（　）2015 年の安全保障関連法の成立までは、「専守防衛」の考え方を基本に据えて、自衛隊を合憲とした政府の解釈がなされていた。

（　）集団的自衛権と個別的自衛権の内容は、同じ「自衛権」という言葉を用いているが、異なる概念である。

（　）2015 年の安全保障関連法の成立によって、それまで禁じられていた集団的自衛権についても、一部容認されるようになった。

＊「自衛隊」を明記する憲法改定案について

（　）憲法９条１項、２項が残されて自衛隊を明記した場合は、現状とは何も変わらない。

（　）憲法９条１項、２項を残すので、今までの憲法上の制約は受ける。

（　）国民投票で否決されても、自衛隊が合憲であることは変わらない。

（　）後法が前法に優先するという法律の原則により、自衛隊明記により、９条２項が死文化、空文化する。

（　）憲法に明記される「自衛隊」は、集団的自衛権を一部容認した自衛隊である。

Ⅱ　自衛隊がこれから担ってほしい役割は何か？（資料Ａの① ～⑥から選ぶ。）憲法９条への「自衛隊」明記によって、目的や活動内容にどのような変化が生まれるか？

か？（YES・NO）⑤公職選挙法と同じような規制があるか？（YES・NO）⑥誰が規制されているか？⑦過半数憲法改正は項目ごとにとされているが、質的に違う内容が含まれている場合の憲法条項ごとの判断はどうなるか？など〉を作成し、イラストが描かれている本を用いながら、授業を行ったが、今でもすぐに教材として用いることができる。そして、現在自民党で検討されている他の三項目について見てみると、緊急事態条項については、衆議院議員の選挙の延期については「緊急事態条項」の項目（人権、私権制限可能な内容）を入れ込む入口として扱っているだけではないか。災害への対応、高等教育無償化、参議院の合区などは、法律で対処できることではないか。また、国民投票で賛成を得やすいテーマと内容を選んでいるだけではないか。いずれにしても、「憲法」がとても軽く扱われて、筋の通った議論でないかたちで進められていることを非常に危惧し、かえって恐しささえ感じている。

では、なぜこんなに急いで「憲法改正」をめざすのか。考えられることとしては、自衛隊の憲法への明記がないままだと、イラク自衛隊派遣差止訴訟判決のように、武装した兵士の戦地への輸送（航空自衛隊による空輸の一部）について、憲法九条一項に基づいて違憲判決が出されることを恐れているのではないかという指摘がなされている（政府解釈によれば、自衛隊の存在は憲法九条二項から見ても合憲。しかし、「専守防衛」が基本となっている以上、今後も上記判決が出される余地が残されている）。二〇一二年の第二次安倍政権誕生以後のわずか五年の間に、安保関連法だけでなく、特定秘密保護法、「共謀罪」法などの制定、武器輸出禁止原則の緩和などもなされてきた。このような動きを考えると、「憲法改正」による自衛隊明記案もそのプロセス（戦争が「ふつうに」できる国家体制づくり）の中にあると考えることができるだろう。

五、「立憲主義」の基本に立って
――巧妙な手法にだまされないために

最後に、今回の「憲法改正」による自衛隊明記案は、憲法に現実を合わせるという立憲主義の基本的な考え方でなく、現実を今までの政府解釈を無視して先行させておいて、それに憲法を合わせる、それ以上に、「平和憲法」の理念の根幹を揺るがし変質させ、空洞化するしかけをつくる、逆立ちした方法である。法学的な論理性ではなく、情緒、感情を前面に出して「憲法改正」行う手法は、立憲主義の否定にとどまらず、法治主義というより人治主義の一形態であるとも捉えられかねない（国会議員、官僚の劣化、国民の憲法認識の薄さも影響している可能性がある）。昨年一一月に元アメリカ国防長官ウイリアム・ペリー氏はもどかしそうにこう語ったと言われている。「私が驚くのは、実に多くの人が戦争がもたらす甚大な結果に目を向けていないことです。もしも核戦争になれば、韓国は朝鮮戦争の一〇倍、日本も第二次世界大戦並みの犠牲者が出るかもしれない。だからもっと真剣に外交による解決をという訴えをしていかなくてはならない。」

この現実を直視すればするほど、少なくとも「専守防衛」を越えた集団的自衛権を認めている現状の「自衛隊」を明記しないかたちで、憲法の下位の法律で「自衛隊」の性格、役割を定めること、つまり「軍事禁止規範」である現在の憲法九条の戦争放棄の条項を活かしていくことこそ、具体的なリアリティを持った問題解決の方向性を指し示していると考えられる。

＊憲法九条改定を考えるために参考となる本、資料など

『新・戦争のつくりかた』りぼん・プロジェクト（マガジンハウス）

『檻の中のライオン』楾大樹（かもがわ出版）

『憲法カフェへようこそ』あすわか（かもがわ出版）

『これから戦争なんてないよね？』

にしかわしげのり×みなみななみ（いのちのことば社）

以上の本は、イラストや説明がとてもわかりやすい。

『日本国憲法』九条に込められた魂（鉄筆文庫）

『使える九条』（マガジン九条編）（岩波ブックレット）

『十代のきみたちへ』日野原重明（冨山房インターナショナル）

『メディアに操作される憲法改正国民投票』本間龍（岩波ブックレット）

『あたらしい憲法草案のはなし』自民党の憲法改正草案を爆発的にひろめる有志連合（太郎次郎社エディタス）

『自民党憲法改正草案にダメ出しを食らわす』小林節・伊藤真（合同出版）：対比表が参考になる。

『公文書問題』瀬畑源（集英社新書）：二〇一四年の集団的自衛権の解釈変更についても、法制局での詳細な議事録は残されていないという。

『改憲的護憲論』松竹伸幸（集英社新書）

『ナチスの手口と緊急事態条項』長谷部恭男、石田勇治（集英社新書）

『THE独裁者』古賀茂明、望月衣理子（ベストセラーズ）

『憲法を百年いかす』保阪正康、半藤一利（筑摩書房）

『自衛隊明文改憲の論点』清末愛砂他（現代人文社）

『テロとの戦いを疑え』西谷文和（かもがわ出版）

『日本は戦争をするのか――集団的自衛権と自衛隊』半田滋（岩波新書）

『「北朝鮮の脅威」のカラクリ』半田滋（岩波ブックレット）

二月七日付『朝日新聞』：阪田雅裕「自衛隊を明記するとは」

二月二二日付『朝日新聞』：論壇時評（小熊英二、木村草太）

二月二七日付『朝日新聞』：五面・憲法を考える「国民投票法」、四面・九条二項「残す案・削る案」

三月一日付『朝日新聞』：「社説」理のない自民の九条論

三月三日付『東京新聞』：自民九条改憲案条文例詳報

三月五日付『朝日新聞』：なぜ改憲　尽きぬ疑問

（同志社中学校）

憲法・主権者教育としての授業づくり

――選挙から考える日本の民主主義

山本　政俊

政治とは税金の集め方、使い方を決めること

教科書によっては、「政治とは異なる利害の調整活動のことである」などと説明しているものがありますが、これでは、政治が自分事として身近なものとしてとらえることができません。政治とは、自分の願いや要求を多くの人と力を合わせて実現すること。政治とは税金の集め方、使い方をあなたが決めること。このことがまず、教えられねばならないことだと思います。政治家が何を言っているかではなく、税金を何に使っているか、使おうとしているか。だから予算や財政について知ることも重要な「主権者教育」なのです。

二〇一六年、三年生「政治経済」の最初の授業では、「政治」についてのイメージを出してもらいました。「難しい」「何やっているのかわからない」「裏で勝手に決めている」このような意見は毎年出てきます。

それを踏まえて、「今の生活を見つめてね。これからこうなったらいいなあという願いをあげて」と聞くと、『消費税をあげないで』『大学の学費高過ぎ。下げてほしい』『返さなくていい奨学金制度をつくってほしい』『ちゃんとした就職できるか心配』『平和が続いてほしい』などと生活要求が出されます。

「税金ってどのくらいの種類あると思う？　五〇種類なんだって。税、税ってぜんそくになりそうだね。ぼくらの税金がどう使われているのかみてみましょう。防衛省の予算は約五兆円です。日本には基地があって、米軍がいます。その経費は誰が払うべき。（米軍）だよね。だけど経費の七五％は、

日本が負担しています。安保条約や地位協定でほんとは支払わなくていい経費も負担して「思いやりだ」と言ってます。米軍への「思いやり予算」が始まった一九七八年度から計算すると、今年度で約二〇兆円です。私たちの税金を米軍に二〇兆円もあげています。一月二二日には特別協定を結んで、これから二〇二〇年まで、毎年毎年二〇六億円までは米軍がほしいものを何でもつくってあげると約束しました。国民の税金で、日本に駐留する米軍の生活費がまかなわれます。国民の税金で、米軍が燃料を補給され、アフガニスタンやイラクを攻撃しました。国民の税金で、災害や復興支援費用も支払われます。国民の税金で、皆さんが学校教育を受けることができます。高校生一人に税金が一〇〇万円以上使われていますよ。

日本では、一九四〇年、戦争をするため、庶民から所得税を天引きするようになりました。これを源泉徴収といいます。（住民税（地方税）にも天引き制度がありますが、こちらは特別徴収といいます。）給料をもらうと、給料明細票も配布されます。（もらえなかったら請求すること）自分が年額いくら税金を支払っているのか。納税者意識を持ちましょう。あなたが払っている税金が何のためにどれくらい使われているか知れば、これだけ払っているのだから、政治は〇〇すべきという意識になるのはないでしょうか。

このように私たちの税金をどう使うかを決めるのが政治で、決めるのは、あなたの代わりに国会で決める国会議員です。税金をどう使うのか決めるのはあなたです。政治経済はそのために学ぶのですね」

選挙制度を考える

総務省・文部科学省は「私たちが拓く日本の未来」を全国の高校に配布しました。この冊子を使用して、衆議院、参議院の選挙制度を説明しました。

「小選挙区比例代表制を導入した九四年の選挙から投票率が激減！　何があったんだろう」

小選挙区制度に原因があることを確認。

「小選挙区ってどういう制度？」

『一人しか当選しない』

「一人しか当選しないということはどういう政党に有利？」

『大きな党。金がある党』

「そう、人も金で雇って選挙できる。金があるから宣伝もいっぱいできる党が有利です」

「候補者三人。一〇票をわけあう。最低で当選できるのは何票？」

『四』

「残りの六票。当選に結びつかない票を何という？」

『死票』

「小選挙区は死票がたくさん出る制度です。死票がたくさん出るということは、国民の多様な意見（民意）を切り捨てるということ。つまり国民の意見が反映される政治にならないということを意味します。前回二〇一四年に行われた総選挙では、二九五の小選挙区で、議席に結びつかなかった「死票」の割合（「死票」率）が五〇％以上となった小選挙区は、全体の四割強にあたる一三二もありました。「死票」は全国で二五四〇万六二四〇票で、小選挙区得票の四八％を占めました。北海道では一三四万人の票が死票になりました。小選挙区で、自民党の得票率は四八％ですが、獲得議席数は二二三議席で、議席占有率は七六％となりました。小選挙区制によって大政党は、四割台の得票で七～八割もの議席を独占することができたのです」

「なんでそんな選挙制度を導入した？　ロッキード、リクルート事件などお金で政治が買われてしまう金権腐敗汚職政治があって、国民はうんざり。そこで「政治改革」と称して、金のかからない選挙にするがうたい文句で小選挙区制度が導入されました。自民党は中選挙区時代は、派閥で争ったから自民党同士の争いにならないようにするのも利点でした、政権交代可能な二大政党制度にして民主主義を機能させることができるのではという思惑もありました」

「小選挙区制を採用している国は、世界に四七か国あるそうです。それで、二大政党で機能している国もあるにはある。わかるかな」

『アメリカ』

「イギリスもだね」

「アメリカは何党と何党」

『共和党』『民主党』

「イギリスは労働党と保守党」

「でも日本ではどうなんだろう。うまくいっているんだろうか」

「国民の意見が反映されないもう一つの問題がある。「二〇一二年の衆議院選挙の格差二・四三倍の最高裁の判断は違憲状態。憲法何条に違反しているの？」

『憲法一四条かな』

「そう、一項を読んでみて」

「格差五倍ということは君の一票は一票でなく〇・二票。〇〇さんの要求は全部聞きます。だけど君の願いは二〇％しか聞きません。八〇％は無視しますということです。そう言われたらどうでしょう？　だから毎回の選挙で違反していると訴える人がいる」

死票が少なく、国民の意見を反映する選挙制度として比例代表制度を説明した。この制度を採用している国は七〇国ほど。投票率が高い北欧は、女性の社会進出がすすみ社会保障も進んでいる人権先進国でもある。

政党リテラシーを教える

「今どんな政党がありますか」知っている党（発表する）

「選挙前になってたくさん党ができたことがあります。でも、できて五日で消滅した党があります。別の党と合流したのですね。だから今回の選挙も〇〇党にいれた。なのにその党なくなったということがあるかもしれません。なぜ、新しい党が次々とできるのか。それは、政党をつくり五人以上の

〈「主権者として税と財政を考える」授業プリント〉

憲法から税を見る

国（地方公共団体）が、活動に必要な経費を得るために、家計・企業から徴収するのが（　　　　）「国民は、法律の定めるところにより、（　　　　）を負ふ」〈憲法第 30 条〉

「あらたに租税を課し、又は現行の租税を変更するには、法律又は法律の定める条件によることを必要とする」（　　　　）〈憲法第 84 条〉

※権力を行使するものは、勝手に税のことを決めることはできないのだ！

内閣は毎年予算（歳入と歳出の計画）を作成→国会の議決が必要　〈憲法第 86 条〉

税の種類（一部）◎国税（国が徴収する税）

◇地方税（都道府県や市町村が徴収する税）

◎（　　　　）：給料や利益など個人の所得に課される税金　□

◎（　　　　）：法人（企業）の利益に課される税金　□

◎（　　　　）：死亡した人の財産を相続した場合に課される税金　□

◎（　　　　）：揮発油、おもにガソリンに課される税金　■

◎（　　　　）：アルコール度１％以上の飲料に課される税金　■

◎（　　　　）：商品やサービスの消費に課される税　■

◎（　　　　）外国から日本に品物を輸入しようとする場合、その輸入品にかかる税金　■

◇（　　　　）：不動産（土地や建物）を所有していると課される税金　□

◇（　　　　）：軽自動車を所有している人に課される税金　□

自家用は現在年額 72000 円→ 10800 円

自家用自動車税は 34500 円（1500cc 以下）

税の納め方による分類

□（　　　　）～納税者＝負担者

■（　　　　）～納税者と負担者が異なる

租税収入に占める直接税と間接税の割合を（　　　　）という。

日本では、1949 年のシャウプ勧告による税制で、（　　　　）中心

高度経済成長において、収入の増加が税収の増加と一致したので、直接税である所得税を基本とする税制はうまく機能してきた。今は直接税の割合が（　　　　）％

直接税と間接税の比率（直間比率）はどのように変化してきたか。

衆議院議員総選挙における投票率の推移のグラフを提示する。

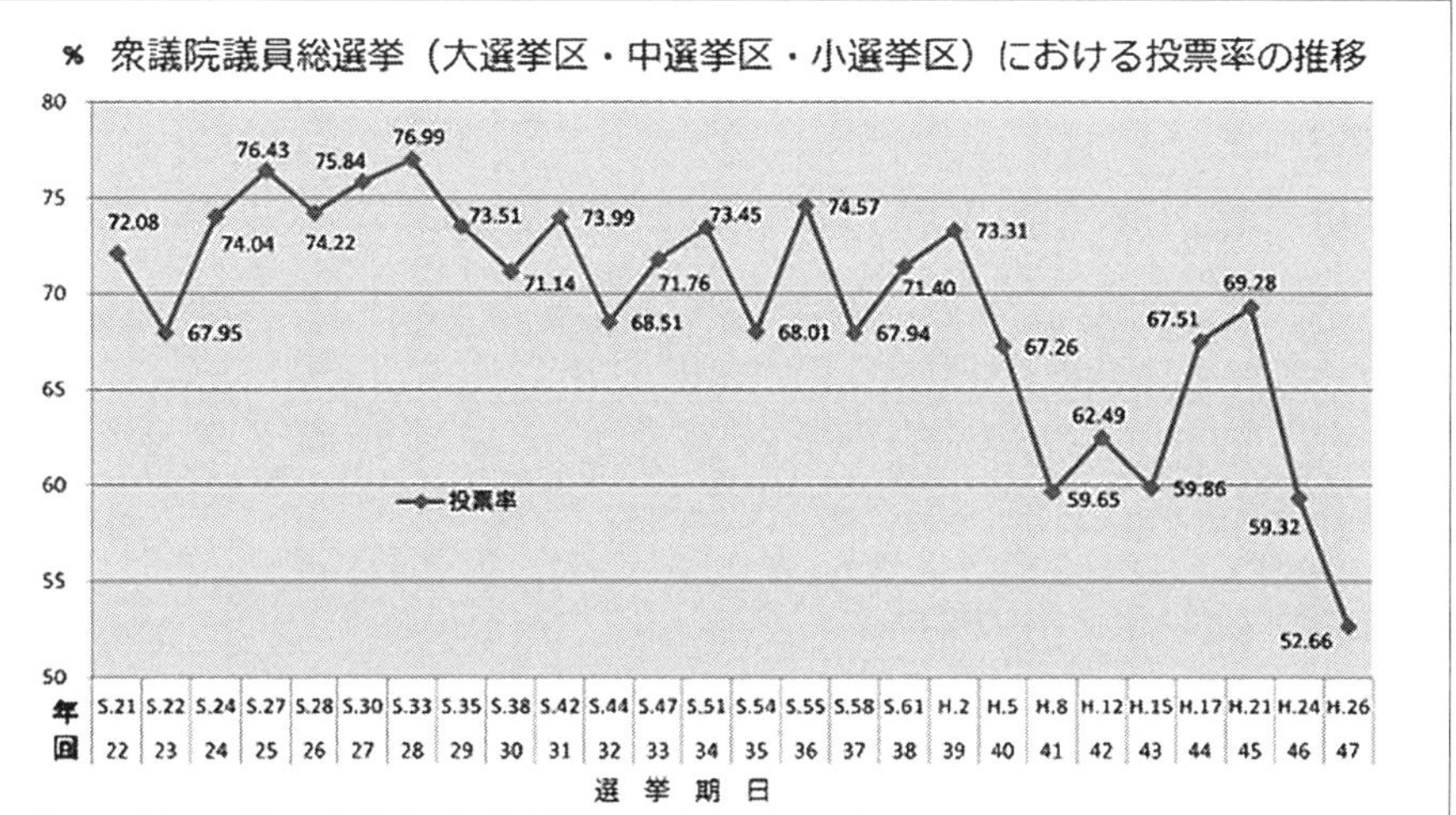

注１　昭和３８年は、投票時間が２時間延長され、午後８時までであった。
注２　昭和５５年及び昭和６１年は衆参同日選挙であった。
注３　平成８年より、小選挙区比例代表並立制が導入された。
注４　平成１２年より、投票時間が２時間延長になり、午後８時までとなった。
注５　平成１７年より、期日前投票制度が導入された。

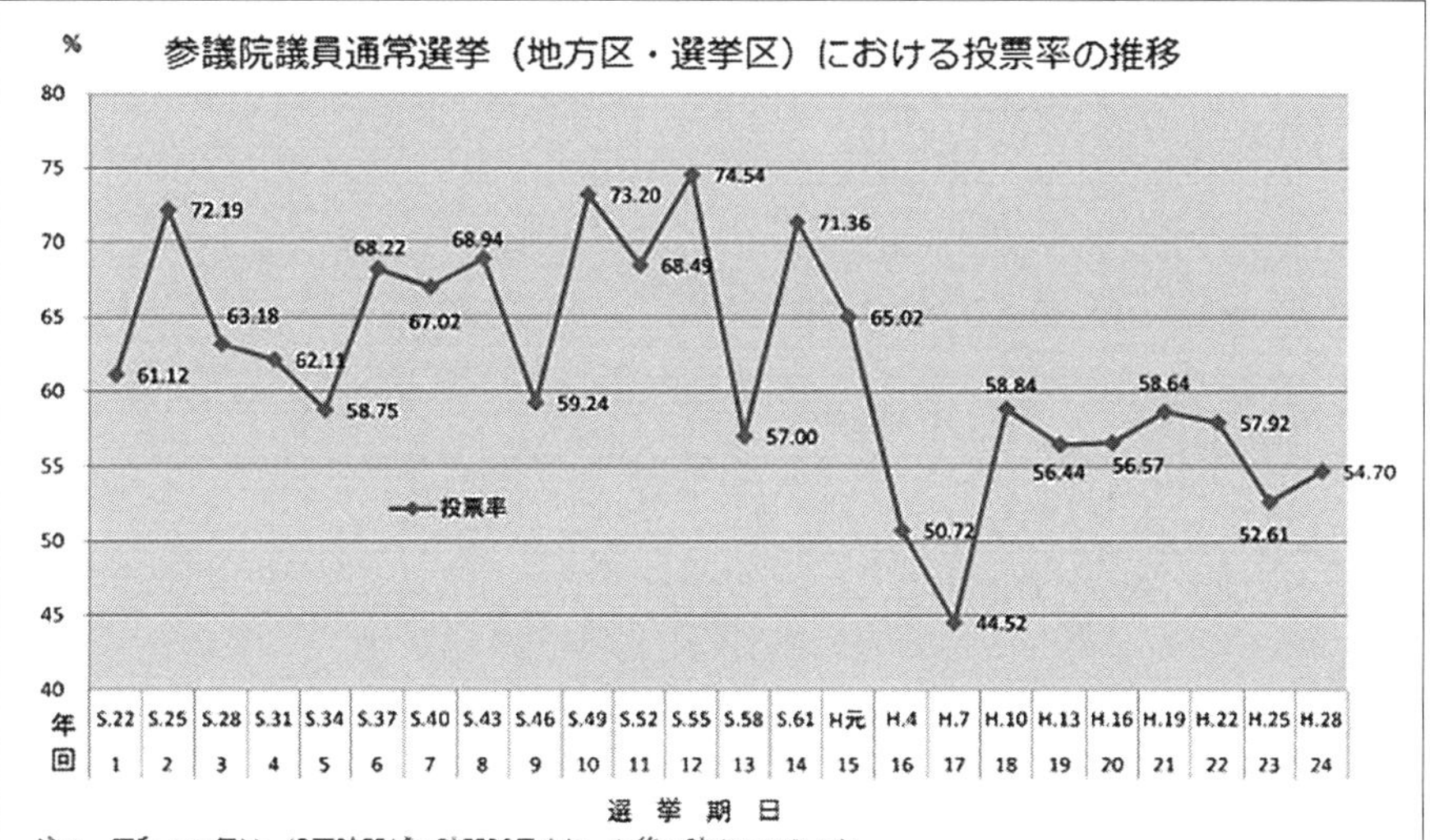

注１　昭和４９年は、投票時間が１時間延長され、午後７時までであった。
注２　昭和５５年及び昭和６１年は衆参同日選挙であった。
注３　昭和５８年より、拘束名簿式比例代表制が導入された。
注４　平成１０年より、投票時間が２時間延長になり、午後８時までとなった。
注５　平成１３年に、比例代表制が非拘束名簿式に変更された。
注６　平成１６年より、期日前投票制度が導入された。
注７　平成２８年より、選挙権年齢が１８歳以上へ引き下げられた。

出典：総務省

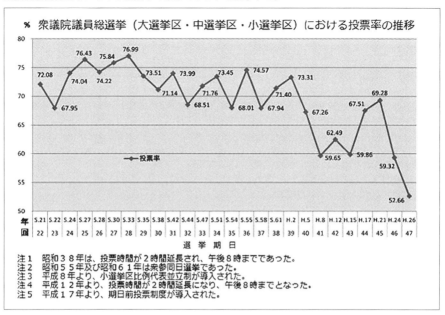

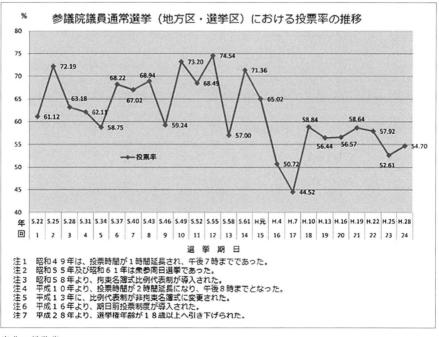

国会議員がいるか、選挙で二％以上の得票率があれば、税金から党の活動資金を援助してもらえる仕組みがあるからなのです。政党助成法に基づく政党交付金が支給され、年間三〇〇億円以上の税金を山分けしています。政党助成制度が開始されてからの二〇年間で、二〇一五年末までに各党が受け取った政党交付金は総額六三一一億円。この二〇年間で、政党交付金を受け取った四三党のうち三四党が消滅・組織替えしました。ただ、憲法の思想信条を侵すことになるという理由で反対し、日本共産党は受け取りを拒否しています」

「こんな人がいました。教科書の政党の変遷を見てください。もと自民党の幹事長で仕切りをやっていた人が自民党を飛び出し、新生党―新進党―自由党―民主党―国民の生活が第一―日本未来の党―生活の党―自由党。この人は九つの党に所属しました。党をつくれば政党助成金をもらえます。みなさんの税金です。政党交付金はあまっても返さなくてもいいのです。だから党を次から次とつくるのですね。ネットで、その人がどういう党なのか。どういう党に所属してきたのかを調べてみると面白いですよ」（生徒はあきれていました）

「政治資金規正法という法律があります。政治資金の出納を総務省という役所に届け出ることが義務づけられています。ホームページで誰でも閲覧できます。だれからお金をもらったの書かかねばなりません。政治家や政党にお金を渡す。企業・団体献金といいます。何故お金渡すの？」

『自分に有利にやって欲しい』

『見返りを求めているから』

「一番の大口は？　日本経団連　大きな会社の集まり。財界です。企業・団体献金にどういう態度をとるかも政党を選ぶ基準になります。政治資金、これにウソの記載をしたら犯罪です。この罪に問われて刑罰まで受けた人もいます」

『先生、〇〇さんでしょ』

「しぃ～。ここでそれを言ってはいけません」（生徒笑う）

「だから政党というのを選ぶ基準があります。どういう歴史を持つ党なのか。政党は綱領といって目標や方針がなくてはなりません。綱領の無い政党もありました。それから憲法にどういう態度をもっているかは、大きな判断基準になります。憲法を守ろうとするのか。憲法を変えようとするのかです」

一票の重みを教える

一票の重みを教えることは、とても重要です。十勝管内のある町村の町議選挙では、同数票によるくじ引き当選した例があり、北海道道議会議員選挙では、二票差で当落が決まったことがあります。二〇一六年参議院議員選挙では、新潟選挙区で二二七九票差、大分選挙区では一〇九〇票差で当落が分かれました。次のように問いかけてみたいと思います。

「前回二〇一四年の衆議院選挙では二〇〇〇票以内の僅差で当落が決まった小選挙区が一〇ありました。では、二〇一七年の衆議院総選挙では、二〇〇〇票以内の僅差で当選が分かれた選挙区はどのくらいあったでしょう？」

『一七選挙区』

「では、その選挙区のなかでの最小票差はどのくらいだと思いますか？　Ａ：五〇票　Ｂ：一五〇票　Ｃ：三五〇票　Ｄ：五五〇票」

『五〇票』

「新潟三区では五〇票差で、無所属候補が自民党候補に競り勝ちました。投票した人は二〇万人くらいなので、四〇〇〇人に一人、相手候補に投票していれば、違う結果になったのです」

愛知七区では、無効票の一万一二九一票が話題になっています。不正があったのではないかと騒ぐ人たちがいますが、そんなに心配なら自分で投票所へ行き、開票作業を確認することもできます。候補者や政党は開票立会人を出します。開票立会人は、疑問票が出てきたときにはその都度審議し、有効か無効かを判断したり、どっちにもとれる場合、票を分ける場合もあります。

そもそも、無効票は「異常に多かった」と言えるのか。愛知七区の投票総数に無効票が占める率は四・二三％で、前回二〇一四年衆院選小選挙区の全国平均三・二九％より高いです。

だが、今回の小選挙区選挙で東京一二区は九・七一％。東京一四、一六、一七区も五％を超えています。一四年衆院選の大阪三区では、実に一五・二五％が無効票でした。小選挙区で支持したい候補がいない場合、白紙投票をする人がいます。総務省選挙部によると一四年衆院選で小選挙区選挙の無効票は全国で約一八〇万票あり、その半分強の約一〇〇万票が白紙でした。でもこれはもったいない話だと思います。どちらかの名前を書くかで、当落が決まることがあるということは教えたほうがいいと思います。

また、棄権は意思表示だという人がいますが、これは違います。棄権は政権与党を利することになります。支持するならかまわないのですが、もし支持できないと考えるなら必ず投票所にいって、政権党でない党や候補に投票しなければなりません。このことは、きちんと教えられなければなりません。

「政治教育」の教養として、政党リテラシー、政党をどういう基準で選んだらいいのかを教えることは大事です。

1　今の政権（複数の連立の場合あり）の政策を支持するかどうか、与党か野党か

2　憲法を変えようとしているのか　守ろうとしているのか

3　何を言っているかではなく、税金を何に使っているか（使おうとしているか）

4　ある政策を実行する場合、その財源をどこに求めているのか。国民なのかそれ以外なのか。

いずれにしても、日常普段から生《なま》の政治（未来につながる今）を話題にし、教材化することから教師自身が逃げないことが大事だと思います。

憲法どおりの政治を求めて

権力は簡単に私たちを騙そうとします。「原発を止めると

電気がなくなる」などと、ウソも平気でつきます。憲法は参政権を規定しています。私たちは政治に参加することで、民主主義が担保されます。その方法は、陳情・請願・選挙など多岐に渡りますが、選挙とは私（principal）の代理人（agent）を送ること。これを伝え、教師が体現することが憲法を生かす主権者教育と思って取り組んできました

「大人だって、政策を全部わかって投票している人はいないと思います。僕も新しい言葉が出てきて面喰うことがあります。また、自分ではあまり考えず、知り合いから頼まれたからで投票する人もいます。だから、気軽に選挙に参加してください」と呼びかけたいのです。

2017年衆議院議員総選挙当選者・落選者の票差

数字は立候補者数　左の党が当選、右の党が次点

北海道10区	513票	2	公明	立憲
秋田2区	1672票	3	自民	希望
宮城2区	1316票	2	自民	無
福島4区	1209票	4	自民	希望
埼玉12区	492票	3	自民	希望
東京6区	1978票	4	立憲	自民
東京18区	1046票	3	立憲	自民
千葉1区	1357票	4	自民	希望
神奈川9区	1712票	3	希望	自民
山梨1区	1131票	4	無	自民
山梨6区	631票	3	希望	自民
愛知7区	834票	2	無	自民
新潟3区	50票	3	無	自民
京都6区	1639票	3	自民	希望
大阪1区	1242票	5	自民	維新
大阪14区	1656票	3	自民	維新
鹿児島1区	1868票	4	立憲	自民

政治とは期待したり、論評するものではなく、ましてや娯楽としておもしろがるものでもなく、政治とは自ら参加するものであると語りたいのです。

学校教育の中で、憲法で定められた言論の自由や思想の自由（子どもの権利条約とその勧告的意見の要請）のもと、周囲の人々と対話し、参政権、請願権（子どもにもある）につながる自己決定権を行使させないことは、政治的教養を高めるとする教育基本法からいっても、問題だと言わざるをえません。

そして、教師の政治活動・教育実践の自由なくして「主権者教育」の充実はありません。

私たちが権力からの理不尽な事に遭遇したとき、それを跳ね返す力は憲法と、それを武器に抗《あらが》う勢力の対抗にあります。

今、私たちの「主権者教育」が問われているのではないでしょうか。「雇用と労働問題」「学費と奨学金」「戦争と平和」「原発と放射能」など若者は、自分と引き寄せて考える力を持っています。それらの問題をどう解決するのか。要求と政策を練り上げて政治と結びつけていくところに主権者教育の本質があるのです。国家・社会の有為者をめざすのではなく、グローバル時代にふさわしい地球市民としての憲法を使える主権者を育てたいと思います。

（元北海道足寄高校）

主権者教育の立場からみた「恵庭事件」を学ぶ意義
——映画「憲法を武器として」上映を機に

前田　輪音

「日本の刑事裁判の有罪率は九九・九％である[1]」いわゆる「恵庭事件」は、この刑事裁判としてはじまり、〇・一％の狭き門をくぐりぬけ、被告人無罪の判決を勝ち取った裁判である。にもかかわらず「肩すかし判決」と表現される。

二〇一七年三月でこの判決から五〇年目を迎えた。その年の公開を目標に、一人の映像プロデューサーによる映画製作が前年より始まった。本稿では、この映画を契機に、恵庭事件の実像にせまり、教育の観点から考察を試みる。

1　恵庭事件

一九六二年一二月、北海道の自衛隊島松演習場に隣接する野崎牧場の兄弟は、演習場内の通信線を切断した。暮らしを守り維持することを、ただひたすらに望んだゆえの策だった。その暮らしをおびやかすそもそもの原因は自衛隊の演習による激しい騒音と土壌汚染だった。それが、自衛隊法一二一条「防衛の用に供する物を損壊」した罪で起訴された。

手続き上は一刑事事件として始まった公判は四〇回にわたり、そのうち約三分の二は自衛隊（法）の実態審理を含めその合・違憲の議論に費やされ、元自衛隊の幹部も米軍との図上演習について証言に立つなど、あたかも自衛隊裁判の様相を呈し、判決は全国的に注目を集めた。

しかしながら、一九六七年三月の札幌地方裁判所の判決は、被告人を無罪とするも、憲法判断は回避された。検察は有罪判決を勝ち取れなかったにもかかわらず控訴せず、一審確定となった。

2　映画の製作を垣間見て

判決が出された一九六七年、高校生だった稲塚秀孝少年は野崎牧場に取材に行き、恵庭事件を素材にした演劇をプロデュースし、高校の文化祭で上演した。

その後、少年は社会人となり、映像製作者となった。この監督稲塚秀孝氏（以下、敬意を込めて〝監督〟と記す）から、北海道平和委員会あてに連絡が入ったのは、二〇一六年六月のことだった。同委員会は、恵庭事件の元被告人野崎兄弟の支援組織として重要な役割を担ったものの一つであり、当時から支援者として活動していた事務局の坂森浩志氏を中心に一部のメンバーで野崎兄弟との交流・学習を続けてきている。[2]筆者がこの坂森氏とともに稲塚監督に初めてお会いしたのは翌月の七月某日の夜だった。

その後、坂森氏により元被告人の野崎兄弟にお引き合わせしたのが八月下旬、このときは二時間余りの取材が続いた。その後、ご兄弟への取材は複数回に上った。

監督が野崎牧場跡地（現「えこりん村」恵庭市）に足を運んだのはこれに先んじた七月、九月以降は東京も含めた取材行脚が始まった。取材先（電話連絡含む）は数知れず、弁護士（彦坂敏尚氏、内藤功氏、新井章氏等）、憲法学者（君島東彦氏、水島朝穂氏など複数）、当時の支援者の笹川紀勝氏（憲法学者・当時大学院生）、橋本左内氏ら北海道大学のメンバー（当時大学生）、報道関係者、元裁判官や元裁判長のご遺族、福島重雄氏（長沼ナイキ基地訴訟「福島判決」を出した元裁判長）、等である。元検察にも接触が試みられた。

3　映画「憲法を武器として～恵庭事件50年目の真実～」

野崎牧場跡地を上空から撮影したシーンから始まり、画面は監督の高校生時代に製作された作品（前述）の再演が映し出される。[3]「事件」当時の野崎牧場の騒音被害に苦悩する様子と、自衛隊に抗議するものの問題解決に至らぬ場面が流れる。判決後もご存命だった牧場の創設者で野崎兄弟の父親である健之助氏に相当する一家の父親役が死んだことになっているのは演出だろう。母親が体を壊し、臥せりながら子どもたちを気遣い、子どももまた母を心配する。

映画用に新しく制作されたドラマが続き、野崎兄弟が自衛隊員ともみ合いながら通信線を切断する場面、起訴されたことを知らせる新聞記事をみつけた学生と憲法学者とのやりとり、憲法裁判となることを予想し弁護団を結成するなど、俳優による語りが示していく。その後、数場面にわたる公判シーンを縦軸に、野崎健美氏・美晴氏（元被告人）、彦坂弁護士・新井章弁護士・内藤弁護士、福島元裁判長（長沼ナイキ基地訴訟一審）、憲法学者笹川紀勝氏、など当時の関係者の証言を横軸にして、当時のニュースと「裁かれる自衛隊」（共同映画社）のモノクロの映像が臨場感を高める。

最後に当時の元裁判長辻三雄氏の遺族による告白は、[4]憲法判断を回避し「肩すかし判決」と揶揄されるに至った司法権の独立が脅かされた事実を垣間見せる。

4　日本平和学会研究大会での「完成上映会」

日本平和学会君島学会長（当時）や事務局への打診があり、二〇一七年度日本平和学会春季研究大会（二〇一七年七月）での上映会実施が決まった。一般の人にも機会を開いたことで、市民向けとしては初の上映の機会となった。

奇しくも、会場となった北海道札幌市にある北海道大学は、野崎兄弟が自衛隊法で起訴されたことを知らせる地元新聞の小さな掲載記事を指導教員に伝えた笹川紀勝氏（当時学生）や、その指導教員でありかつ裁判で特別弁護人をつとめることになった憲法学者深瀬忠一氏をはじめ、裁判闘争にかかわった複数の関係者が在籍したところである。そこはまた、筆者の長い学生時代を過ごした場でもあった。

数日前に地元の地方紙に掲載されたこともあり、上映会場となった講義室の一三〇名の席はすぐに埋まり、後ろ・横・通路、はては前方までもが参加者で埋め尽くされ、会場は超満員となった。学会員はもとより、恵庭事件の当時を見知った方が多かったようだが、予習して上映にのぞんだ当時を知らぬ若い学生もいた。学会員の憲法学者、弁護士、報道関係者、教員、何より多数を占めたのは市民であり、それはまるで裁判闘争の継承をみるかのようだった。特別弁護人をつとめた深瀬忠一氏が恵庭の闘いを「弁論・理論・世論の三論一体」[5]と表したこの言葉を私に想起させた。

5　素材としての裁判・判決の限界

初等・中等教育用の教科書では、憲法第九条と、字面からはおよそ相容れない自衛隊や米軍の組織・活動とが同じく教科書の「平和主義」の項目に位置付けられている。

関連した裁判の判決は憲法第九条の意義を読み取りにくいものが多い。北海道、いや全国的な展開をみせた長沼ナイキ基地訴訟一審判決（福島判決）では、自衛隊違憲判決とともに、地元住民の平和的生存権侵害のおそれが指摘された。それから数十年後に全国でおこされた自衛隊イラク派兵差し止め訴訟名古屋高裁判決も、自衛隊の現地での一部任務が違憲とされた。しかしながら、福島判決は高裁、最高裁でくつがえされ、後者の判決の効力も一時的で、近年の自衛隊の任務は著しい変貌ぶりだ。

日本の刑事裁判の有罪率九九・九％を考えれば、恵庭事件判決の「被告人無罪」は画期的なことであり、自衛隊の実態審理を行ったからこそ、という見方もできる。

しかし、担当した弁護士も実は心配だったことがわかった。数十年ぶりに野崎健美氏と再会した内藤功弁護士は言う。「俺はあれをやりながらいつも思っていたんだけど、『野崎さんは腹の底ではいままで自衛隊・米軍から受けたいろいろな仕打ち、それに対するうらみつらみも含めてね、思いがあるだろうなと。それがしばらく封印されちゃって、自衛隊の親玉をぶったたく方向にいっちゃっているから、不満なんじゃないかな』、と、いつも…」[6]。当事者による貴重な言葉だった。この心配は野崎氏により即座に払しょくされたが。

それにしても、この裁判の判決の意義を理解せよというのは、憲法判断回避も含め、子どもには難しい注文だろう。無罪になった当事者にすら「怒りはあった」と今もって言わしめるくらいなのだから。当事者の立場を考えれば考えるほどに、困難になる。恵庭事件後も自衛隊の演習は続き、被害の問題は解決していない。この限りにおいて、九条に照らして自衛隊の違憲・合憲性を考える憲法教育や、法的ものの考え方を育成すべく判決を考える法教育的アプローチのみでは、限界を感じる。

6　事実を考える土台に

そもそも裁判は数ある対抗措置の一つ（費やされる労力は非常に大きいが）であり、判決は事態の対策の一つの区切りに過ぎず、決してゴールではない。だからこそ、恵庭事件や裁判をとりまく事実にこそ着目すべきと考えた筆者は、関連する事実を掘り起こすことに力をむけて、約一〇年以上にわたり恵庭事件を素材にした授業プログラムの開発・実践を積み重ねてきている。被害前の幸せな牧場の暮らし、演習による被害の発生、それに立ち向かう対策の実際、「事件」をとりまく事実、支援者の活動を含めた裁判闘争、判決、その後の演習にまつわる社会的措置、その後の野崎牧場、という流れで構成してきた。

この授業を受けた人の中には、必ずと言っていいほど、「問題は解決していない」、という感想がみられる。たしかに、判決後の事実はその通りなのだ。だが、近年顕著になってきている主権者教育の実践や論稿にふれるうちに、子どもが自分にとっての憲法の意義をとらえやすい方法は何か、改めて考えるようになった。その鍵を握るのは、裁判過程・判決・野崎牧場の実際の行動を含め、演習被害という人権侵害に立ち向かうべく、直接・間接に連携した人々の行動の態様にあると改めて考えるに至った。

7　多様な立場からの被害対策・人権回復の策

判決から五〇年あまりが過ぎた二〇一七年、従来の授業プログラムを一部改変し、大学院の講義[7]にてワークショップの形で考えることにした。従来版では、自衛隊の演習による被害に支援者や牧場の立場で対策を考える課題を設けてきているが、それにかわり、牧場（ないしは近隣の牧場）、自衛隊、地元の役所の三者の立場にわかれ、自分の立場ならどのような対策をとるか、さらに他の立場の人が考えた対策に自分の立場ならどう思うか、を、考えさせた。

役所チームからは、牧場と自衛隊の両者の意見をよく聞く、牧場の要望を自衛隊や国にあげる、近隣の市町村と連携する、等が出された。自衛隊チームからは、演習の事前連絡する、大砲の使用を制限する、仲良くする、なるべく騒音がでないように場所を工夫する、演習により詰まった川の清掃等が出された。牧場チームからは、引っ越す、牧場をやめる、等、回避策が出始める。筆者から、生計はどうするのか、費用は誰がもつのか、等と問いかけると、牧場を続けていくための対策（防音設備設置）、生活費の保障、等が徐々に出される。

牧場は、演習被害により著しく生存権を侵害されている。自衛隊は国防の任務があるので演習が優先されるという強い主張は、ここ二年実践しているが学生の間に顕著にはみられないのは、人権は何ものにも侵害されてはならないという原則が意識されているのかどうかは不明だ。各立場の対策を交流しているとき、牧場チームの一人が、自衛隊チームからの「仲良くする」という策に、「それは違うと思う」とつぶやいた。当事者の苦悩が見え始めた瞬間だった。[8]

8　「世論」＝市民の行動が要に

教育においてフォーカスされるべきは、恵庭事件のたたかいを担った「弁論・理論・世論の三論一体」のうちの「世論」ではないか、と以前以上に強く思うようになった。なぜなら、実際に将来、「弁論」（弁護士）・「理論」（憲法学者）を担う人はわずかであり、子どもも大人もその大半は「世論」と表現される市民の立場だからである。

当時、牧場への援農のため、週末になると複数名が集まった。なかには、数カ月野崎家に泊まり込み、酪農業を手伝った人もいた。署名集めや集会の開催、ビラまき、支援者向けニュースの作成、演習場の現地視察、スズラン狩りによる資金集めにも携わった。

公判前日からの傍聴券確保のための裁判所前の泊まり込み、裁判の録音とテープおこしは、全国から集まった弁護団にとって、訴訟のその後の展開を考えるうえでの要となり、すぐさま支援者向けのニュースにも反映された。[9] 広範囲で組織的な支援活動に携わったのは、学生、教員（「教員野崎さんを守る会」は北海道内の複数の地域で結成された）、そして市民である。この活動なくして無罪判決はあり得なかった。

五〇年以上たった今でも、毎年一二月には、野崎健美さんをはじめ、当時の支援者だった北海道平和委員会の一部メンバーとの集いがなされている。監督も取材にきた二〇一六年一二月には、支援者が「援農」の際に体験した「被害」が語られた。砲撃演習の轟音のひどさは、野崎牧場の人々以外で実感もって語れるのは、誰よりもこの「援農」に赴いた人たちだ。監督は三時間近く同席しカメラを回していた。映画では一秒も使われなかったが。

9　主権者教育の要は憲法教育の課題

憲法に規定される人権保障の実現が生活に直結する問題であることは、自らの人権が侵害されてはじめて気付くのかもしれない。[10] だからこそ、当事者意識をもって人権を侵害されるような政策・法整備・判決がなされぬよう、常に「不断の努力」で監視する力を育成することこそが、主権者教育の要である。それは憲法教育の課題と密接な関連がある。

おりしも、次の言葉は、私の琴線にふれた。「検察は『最後に裁くのは裁判官だ』という。裁判官は『検察があげてきた証拠だ』と言って判決を下す。そして、我々弁護士も、ときに、依頼人の利益を優先して打算的になることがある。裁かれる人の人生には、誰も責任を負おうとしない。裁判とは、いったい、誰のためにあるんでしょうね[11]」

判決は一過程ととらえ、むしろ主権者としての行動の在り方に子どもの目を向けたい。そして次回は、法廷にとどまらぬ支援者の行動にスポットをあてた映画を期待したい。

付記　映画上映については、本誌の映画広告を参照されたい。なお、本稿の一部は、JSPS科研費JP16K04648の助成をうけている。

〔註〕

（1）日曜劇場「九九・九」刑事専門弁護士　SEASONⅡ　TBSドラマの導入部分で毎回このナレーションが流れる。

（2）「恵庭事件対策委員会」と称し、北海道キリスト者平和の会、北海道平和委員会、教員野崎さんを守る会とが担っていた。

（3）「五〇年目の叫び　一九六七➡二〇一七」劇団C・A・W映画撮影協力公演二〇一七年二月一九日苫小牧市文化会館。

（4）「憲法判断回避　恵庭事件判決あす五〇年　父の決断　娘は葛藤」（北海道新聞二〇一七年三月二八日付）

（5）深瀬忠一は恵庭・長沼の裁判闘争をよく、こう表現している。たとえば、深瀬「札幌を源流とするキリスト教平和主義」深瀬忠一・橋本左内・榎本栄次・山本光一編『平和憲法を守りひろめる』二〇〇一、新教コイノーニア一八、新教出版社。

（6）筆者の二〇〇八年九月一二日の取材による。前田「恵庭は今日も生きている―『憲法を武器に』闘う人々―」「平和の井戸端会議〝憲法塾〟だより」№二六北海道平和委員会二〇〇八年一〇月五日。

（7）教職大学院の講義「授業実践と学級づくり」の一コマを用いて大学院生を対象に実践し、教師がこの授業プログラムでどのように子どもに考えさせるしかけをしているかを、考えてもらった（二〇一六～二〇一七年度）。

（8）ある教師が集まる研究会の講演で、筆者が同様のワークショップを行ない、五〇代と思われる方に自衛隊の立場ならどうするかを聞いたところ、「国防の任務があるので演習はやめられないので…」、という趣旨の回答があった。

（9）深瀬忠一は頻繁に指摘している。また、橋本左内による次の論文にもみられる。「平和をつくりだしていく使命」深瀬忠一・橋本左内・榎本栄次・山本光一編『平和憲法を守りひろめる』二〇〇一、新教コイノーニア一八。

（10）佐貫浩は主権者教育における切実性について論じている。佐貫浩「現代政治と主権者教育の課題」平和・国際教育研究会編『平和のために～学び、調べ、表現する～』二〇一七年、第一六号。

（11）前掲1　香川照之扮する佐田弁護士のセリフ（二〇一八年一月二一日放送）。

（北海道教育大学）

憲法を学ぶ生徒・学生の弱点？

——憲法教育・法教育は何をなすべきか

渡邊　弘

はじめに

本稿は、筆者が担当している（いた）大学・短大での共通科目（教養科目）「日本国憲法」などでの経験をもとに、生徒・学生の憲法理解における弱点を示し、それら弱点を克服するために考えなければならないことを提示しようとするものである。(1)(2)(3)

とはいえ本稿は、弱点克服のための有効な解決策を示すことに成功していない。また、筆者が弱点だと思っているものは、本当は弱点ではないのかもしれない。

本稿では、筆者が授業の中で遭遇している生徒・学生の弱点を六点にわたって示す。その上で、これら弱点の原因が、筆者の力量のなさのみによるものではないと感じていることを示し、さらに、これら弱点を弱点と考えることの適切さについても考えたい。

【弱点1】「基本的人権＝思いやりや意識の問題」

二〇一七年度の「日本国憲法」の授業では、二〇一七年三月二〇日付朝日新聞に掲載された「『心は女性』女子大入学可能に？　日本女子大、検討へ」と題した記事を素材に、「体・戸籍が男性で性自認が女性である性的少数者の受験・入学を女子大は受け入れるべきか」という課題について考えさせた。

この課題について発表した班の学生からは、「私たち一人ひとりが多様な他者への理解を進め、思いやりを持つことが大切である」という趣旨の発言があった。

しかしながら、この課題について考える場合には、その女子大が定めている出願資格に関する規則の変更の是非について検討しなければならない。また、その女子大が当該受験希望者の受験を拒否した場合には、訴訟になり得る。すなわち、問題は極めて法的なものなのであって、その点の検討を落としたまま「理解を進め、思いやりを持つことが大切」と答えても、課題について考えたことにはならない。思いやりや意識の問題があることは否定しないが、社会的な課題について考える際には、多くの場合、法・制度・政策の検討が求められる。ところが、この学生たちにはその様な発想がない。

この弱点は、初等・中等教育段階での人権教育の内容・方法が影響をしているのではないかと筆者は見ている。人権教育の多くは、私人間での人権課題を中心的に扱い、かつ、人権問題の発生原因を思いやりや意識の側面からのみ捉えてきたという実態があるように思われるからである。

【弱点2】「民主主義＝多数決」→「少数者の人権は制限されてもやむを得ない」

物事を決定する際に民主主義的な方法を採ることについては、学生の多くが理解はしている。しかし問題は、彼らの理解する「民主主義的決定方法」の内実である。

多くの学生は「民主主義＝多数決」と考えている。かなり理解の進んだ学生でも、「決定にあたっては充分な議論が重要である」という水準にとどまる。このような理解では、「民主主義的方法による決定であっても決められないことがある」という点が抜け落ちてしまう。

前項で取り上げた授業の際、発表した班の学生からは「そのような性的少数者が女子大の受験を希望したとしても、そういう人は少数であるので、希望が叶わなくてもやむを得ない。大学が定めたルールに従うべきである」という発言があった。大学が定めたルールが多数者による決定と言いうるかという問題もあるが、その点をおくとしても、少数者であることを人権制限の理由としうるという発想は、そもそも基本的人権の趣旨についても民主主義的決定についても理解が不十分であることを示している。

学生のうち、ある程度熱心に社会科・公民科の学習に取り組んできたと思われる者からは、「公共の福祉」を理由として人権制限を容認する意見も出る。しかしながら、公共の福祉こそは憲法学における最大の論点の一つであり、これを理由にして安易に人権制限を容認するのは、これまた、憲法に関する理解が極めて不十分であると言わざるを得ない。

【弱点3】主権主体としての自分？

民主主義的決定方法との関連でいえば、自らを主権主体であると考えていない学生も目に付く。

前任校（活水女子大学）において教養科目「シチズンシップ」（一年次必修）を担当することになった際、共同で担当する教員（専門は社会学）と相談し、初回の課題として「携帯電話・スマートフォンを子どもが使う際のルールは誰がどうやって決めるべきか」ということを考えさせることにした。担当教員としては、身近なものに関わるルールについて考えさせることで、社会的な事柄に関する決定権が自分にあるということを自覚させることを狙ったのである。ところが、学生から出た答はほとんど「国が決めればよい」「携帯電話会社が決めればよい」のいずれかであった。

また、現任校（鹿児島大学）における「日本国憲法」の授業において、筆者が長時間労働や過労死・過労自殺の問題に関連して「ドイツにはコンビニエンスストアがない。デパートも日曜日は休み。買い物は平日の仕事帰りに充分できる。男女共通の時間外労働規制がある。ドイツにできて日本にできないはずはない」と述べたところ、その授業のリアクションペーパーに「授業の中で、できもしないことをできると強調するのはどうかと思った。そんなにできるというのなら、先生が首相になって実現してくれればいい」という感想が書かれた。

いずれの例も、学生は自分が主権主体であると考えていない。また、前項で指摘した民主主義的決定方法の重要性に関する認識との矛盾も見逃すことができない。彼らの考える「民主主義」は、せいぜいクラスやサークルといった、対面でつきあうことができる閉じた集団の中でだけのことなのかもしれない。

【弱点４】現状追随・コスト最優先

「日本国憲法」の授業では、授業開始時に学生一〜二名を指名し「今週の新聞記事紹介コーナー」を実施している。取り上げる記事は特に憲法に関係していなくともよい。

あるとき、川内原発に関する南日本新聞の記事を紹介した学生がいた。その学生は「原子力発電に様々な問題があるとしても、川内原発を作るのは大変だったので、地域のために活用して欲しい。あれだけのものを撤去するのは大変」と発言した。

原子力発電についてては多様な意見がありうる。そのこと自体は問題ではない。問題は、意見に対する理由付けである。この学生は、川内原発の建設コストと撤去コストを過大に評価する一方で、原発の危険性や、原発が地域住民・地域社会に与える負の影響についてはほとんど無視しうるとした。

このような傾向は当該学生に限ったことではない。社会的な事柄について現状を是認し、かつ、その変革を求める立場に対してコストを理由としてそれを斥ける発想は、多くの学生に見られる。たとえ現状によって苦難や不利益を抱えることになる人がいたとしても、である。重要なのは、社会的課題について考える際に、コストを理由にした不作為が許されない場合があるという発想を持っているかどうか、ということである。

あるいは、この種の意見を述べる学生は、人間にとって変え難い自然現象や自然科学上の法則と同じように、社会的事象を捉えているのかもしれない。

【弱点５】「平等」「公平」＝「同じ」「五〇：五〇」

学生は、自分が「平等」に、「公平」に取り扱われているかどうかに極めて敏感である。ところが、彼らの「平等」「公平」観は、ほとんどの場合、「同じ」扱いをされているかどうか、という水準にとどまる。

例えば、一九九九年の労働基準法改定によって、それまで女性のみに定められていた時間外労働規制が撤廃されたことについて、これが適切な改定であったかどうかを問うと、ほぼすべての学生が「適切であった」と答える。しかしながらこの改定は、現在の日本の労働状況を見れば、「女性も男性と同様に長時間労働が容認される」「女性も男性と同様に過労死・過労自殺の危険にさらされる」という事態を招来することになるものである。このような法の改定は、仮に男女を「同じ」扱いにするものだとしても、個人の尊重を目的とする憲法との間には齟齬がある。

このような学生の弱点は、法が「同じ」取り扱いをしない場合についての理解をも妨げる。例えば労働法や消費者法はその典型であるし、あるいは、刑事手続上の人権に関する憲法の規定は、はっきりと、強大な国家権力と非力な被疑者・被告人の権限・権利に「違い」を設けている。そのような「違い」を設けることこそが、憲法が定める平等や個人の尊厳の実現に資するという発想は、学生には乏しい。

【弱点6】手続的人権がどうしても腑に落ちない

さらに言えば、手続的人権は、人権について教える際の最も大きな難関であると常に感じさせられる。

冤罪の例をあげて授業をすることは、重要であるけれどもそれ自体は難しくない。鹿児島であれば、志布志事件や大崎事件など取り上げるべき事件はいくつもあるし、また、国家権力（警察・警察・裁判所など）の有り様がいかに憲法の定めに反していたかを理解させることも、時間をかければおおむね可能である。冤罪の当事者が受けた非人道的な扱いを知って当事者に対する共感を示す学生は極めて多い。

しかしながら、憲法が定める手続的人権の理解の「キモ」は別にあるのではないか。すなわち、憲法は、適正な手続を踏むことを国家権力に対して要求し、そこから外れた手続がなされた場合には、たとえ実体的には真犯人であったとしても無罪とするべき場合があるとしているのである。この点が腑に落ちなければ、手続的人権について理解したことにはならない。

二〇一七年度の「日本国憲法」の授業では、二〇一七年三月二四日に鹿児島地裁加治木支部で出された、いわゆる「なりすまし捜査無罪判決」について取り上げた[4]。鹿児島県伊佐市のスーパー敷地にある駐車場において車上狙いが散発していたのを受け、捜査員は、発泡酒を助手席に置いた軽トラックを鍵をかけずその駐車場に駐め、その発泡酒をとった男性を現行犯逮捕した。この裁判では、被告人もその弁護人も、発泡酒をとったことは認めている。しかし裁判所は、捜査方法に違法があった（「おとり捜査」とまでは言えないが「なりすまし捜査」である）として無罪の判決を出した。

この事件における無罪の判決を学生に納得させられるかどうかが、手続的人権の理解の「キモ」であるように思われる。しかしながら学生は、「だって、発泡酒をとったのは事実で、被告人も認めているんでしょう?」と言う。このような「腑に落ちなさ」をそのままにしたままで「一〇人の真犯人を逃しても一人の無辜を罰する事なかれ」という言葉だけを記憶させても、極めてむなしい。

果たして、筆者の力量のなさだけか?

ここまで挙げた例は、授業者としての筆者の力量のなさを示すものである。しかし、それを棚に上げて言わせてもらえば、果たして問題はそこにとどまるのだろうか。

筆者が大学で接する学生の大部分は、初等・中等教育の段階で、社会科・公民科の授業を受けたはずだ[5]。もちろん、生徒によって習得の度合いに差があることは認めるとしても、本稿で挙げた【弱点1】から【弱点6】は、その様な習得の度合いの差に帰することができないほど、多くの学生が示すものなのである。そうだとすれば、問題は、高等教育段階よりも前にあると見ざるを得ない。

高等教育段階よりも前の教育全般に対する疑念を裏付ける例を挙げよう。筆者は、教員免許状更新講習制度が実施されて以来、講習の講師をつとめてきた。二〇一六年度の更新講習では、本稿で取り上げたような学生の弱点のいくつかを示し、受講した教員に考えてもらった。そのひとつの例として、生活保護に関する授業について話をした。

生活保護については、この間、受給者に対してバッシングが行われているし、また、例えば世耕弘成・参議院議員は、「生活保護受給者にはフルスペックの人権が認められなくてもやむを得ない」という趣旨の発言をしている[6]。この世耕発言を教材として取り上げた授業で学生が示した弱点――基本的人権の定義に反した考え方を示した――について更新講習の受講者に考えてもらった。

講習後に書いてもらった感想の中には、次のようなものがあった。「保護費は子どものいる家庭では加算も付くため、母一人子二人の平均的な一人親家庭よりも収入がかなり多いという状況があり（中略）支給された保護費が税金であるということを忘れず、謙虚に生活しているという姿勢は見せてもいいのではないかと思います（仕事上、保護家庭や一人親家庭との関わりが多いので）」。この受講者は、本来は教員なのだが、受講時には市役所の福祉部署に勤務している人であった。このような発想の人が福祉部署にいること自体驚愕を禁じ得ないし、また、この人が学校に教師として戻った場合、果たして憲法の趣旨に沿った授業を期待することができるか、極めて疑問である。

もちろん、講習を受けてなお、このような感想を書くということは、これまた筆者の力量のなさによるものである。とはいえ一方で、このような強固な「信念」がいかなる要因によって生じるものなのか、この強固な「信念」を変える方法があるのか、様々な疑問が浮かんでこざるを得ない。

それは本当に弱点か？

ただ、筆者が感じている生徒・学生（そして、教員？）の弱点は、本当は学校教育において教員が容喙してはならない、生徒・学生各人の価値観や思想に属することなのかもしれない。

斎藤一久は、「日本国憲法のテキストから、どのような憲法価値を取捨選択するか、また選択した価値についての解釈可能性は開かれたものである」と言う[7]。本稿で示した生徒・学生の振る舞いを筆者が弱点であると判断し、その克服を図りたいと考えるのは、学生を「閉じた」方向へ学生を誘導しようとしているのかもしれず、その意味で斎藤から批判を受けるかもしれない。

また、西原博史は、「民主制原理といっても、それに実質的な内容を込めれば込めるほど、すべての子どもに一般的に受け入れられるべき共通ルールとしての色彩が弱ま」るとしている。西原は、知識伝達の場面でも、また、参加という行動が求められる場面でも、基本的に「民主的人格に向けた働きかけには基本的に正統性があると考えるべき」としているが、それでも西原は、それぞれの「民主的価値に向けての働きかけ」が「本当に一般性を持つ原理として憲法から演繹可能なのかどうか」という問いを提起している[8]。西原のこの問いかけは、本稿の筆者の姿勢にも突き刺さる。

果たして、憲法教育・法教育は何をなすべきか。あるいは、何をなすべきではないのだろうか。

いや、問題はこのような抽象的な問いかけでは済まないだろう。すなわち、明日の授業で出会う学生の発言に対して、「それは誤りだ」と筆者は言ってよいのか、それともそうではなく、筆者が言おうとしていることは「憲法から演繹」不「可能」な、学生の価値観や思想への容喙であり抑圧なのか。議論は極めて具体的に、生徒・学生の実際の様相を素材にして行われるべきであるように思われる。

〔註〕

（1）本稿は、法と教育学会第八回学術総会（二〇一七年九月三日・一橋大学）でのポスター発表、ならびに、民主主義科学者協会法律部会二〇一七年度学術総会ミニシンポジウム第二企画（二〇一七年一一月二五日・関西大学）第四報告を元にしたものである。あわせて、法の科学四九号（二〇一八年九月発行予定）に掲載される予定の拙稿も参照されたい。

（2）本稿において参照する新聞は、鹿児島市において頒布されているもの（全国紙の場合は西部本社発行の統合版）である。

（3）本稿で「生徒・学生」と述べるのは、ほとんど共通教育のみを担当する筆者の立場からすれば、本稿で取り上げるような学生の弱点は、高等教育よりも前の段階において形成されてきたものであるように思われるからである。

（4）判決は裁判所ウェブサイトで見ることができる。http://www.courts.go.jp/app/files/hanrei_jp/677/086677_hanrei.pdf（二〇一七年一二月二〇日閲覧）。

（5）帰国生・留学生や、あるいは高等学校卒業程度認定試験合格者については、文部科学省が定める学習指導要領に基づいた授業を受けていない場合があり得る。

（6）東洋経済ＯＮＬＩＮＥ二〇一二年七月一二日付（週刊東洋経済二〇一二年七月七日号）。http://toyokeizai.net/articles/-/9611（二〇一七年一二月二〇日閲覧）。

（7）斎藤一久「法教育と規範意識」日本教育法学会年報第三九号一三八頁（二〇一〇年）。

（8）西原博史「憲法教育というジレンマ――教育の主要任務か、中立的教育の例外か――」戸波江二・西原博史編著『子ども中心の教育法理論に向けて』八八頁（エイデル研究所、二〇〇六年）。

（鹿児島大学）

木村草太「憲法施行七十年と憲法教育の課題」記念講演から学んで

田丸　美紀

憲法は「張り紙」である

木村先生が参考人として意見を述べるために訪れた国会。そこには「ガムは包んで捨てましょう」という「張り紙」があった。これを見れば、国会で過去にどういうことがあったかわかる。

木村先生の「憲法張り紙論（?）」は、何度か聞いている。憲法とは「国民が、国家権力を縛るもの」と説明されることが多い。その説明はわかりやすく、正しくはあるが、大切なものをそぎ落としているのではないか。むしろ、憲法は歴史において人類がしてきた失敗のリストであり、同じ失敗を繰り返さないための「張り紙」のようなものである。それによって、同じ失敗を繰り返さないようにしようという考え方が立憲主義である。そして、国民も主権者であるから、「張り紙」すなわち憲法は国民にもむけられている。というものである。

近代立憲主義

中世の世界では権力が分立し、日本の戦国時代のように群雄割拠し、それぞれが軍を持っていた。一七世紀イギリスで、悲惨な内戦の時代に人生を過ごしたホッブズは、いかに内戦を防ぐかを考え、権力の一極集中によって争いを防ごうとした。そして、主権国家という怪物が登場する。強大な権力を持つ、きわめて危険で、しかし、内乱状態を防ぐために必要な存在として。そこで、この主権国家の強大なゆえに危険な権力に憲法という安全装置をつけて、権力の間違った使われ方を防ごうというのが立憲主義である。権力一元化を達成した主権国家の権力に安全装置をつけるのである。ここでは権力の形、すなわち君主主権、独裁国家、国民主権などは問わない。したがって憲法には、国家権力の失敗への反省が書き込まれることになる。

憲法は歴史的背景とともに教えてほしい

国家権力の三大失敗。それは、戦争と人権侵害と、独裁である。だから、どこの国にもこの三つが憲法に掲げられる。それを防ぐ安全装置は、戦争にはシビリアンコントロール、人権侵害には人権保障、独裁には権力分立である。これらの失敗は、日本だから、アメリカだからおこらないというものではなく、どこの国でも気をつけるべきことである。

一方、ローカルルールのように、それぞれの国家ごとに犯しやすい失敗、その国家ならではの問題に対する憲法条項もある。日本の場合は第一章の天皇にかかわる条項と第九条である。天皇の権力で失敗した日本は、天皇について様々な制約をしている。戦争に関する条項はどの国にもあるが、日本の場合、戦争の失敗が他国と比べて超ド級であったので諸外国と比べて厳しい条項になっている。

各国の憲法の第一条はそれぞれの国が重要と考える条項がおかれているので、他国の憲法の第一条を読み比べることは大切である。フランス共和国憲法の第一条は「フランスは共和国である。」である。一九世紀フランスの政治体制はめまぐるしく変遷し、憲法の平均寿命が一五年であった。極めて短い周期で帝政・王政・共和制と、日本でいえば天皇制の廃止に相当する大変化を繰り返した。その不安定さに懲りて、憲法を改正しても共和制条項は変えられない、と決めたのである。

ドイツ基本法の第一条は「人間の尊厳」である。ナチスによる人間の尊厳への破壊行為を二度と繰り返さないという強い意志を示している。

主権国家の、強大すぎる国家権力の過去の失敗から立憲的意味の憲法が生まれる。というのが正しい教え方であると思う。したがって、憲法を理解するには歴史的背景の理解がいる。子どもたちに教えるときには、その歴史的背景を一緒に教えてほしい。子どもたちには、条文一つ一つの背景を考えて理解してほしいと思っている。

例えばこのように…

例えば、日本国憲法三六条の拷問の禁止。木村先生が小学校に模擬授業に行った時には、この条文の歴史的背景を説明するのに魔女裁判の例をよく使う。とのこと。

ヨーロッパの魔女裁判は今の科学的知見からすれば一〇〇％冤罪である。しかし、中世の裁判記録に自白調書があり、魔女たちは自白しているのである。調べてみると、魔女はドイツに多くイギリスには少ない。イギリスでは当時からコモンローで拷問が禁止されていたからである。だから三六条の拷問の禁止は重要なんだよと教えることができる。

戦争と人権侵害が悪いということは教えやすいが、独裁というのは必ず悪いというわけではなく、独裁による権力の濫用が悪いということになるので、教えにくい面がある。中国の堯、舜のように、神話の時代はよい政治を行う独裁者がいたが、現実の政治では、そうはいかない。

ヒトラーという大変わかりやすい例がある。もともと半大統領制（国家全体の指揮を大統領がとり、内政のトップとして首相がいる）であったワイマール共和国において、ヒトラーは大統領と首相の両方を兼ねる総統という地位に就いた。続いて、全権委任法で議会から立法権を奪った。つぎに、裁判所にナチスの息のかかった裁判官を送り込んだ。さらに緊急事態条項を使って気に入らない州政府に圧力をかけるという方法で独裁体制を続けた。独裁体制になると、判断の間違いがおこり、コントロールがきかなくなるので、戦争面でも人権面でも被害は甚大になる。

九条は国際法とともに教えるべきだ

憲法九条と自衛隊の関係を教えるのは難しいことだが、初等中等教育でも丁寧に教えてもらいたい。特に現在の国際法では、「一切合切戦争はすべて違法である」という前提を教えなければ、九条の内容に迫ることはできない。だから、煩雑でもそこまで踏み込んで教えるべきである。

戦争については、国際法という戦争を防ぐための「張り紙」がある（木村先生はここでは張り紙という言葉を使われなかったが、これは国際版張り紙と勝手に理解させていただく）。二〇世紀は戦争の歴史であると同時に戦争を禁止する条約の歴史でもある。一九〇七年にポーター条約で債権回収の戦争が禁止される。一九一九年の国際連盟規約、一九二八年のパリ不戦条約と続き、一九四五年の国際連合憲章ですべての戦争は違法であるとされた。今の国際法上、認められる戦争は三つだけである。

①国連安全保障理事会の決議に基づく国連としての武力行使。

②①の安保理対応までの間は、被侵略国は個別的自衛権を行使できる。

③②の際には集団的自衛権を行使できる。

北朝鮮のミサイル発射に絡んで、「日本は北朝鮮を先制攻撃したいところだが、九条があるから攻撃できない」という勇ましく素朴な議論があるが、ミサイル実験をしている段階での先制攻撃は国際法違反である。ミサイル配備だけで先制攻撃できるなら、米軍基地のある日本は先制攻撃されることになる。

九条一項は、パリ不戦条約に由来する「国際紛争を解決する手段としては」の文言をもち、国際法上許された武力行使を禁止するものではない。現在、国際法上許される武力行使は、武力行使をする側が侵略を受けていることと、国連安保理決議が必要である。

第二項の「戦力を持たない」の意味は、「第一項で禁じられた侵略戦争をしない軍隊は持ってもよい」という考え方もあるが、日本政府はこの考え方はとっていない。

では自衛隊の合憲性を政府はどのように説明をしているのか。一九七二年の政府見解では、次のようになる。「憲法九条はあらゆる武力行使を禁じている。一方、憲法一三条は国民の生命、自由、幸福を国政の上で最大限尊重するという。侵略を受けて、国民の生命、自由が奪われているという状況の時にこれを放置すると一三条違反になる。そこで政府は、一三条で課された国民の安全を守る義務を果たす限りにおいては九条の例外が認められるであろう。」と解釈する。自衛隊は戦力ではないとは言っていない。九条と一三条の連環の中で導かれた結論である。そして、この解釈では集団的自衛権は認められない。

私の学んだこと

日本国憲法の第一章は「天皇」と題され、そこに国民主権が記されている。第二章「戦争の放棄」と続くところに天皇大権のもとでひきおこされた戦争の失敗が、外国と比べ超ド級だった日本の歴史の痛みを感じる。

ドイツ人は基本法第一条の「人間の尊厳」を見るたびに痛みを感じるのだろう。

憲法とは「痛い」ものなのだ。

しかし、条文を見ても、思い出すべきものを持たなければ、この「張り紙」には意味がない。だから、世界と日本の歴史とともに、憲法を教えなければならない。

しかし、痛みの中から、激痛の中から生み出されたものだからこそ、「張り紙」をしっかりと読まなければならないし、未来の国民に向けた「失敗するなよ」というメッセージと希望を受け止めなければならない。

憲法を教える者は煩雑であろうとも、憲法の文言一つ一つの意味とその背景にある歴史をきっちりと教えなければならない。学ぶ者は、歴史とともに憲法のメッセージを理解しなければならない。

あわせて、国際社会の「張り紙」である国際法についても、同じようにしっかりと教え、学ばなければならない。

ということを学んだ。

一九七二年の政府見解を国民が知らないことに内閣法制局の人が驚いていたという話には、自分の勉強不足を激しく恥じました。集団的自衛権を認めない政府見解を学校できちんと教えていたら、この議論がもっと国民のものになっていたら、二〇一四年の閣議決定や、安保法制はもっと広く国民の関心を集めたのではないか、と。

憲法や立憲主義については、結果だけではなく、その過程、理論構成まで（数学でいう、解だけでなく間の計算式も）きちんと自分が学び、そして教えなければならないと強く思った。

（大阪府立高校教諭）

高校学習指導要領をどうみるか

編集委員会

１　新学習指導要領の特徴

新高校学習指導要領は、二〇二二年度から全面実施される。この稿では、総則での特徴を批判します。第一に「主体的・対話的で深い学び」の視点からの授業改善とカリキュラム・マネージメントを求めています。

些末なことであるが、「なければならない」という語尾が、「すること」と強制力の後退する箇所が数か所存在する。それは、教育課程企画党別部会の天笠茂によると「教科をもとに構成される教育課程についての発想の転換」を説き、「学校の教育活動全体の組み立ての中での」検討の必要性を指摘するとともに、「今回の基準の大綱化・弾力化」の意味を強調している。同「教育課程基準の大綱化・弾力化の歴史的意味（『日本教育経営学会紀要第四一号』一九九九年）という植田氏の論文が今号に載っている。

一方、小中学習指導要領と同じように、分量が増え、新しい分野に挑戦する良い面と裏腹の教育方法の確定、押しつけの問題もある。現場を指導方法、学校組織としてのマネージメントの強化がかなり進み教育分野の自主的取り組みの入る余地が減っているともいえる。

総論の第一に「主体的・対話的で深い学び」の実現に向けての準備を現場に促しており、多くの生徒主体の授業を行った教員にとっては、教育手法として難しい問題ではない。一方、いつもこの文部科学省の文書に特徴的な財政的裏付けを持たないものであり、先進国並みの二五人学級程度への移行無くして、丁寧で成功するアクティブ・ラーニングは、現場にとって実施が難しいと言える。

さらに、「社会に開かれた教育課程」の提起は十分に注目に値するものである。さらに、「カリキュラム・マネジメント」という言葉が新たに持ち出されて来ていることにも注目が必要であろう。道徳教育には詳しいが、具体的な内容が「社会に開かれた教育課程」は少ない。

かつて、四七教育基本法に基づいた学習指導要領案は、その教育課程は、教師のみによってつくられるものとは考えられておらず、本来、教師と児童・生徒によって作られる」とされており、さらに教育研究者、保護者や地域社会の人々に直接間接に援助されて、学校における実際的な教育課程をつくらなければならないという出発点があった。とすれば学習指導要領は大綱的であり、新設の「社会に開かれた教育課程」とは何かが鍵になってくる。ここで言う「社会」とは、私たちが考える学校が立地している地域社会、市民社会、国際社会のことではなく、知識基盤社会型産業への移行を求める、包括的な意味での社会のことと考えられる。それは全ての子どもたちに対して発せられたメッセージとは考えられない。これに対抗して、シティズンシップ教育を行うこと、教育の福祉的機能を憲法二五条の生存権にかかわる教育は、すべての生徒に向けて実施されなくてはならない。それは、高校教育において、社会学的な意味でケアのあるカリキュラムである。また、複線的な高校教育体制も職能教育と結びつきをつよめ、ドイツの職能学校のようなデュアル・システムのような労働現場と学校の関係をどう結びつけるかである。専門学科の生徒、普通校の困難な学校の対応を促せるキャリア教育が進む新設の「社会に開かれた教育課程」が求められている。

総論の第二の課題に、小・中学校の道徳教育を受けて、高校にも道徳教育推進教師を置き、「公共」、「倫理」、「特別活動」を高校での道徳教育の中心とした点にあります。第７款道徳教育に関する配慮事項　では総則に「（２）道徳教育や体験活動、多様な表現や鑑賞の活動等を通して、豊かな心や創造性の涵養を目指した教育の充実に努めること。主体的な判断の下に行動し、自立した人間として他者と共により良く生きるための基盤となる道徳性を養うことを目標とすること」とされ、小中とのつながりを持たせた。

また、あらため一款を起こした道徳教育ではあるが、「中学校までの特別の教科である道徳の学習等を通じて深めた、主として自分自身、人との関わり、集団や社会との関わり、生命や自然、崇高なものとの関わりに関する道徳的諸価値についての理解を基にしながら、様々な体験や思索の機会等を通して、人間としての在り方生き方についての考えを深めるよう留意すること」。

「伝統と文化を尊重し、それらを育んできた我が国と郷土を愛するとともに、他国を尊重すること、国際社会に生きる日本人としての自覚を身に付けることに関する指導が適切に行われるよう配慮すること」など、小中の道徳の繰り返しになっている。また、その内容を授業では、公民科「公共」「倫理」に期待していることは問題である。社会科学・人文科学的な生徒の社会認識、人間認識を阻害することになりかねない。

一方、それを実現するカリキュラムの時間の明示はなく、ホームルーム活動や、学校行事等に活かされることが期待されているが、その内容が実施されることは、一部の推進校でしか、行われないのではないか。また、その役割が、「公共」「倫理」という科学的な枠組みが語られるはずの公民科の科目に入れられているのは問題である。また、小中学習指導要領にあるように道徳の記載で、道徳教育推進教師が、高校でも設置されるので、生徒の内心の自由を侵す可能性のある道徳教育は、高校では進められないことを希望したい。本号の大八木、宮沢論文を参照されたい。

2　再編される社会科（または社会科はどうなる？）

社会科（公民科地歴科）は変化が激しい。共通して多角的多面的な見方考え方が強調されている。愛国心・領土問題についてては、政府見解が押し付けられている。公民科の「公共」では、一八歳選挙、成人への対応、新自由主義的競争社会で崩れてゆく協働性をもった社会の再構築をはかる「主権者教育」が行われる。

「歴史総合」の世界史優位からの日本史復権、知識注入でない学びの提起は大切であるが、私大入試は変わるのだろうか。また明治一五〇年を機に輝かしい日本の近代化と描き、現在を国際貢献の日本と描く危険性はないか。「地理総合」の復権は明確になっている。詳しくは、本号の河合、小林論文を参照されたい。

3　新科目「公共」の問題点　後退する憲法学習

一、新科目「公共」について

二単位で、一・二年次で履修させるとする必修科目である。現行の現代社会との対比でその特徴を概観する。目標では現行の「人間の尊重と科学的な探究の精神に基づいて」との言葉が消える。目標として三点、①倫理的主体として、②「公共的な空間における基本原理」を得て議論し、③自国を愛し、よりよい社会の実現に向けて国民が協力し合う国民の育成を掲げている。

次に内容について考えてみる。現行では「社会の有り方を考察する基盤として、幸福、正義、公正などについて理解させる」として最初に哲学的な項目を挙げた後に、日本国憲法の定める政治の在り方、経済のしくみ、国際経済と政治についての項目が並んでいる。「公共」は、「公共の扉」、「自立した主体としてよりよい社会の形成に参画するわたしたち」、「持続可能な社会づくりの主体となる私たち」の三章で構成されている。また、この順番で授業を進めるとしている。

「公共の扉」では、第一に「公共的空間をつくる私たち」で伝統や文化、先人の取り組みや知恵に学び自主的により良い公共的な空間を作る人間像を。第二に「公共的な空間における人間としての在り方生き方」で、行為の結果である個人や社会全体の幸福を重視する考え方、行為の動機となる公正などの義務を重視する考え方を持つ人間像を。第三に「公共的な空間における基本的原理」で、人間の尊厳と平等、協働の利益と社会の安定性、民主主義、法の支配、自由・権利と責任・義務を体現する人間像を描いている。以上の三つの中項目で、国家が「望ましい人間像」を想定し、法律に従い、自由と責任、権利と義務をわきまえた考え方を「基本的原理」として教えることを目指している。「内容の取扱い」では、「道徳教育の目標に基づき適切に指導する」としているが、一方「日本国憲法との関わりに留意する」との記述もある。従って、憲法の基本的人権の規定を中心に「基本的原理」を捉えることは可能である。

「自立した主体としてよりよい社会の形成に参画する私たち」では、生徒は、第一に、憲法の下、法や規範に基づいて個人や社会の紛争を調停し解決することによって、社会秩序が形成・維持されていくことを理解する。第二に、現実社会の課題として、公正な世論の形成、地方自治、国家主権、領土、安全保障と防衛、国際貢献が示されている。

二〇〇九年三月に告示の「現代社会」では、「現代の民主政治と政治参加」のなかで、憲法の三大原則を前提に、政治参加や国民の生活が有ることを明記している。「政治参加の重要性として、基本的人権の保障、国民主権、平和主義と我が国の安全について理解を深めさせ…日本国憲法に定める政治のあり方ついて国民生活とのかかわりから認識を深めさせ…」という記述からすれば、「公共」では、こうした内容は含まれていない。

法や規範の意義についても、個人の尊重や基本的人権の保障の観点から考察させるとしている。このように現代社会では憲法と関連させながら現実の諸問題を考えさせようとする記述だが、「公共」では大きく後退している。第三に、公正かつ自由な経済活動を行うことが資源の効率的配分が図られること。政府が市場経済システムを機能させ、国民福祉の向上に寄与する役割を担っていることを理解するとしている。現行の経済関係の項目は、ここにまとめられてしまっている。

「持続可能な社会づくりの主体となる私たち」で、生徒を公共の精神をもった自立した主体として、よりよい国家・社会の構築、平和で安定した国際社会への参画、共に生きる社会を築くとする観点を持つように指導するとされている。現行の人権・民族問題、核兵器と軍縮問題など現代の国際関係を考える上で重要な項目が記載されていない。「望まれる人間像」を述べている「公共の扉」を最初に置いたことにより、現行と比較して、日本国憲法を基礎として国内外の政治の諸問題を考える項目が希薄になっている。現行で述べている「科学的な探究の精神」つまり「社会科学」の精神も大きく後退していると言っても過言ではない。詳しくは、本号の杉浦論文も参照されたい。

二、選択科目「倫理」、「政経」について

「倫理」の学習内容と指導については、道徳教育の目標に基づき適切に指導することとされている。目標では、現行の「人間尊重の精神と生命に対する畏敬の念」が消えている。そのうえで、「人間としての在り方生き方を調べまとめる」、「現代の倫理的諸課題を解決するために思索を深める」、「他者と共によりよく生きる自己を形成しようとする態度を養う」との三点が述べられている。内容の「現代に生きる自己の課題としての在り方生き方」では、幸福・愛・徳に着目して人間の生き方を考える。善・正義・義務に着目して社会の有り方と人間としての在り方生き方を考えるとしている。きわめて儒教的色彩の濃い「徳」や「義務」を通して生き方や社会の有り方を考えるとして問題である。さらに、古来の日本人の心情と考え方や日本の先哲の思想などから、日本人としての在り方考え方を考察するとしている。この項目では「日本人として」との言葉が頻繁に使用されている。「内容の取扱い」では、原典の日本語訳、口語訳を活用し先哲の言説を取扱うとしている。ここでも、古来の日本人の心情と考え方や日本の先哲の思想を取り上げ、日本人の思想形成にどう影響を及ぼしているか考える指導を強調している。

「政経」は、目標に「公民として、自国を愛し、平和と繁栄を図る」と述べています。内容では、憲法の学習項目に現行と同様「平和主義」の言葉は見られません。国際政治の項目に「我が国の安全保障と防衛」と記載している。一方、尖閣諸島について領有問題はないこと、少子高齢社会の社会保障と共に財政健全化を、基本的人権の保障と関連して権利・義務を取り上げ指導することと述べている。

4　法と経済学習を軸に新科目「公共」の自主編成を

このように、新科目「公共」は、社会の規範と社会に適応する態度を育てようとする性格が強く打ち出され、系統的な憲法学習や経済学習が大きく後退するものとなった。今後、文科省がこの「公共」をどのように「解説」し、どのような「公共」の教科書が編集されるのか、注目していく必要がある。

また、各学校での教科課程の編成にあたって、学習指導要領で必修とされた「公共」「歴史総合」「地理総合」以外に、どのような科目を必修または選択必修とするかが議論になる。主権者教育の充実が求められているときに、「公共」では不十分な現代の政治や経済、国際社会についての基本的な知識と現代の課題に対する判断力を育てるためには「政治・経済」を必修にすることも追求すべきではないでしょうか。

全民研では、かつて、新科目「現代社会」に対して批判的な意見が多く見られたが、「強いられた土俵」のうえで、現代の平和・人権・民主主義を考えさせる豊かな実践を展開した。これと同じように、新科目「公共」に対しても、自主編成をどう進めるか、大きな課題になっている。

「公共」の内容として、「A　公共の扉」にある「人間の尊厳と平等、個人の尊重、民主主義、法の支配、自由・権利と

責任・義務など、公共的な空間における基本原理について理解する」は、それこそ日本国憲法の基本原理、とくに立憲主義と基本的人権の保障を軸に構成することが考えられる。また「B　自立した主体としてよりよい社会の形成に参画する私たち」でも、国民主権と政治参加、日本国憲法の平和主義と自衛隊・安保条約、国際法についての学習や経済学習を軸に構成することができるのである。

新学習指導要領の「公共」で繰り返し登場する「現代の諸課題」「現実社会の事柄や課題」をどのように設定するかによって、さまざまなテーマ学習を構成することができる。政党間で対立する政策についても、調べ、発表し、討論する授業も可能である。

これまでの「現代社会」や「政治・経済」「倫理」の授業実践を振りかえりながら、憲法学習と経済学習を軸に新科目「公共」をどのように自主編成するか、学習交流・研究活動を積極的に進めていきましょう。詳しくは、福田論文を参照されたい。

全国民主主義教育研究会機関誌

「民主主義教育21　Vol.12」ご購読のみなさんへ

全民研の活動にご協力いただき感謝いたします。

全民研では、機関誌を「年報」として発行しており、編集作業は、常任委員会編集部と事務局長ですすめています。機関誌は、全民研活動の中心であり、よりよいものを作成する努力をしていますが、この作業をすすめるために会員・読者のみなさんから機関誌への感想・ご意見を求めます。本誌をお読みになってお気づきのことや編集への要望などをお寄せください。

お寄せいただける場合は、氏名、住所（連絡先）をお書きくださいますようお願いいたします。

▼宛先　〒273-0123
千葉県鎌ヶ谷市南初富1-18-5-2　菅澤方
全国民主主義研究会　FAX　047-412-1268
メールアドレス　sugasawaya@jcom.home.ne.jp

「学習指導要領体制」の転換期における教育課程づくりの課題

植田　健男

はじめに

幼稚園・小学校・中学校・特別支援学校の新しい学習指導要領は二〇一七年三月に官報で告示され、さらに二〇一七年度中には高等学校についても告示される予定となっており、これで新学習指導要領は、近々全て確定されることになる。

今次の学習指導要領改訂をめぐっては、この間、実に様々な場で論じられ、その問題点や課題を明らかにするための努力が積み重ねられてきた。しかし、これらの多くはこれまでと同様、もっぱら教育内容や教育方法（あるいは、教育評価）についての批判的検討に集中しており、それらの多くは未だ従来からの批判枠組みの中での議論に留まっているように思われる。

「学習指導要領体制」とも呼ばれるような体制が、高度経済成長政策の本格化とともに一九五〇年代後半から構築されて行き、その後永きにわたって続いていったことは間違いないが、一九九〇年代半ばからの新たな産業構造への転換とともに始まり、今日に至る「二一世紀教育改革」の下でも、その体制が継続していると見るのは妥当なのであろうか。今回の学習指導要領の作成過程そのものがこれまでとは大きく違っていることや[1]、何よりもそこで示されている数々の変更を見る限り、これまでの「学習指導要領体制」そのものが大きく転換させられようとしていると思われる。当初、本誌編集委員会から要請されたテーマは「新学習指導要領批判　中学社会科と高校『公共』の問題点」だったが、筆者の専門からしても、能力的にも到底お応えできるものではないことは明らかであるのと同時に、それ以上に、今、新学習指導要領について検討するのであれば、この重大な変化についてこそ論じるべきではないのか、というのが最初に抱いた想いであった。つまり、単なる教育内容や方法（さらに教育評価を含めるとしても）について単なる変更に留まるようなものではないからである。

今次学習指導要領の本質的な性格変更についてもそうであるが、特に、筆者が専攻している教育経営学の領域から考えると、教育課程経営（一般には、「教育課程づくり」）をめぐる非常に重大な問題が提起されてきていることを看過するわけには行かない。それは、ほぼ六〇年ぶりに学習指導要領において「教育課程」が正面から取り上げられ、その意味や編成について論じられていること、特に、「社会に開かれた教育課程」の提起は十分に注目に値するものである。さらに、それにもかかわらず「教育課程編成」でも「教育課程経営」でもなく「カリキュラムマネジメント」という言葉が新たに持ち出されて来ていることにも注目が必要であろう。

全国民主主義教育研究会が、民主的な市民社会のための、主権者を育てる教育を五〇年近く行ってきている団体であることを踏まえて、ここで「民主主義と教育」について論じるのであれば、本来の「教育課程づくりにおける民主性」とは何かを改めて考える必要があると思われる。広い意味での「教育の担い手」は国民であることを考えると、教育内容も含めて学校の教育活動の内実をどのように民主的につくりあげ、学校を運営（経営）していくのかは「学校づくり」の最大の課題であり、本来の教育課程とはその設計図とも呼ぶべきものであり、不即不離の関係にあった。

そもそも教育基本法（昭和二二年法律第二五号）の第一〇条一項において示されていた「教育の直接責任制」の原理を踏まえるならば、一つひとつの学校において地域や子どもたちの実態から出発して教育関係当事者の手によって教育活動の全体計画をつくりあげ、それをもとに教育実践を展開し、その結果について評価することによってさらに学校の教育活動をより良いものにしていくことこそが教育課程（づくり）の意味であり、そのことは極めて重要な意義を持っていた。

本稿では、以上のような問題意識から、改めて標題について論じることとしたい(2)。なお、極めて限られた紙数のもとで論じることになるため、ここでは詳細にわたって述べることができないが、今後の検討を進めるための研究的かつ運動的な問題提起として受け止めて頂ければ幸いである。

一　今次学習指導要領の本質的かつ大幅な性格変更

周知のように今次学習指導要領改訂の特徴や問題点をめぐっては、既に、いくつもの特集が組まれているし、多くの論稿が著されてきているが、以下で述べるように戦後の学習指導要領の歴史からすれば、およそ六〇年ぶりの大きく時期を画するものとなっており、「学習指導要領体制」そのものが大きく転換させられようとしていることを抜きにして論じることは出来ないし、また、そのことが今回の教育課程の内容と位置づけの大きな変化に繋がっているのである。

一九五八年改訂以降、急速に確立させられて行った「学習指導要領体制」（梅原利夫）のもとでは、学習指導要領は教育内容、ひいては教育方法までをも規定し、また、それを教科書検定の基準として運用させることによって、事実上、教科書作成に対する「検閲」体制が確立させられ、さらに「法的拘束力」の名の下に教師に対してそれからの逸脱を一切許容しないものであった。このように学校の教育内容を、国が決めてそれを強制すること自体、近代国家における「教育の自由」の原則からすれば、重大な逸脱であることは論を俟たないが、今回は、さらにそれを超えて、学習の結果として、子どもたち（ひいては、国民）が身に付けるべき「資質・能力」までも国が明示するところにまで踏み込んでしまっているのである。このことの問題の重大さを、しっかりと認識しておく必要がある。(3)

中央審議会答申「幼稚園、小学校、中学校、高等学校及び特別支援学校の学習指導要領の改善及び必要な方策について」（二〇一六年一二月二一日）においても、冒頭の部分で「このように、各学校が編成する教育課程や、教員の創意工夫に支えられた個々の授業を通じて、あるいは、教科書をはじめとする教材を通じて、学習指導要領等の理念は具体化され、子供たちの学びを支える役割を示している」（三頁）と書かれている。「学習指導要領」において教育の「理念」が示されているとしていること、しかも、それが教科書をはじめとする教材を通じて「具体化」されていくという理解そのものが—教師には教科書の使用義務が課され、義務教育諸学校では自らが使用する教科書を採択することも出来ない—、戦後教育改革期において学習指導要領に与えられた意味とその役割からすれば重大な逸脱であり、更なる変質とさえ言えるが、その点について全く問題として考えられていないことには驚かざるを得ない。(4)

また、その直前の部分では「学習指導要領は、教育基本法に定められた教育の目的等の実現を図るため、学校教育法に基づき国が定める教育課程の基準であり、教育の目標や指導すべき内容等を示すものである。各学校においては、学習指導要領等に基づき、その記述のより具体的な意味などについて説明した教科等別の解説も踏まえつつ、地域の実情や子供の姿に即して教育課程が編成され、年間指導計画や授業ごとの年間指導計画や授業ごとの学習指導案等が作成され、実施されている」（三頁）と書かれている。

このように、ここでは学習指導要領と学校の教育課程との関係性が語られているが、先の「学習指導要領体制」が次第に確立させられていくなかで、教育課程の内実が当初予定されていたものとは全く異なるものとなり、空洞化・貧困化が進行していったこと、そのなかで学習指導要領は教育内容・方法を絶対的に示すものとなり、それが検定を通して教科書というかたちで教材化され、その教科書をそのまま教えることが授業であり、さらに、その達成度が全国学力テストや入試センター試験によって確かめられ、それが学校の教育活動の成果として評価されるという構造が確立させられて行ったことを想起しなければならない。現実に、学校が引き受けている子どもたちの実態はもとより、地域の実態から一つひとつの学校の教育活動の全体計画が教育課程として示される、というのとは無縁の状態が生まれて行ったのである。

にもかかわらず、先に指摘したような重大な性格変更が目論まれているのと同時に、教育課程が学校の教育活動にとって持つ意味が改めて語られるようになり、その意義が強調され再認識されるようになっていることは、十分に注目を要する。(5)

二　学習指導要領と教育課程との本来的・本質的な関係性

それでは、そもそも戦後教育改革期において、当初の学習指導要領と教育課程との関係性はどのようなものとして想定されていたのであろうか。その前提として最も重要なのは、そもそも「教育課程」とは何であったのか、ということであった。

戦後、初めて学習指導要領が出されたのは一九四七年のことであるが、この時点では「教育課程」という用語は用いられておらず、戦前と同じ「教科課程」が用いられていた。そこでは、学習指導要領とは「教科課程の基準」である、と説明されていた。この一九四七年版の改訂版として一九五一年版が出されるが、ここで初めて「教育課程」という用語が登場し(6)、学習指導要領とは「教育課程の基準」である、との説明がなされ、これ以降、今日に至るまで少なくとも同じような説明がなされている。

しかし、最も決定的な問題は、そこでいう「教育課程」とは何であったのか、ということにある。前述のごとく、一九五八年改訂以来、ほぼこの六〇年間にわたって「教育課程」は単なる「教育内容」、つまり何を教えなければならないのかが規定されたもの、という程度の意味で捉えられて来ており、それ以上の特別の意味は何ら認められなくなってしまっているのが現状である。それは、五八年改訂以降、学習指導要領において「教育課程」の意味内容を説明しなくなってしまったことにも起因している。つまり「教育課程の基準」と言ってみたところで、「教育課程」の何たるかが解らなければ意味をなさないのである。

今日、「学習指導要領体制」の下で「学習指導要領」と呼ばれているものが果たしている社会的役割や意味内容とは全く異なっているが、もともとはその文字が示している通り、教師用の「学習指導」の「要領」(手引き)としての意味を与えられていた。わざわざ「(試案)」という言葉が付されていたのも、こうした理由があってのことだった。もちろん、当時の学習指導要領においても、各教科の教育内容についても示されてはいたが、それは単なる「参考」としての意味しか持たず、むしろ、そこに書かれていることをそのまま教えるようなことは厳しく戒められており、例えば、算数の教科課程すら各学校において地域や子どもの実態に応じて工夫してつくり出さなければならないと、学習指導要領そのもののなかで述べられていたのである。

しかし、さらに重要なのは教育課程とは教科課程に尽きるものではなかった、ということである。先に触れたように一九四七年版では「教科課程」としていたのを、1951年版で「教育課程」に変えたのもここに由来している。それは、単に、教科外活動も含まれていたということに留まるものではない。子どもたちは、教科の学習のみで成長・発達していくのではなく、教科外活動とも相俟って、その相互作用の中で成長・発達していくのである。基本的には、教育課程とは子どもたちや地域の実態に応じて、一つひとつの学校でつくられる教科・教科外にわたる教育活動の全体計画としての意味合いが明確にされていたのである。

また、その教育課程は、教師のみによってつくられるものとは考えられておらず、「本来、教師と児童・生徒によって作られる」とされており、さらに「教師は、校長の指導のもとに、教育長、指導主事、種々な教科の専門家、児童心理や青年心理の専門家、評価の専門家、さらに両親や地域社会の人々に直接間接に援助されて、児童・生徒とともに学校における実際的な教育課程をつくらなければならない」とされていた。教育の専門家である教師には、学校の教育課程にもとづく具体的な教育活動について教育実践上の責任が与えられているとしても、それぞれの学校の教育活動の全体計画をつくるのは、例え、教育の専門家であっても、独り教師たちのみに委ねられているのではなく、先のように教育関係当事者たちの共同のもとでつくられることが想定されていたことは看過されるべきではない。

さらに重要なのは、その教育実践の結果について、関係者による教育課程の妥当性についての評価がそのプロセス（「教育課程づくり」）の中に組み込まれていたことである。まさに「教育課程づくりの民主性」は、こうしたかたちでの「教育の直接責任制」の具現化のもとで担保されるものなのであった。

三　新学習指導要領と教育課程、カリキュラムマネジメント

さて、今回の学習指導要領の本質的な性格変更については、先に述べた通りであるが、そこで問題とされている「資質・能力」は、一九五〇年代後半以降の「学習指導要領体制」の下で求められていたもの（「学力」観）とは、大きく異なっている。それは、第一次産業から第二次産業への移行という当時の日本の産業構造の大転換の下で求められていたものから、一九九〇年を前後して旧社会主義国が崩壊していく中で全地球が丸ごと資本主義競争の舞台になる「メガコンペティション（大競争時代）」が到来し（いわゆる「経済のグローバル化」）、一九九〇年代半ば以降は新たな産業構造、すなわち「知識基盤社会」型産業に適合したものへと大きく転換しようとしていることによっている。

工業化社会は労働力集約型産業であり、大量の労働力を必要とした。そこでは「能力」そのものの多様性が求められて

いた訳ではなく、「一つの国民」に「一つの教育内容」を提供して、そのテストの結果として示されたものを「学力」とみなし、単一の物指しによって「能力」的な格差を明確にして、競争を組織化するなかで用途別に大まかな「人材選抜」を行うことが求められていたのである。当時、上位数パーセントの「ハイタレント」の早期選抜が「人づくり」の課題として掲げられ、学校に求められていたが、所詮、この程度のものに過ぎなかった。当時、「能力主義」と呼ばれていたが、「能力」の名にも値しないような貧弱なものであった。

しかし、今やこれまでのような暗記中心の記憶力によって優秀さを競わせたところで、そこで抽出されてきたトップ層は、試験での得点力こそ高くても、創造的な知識を自ら生み出す能力については決定的に欠けており、肝心の「知識基盤社会型」産業の担い手が見当たらないことこそが最大の問題となって来ているのである。

しかも、かつては、全ての子どもたちが労働力として期待され、競争を組織化する対象として捉えられていたが、新たな産業構造の下で決定的に必要とされるのはエリートや高度専門技術者などせいぜい上位三割程度の層に留まり、これらの人々の従来型ではない新たな「資質・能力」の形成が問題となっているのである。これらの養成のためにはお金をかける必要があるが、下位七割の層は柔軟活用型の労働力に過ぎず、[7]これまでのように正規雇用の対象とは見なされないので、従来のように一律の基準的な「学力」の形成を期待されている訳ではない。したがって、これらの層の人々の教育にこれまでのような手間暇とお金をかけること自体が無駄遣いということになる。一九九〇年代半ば以降、今日に至る「教育改革」のメインのスローガンである「公教育のスリム化」とは、これらの層の人々に向けられたものである。

だとすれば、すでに「一つの国民（子どもたち）」ではなくなろうとしている以上、かつてのようなかたちで教育内容を画一化して「一つの教育内容」にもとづく教育と競争に固執する必要は全くなく、むしろそれは有害とさえ言える。今や「新たなエリート」たちに求められる「資質・能力」が大きく違って来ている以上、いわば用途別にそれぞれに相応しい「教育内容」の追究が必要となり、それに応じた教育活動が必要とされるようになる。また、経済格差の拡大とともに教育格差が拡大して行くなかで学校間の格差化が一層進行して行っている以上、格差化された子どもや地域社会の「実態」に応じた「特色ある学校づくり」が求められることになる。

したがって、戦後初期に構想されていた意味合いとは大きく異なるが、良くも悪くも一つひとつの学校の「実態」に応じた、いわば「分を弁えた」「教育課程」をつくって対応することが必要となっているのである。

ここで本稿の冒頭で触れた「社会に開かれた教育課程」とは何かが問題となってくるだろう。ここで言う「社会」とは、私たちが考える学校が立地している地域社会のことではなく、知識基盤社会型産業への移行を求める、包括的な意味での産業社会のことと考えられる。[8]それぞれの学校が引き受けている子どもたちの実態や、地域社会の現実から出発することを指すものではなく、かつてから言われてきたような政治経済的な意味での「社会的要請」に直結するような教育内容を実現することが期待され、それが可能な子どもたちや学校も、教育格差の拡大の中で一部では存在しうる。そもそも現段階では、そうした先端産業を担う企業の数やそこで従事する労働者の数も、数パーセント程度に過ぎず、それは全ての子どもたちに対して発せられたメッセージとは考えられない。

すなわち、彼らが求める「高度の教育内容」を実現可能な学校では、「社会」が求める高度な「資質・能力」を実現することが期待され、学習指導要領による教育内容上の枠付けを超えて、「青天井」の教育内容の編成が認められるであろう。そして、こうした教育の意味を理解し、その実現に積極的に関わることのできる能力や意欲を備えた保護者や住民などがいる地域では、学校経営そのものを一新してこれらの人々が教育計画や教育課程の編成、実施に直接携わることを可能にしなければならない。まさにそうした意味でも「社会に開かれた教育課程」の実現が目指されることになろう。

他方では、そうした状況とは無縁の多くの学校に対して、同様のことを求めているわけではないし、当然、その必要性も認められない。だとすれば、多くの学校ではそれぞれの「レベル」に応じて、「教育のスリム化」を体現する簡便な教育内容を提供して、大多数の子どもたちには最低限度ぎりぎりの「学力」の実現を学力テストによって評価・管理し、それと愛国心教育や道徳教育とをセットにして、できる限り低コストで行うことが求められる。

新学習指導要領においては、さすがに「教育課程づくり」とまでは言わないにしても、「教育課程編成」はもとより「教育課程経営」という用語さえ出てこない。そこでは教育目標や教育内容、教育方法は学校のトップ層によって決められ、それに基づいて与えられた計画・目標を粛々とこなすことが必要となる。こうした安上がりの「教育」の工程管理としての「カリキュラムマネジメント」が必要となるのである。

おわりに

以上のような「学習指導要領体制」の転換の中で、教職員組合をはじめとして「教育における民主主義」の実現を目指す諸団体が、これまでと同様に、ただ「教育課程の自主的民主的編成を」といったスローガンを掲げ続けているだけで良いのだろうか。

学習指導要領の性格や位置づけが決定的に変えられようとしている新たな状況下において、極めて部分的にではあるにせよ、教育・学校の格差化の下での教育課程づくりの可能性が生じてきている一方で、全く似て非なる状況に追いやられ、今日跋扈している「スタンダード化」の波に飲み込まれる学校も想定され、これまで以上の大きな問題が生じる可能性も否定できない。

再び、一つひとつの学校における「教育課程」が課題として浮上してきているとしても、そのままでは今の学校教育の改善にはつながらず、更なる教育格差の拡大という結果にも繋がりかねない。子どもたちのますます深刻化する現状に対して、本来の意味での教育課程をつくり、子どもたちの課題に応えて行くことが必要とされているなかで、現状把握を進めつつ何が課題となるのかを早急に究明しなければならない。

〔註〕

（1）そもそも学習指導要領の作成過程において教育課程企画特別部会が置かれて、そこに重要な位置づけを与えたこと自体が、今回の手続き上の重要なポイントであったが、それについてはここでは詳しく触れることが出来ない。

（2）かつて民主教育研究所『人間と教育』第五三号（旬報社、二〇〇七年三月）において「教育課程づくりの民主性」について論じている。今日の状況に直面して、それを補足するものである。

（3）この点については、早くから教育課程企画特別部会も明確に自覚していた。

（4）それは、二〇〇六年に教育基本法の「改正」があり、一九四七年に制定された当初のものは、全く別物と言って良いようなものに全面的に取り替えられてしまったこと、さらにそれを受けた学校教育法の「改正」（二〇〇七年）によって、「学力」規定が置かれたことが大きく影響している。しかし、教育法学における「教科目法定主義」という原則からすれば、法において「学力」を規定することは重大な逸脱であり、違法であるにも関わらず、残念なことに、当時、この点については深く追究されなかった。

（5）例えば、教育課程企画特別部会の主査を務めた天笠茂は、かつてより「教科をもとに構成される教育課程についての発想の転換」を説き、「学校の教育活動全体の組み立ての中での」検討の必要性を指摘するとともに、「今回の基準の大綱化・弾力化」の意味を強調している。同「教育課程基準の大綱化・弾力化の歴史的意味」（『日本教育経営学会紀要第四一号』、一九九九年）。

（6）なお、その直前に学校教育法施行規則の改正があり、「教育課程」という用語は先に教育法令上に現れている。

（7）これらの労働力の配分は、日本経営者団体連盟（「日経連」）の労働問題研究会報告（一九九五年）で示されている。

（8）例えば、中教審の教育課程部会長を務めた武藤隆の解説を参照されたい。同編著『小学校　新学習指導要領の展開　総則編』（明治図書出版、二〇一七年）の「はじめに」。

（名古屋大学大学院）

「公共」の可能性と課題

杉浦 真理

1 「公共」の前提になる視点（二〇一六年一二月中教審答申より）

1―1 中教審の生徒たちの現状認識

このカリキュラムの現状認識は、二〇一六年一二月の中教審答申（以下答申と略す）によって知識基盤社会の進展から、人工知能を活用することを生徒たちに求めている。人を介する仕事の激減が言われ、その環境の中で生き抜くことが、この答申の中で説かれている。[1] その現状認識の下に、各教育課程が置かれてゆく。また、単に、この認識は、産業戦士の育成だけでなく、不透明な非正規雇用の増える成熟社会において、どう「生きる力」を育成するかを命題にする。「自分の価値を認識するとともに、相手の価値を尊重し、多様な人々と協働しながら様々な社会的変化を乗り越え、よりよい人生とよりよい社会を築いていくために教育課程を通じて初等中等教育が果たすべき役割を示すこと」をこの答申の目的に語られているのである。このカリキュラムは、個人の人格の形成をめざすのか、国家社会の形成者（人材）の育成をめざすのかが明確ではない。

また、社会貢献への意識の一定の高まりをデータで裏付け（答申の注12）、変化してゆく社会に適応する子どもたちをどう育てるかの問題意識も散見される。国定の未来社会、生徒の成長すべき過程が語られるのは問題であるが、この新自由主義路線の社会適応主義的な教育課程が、未来を生徒たちが切り開いてゆく、市民を育てるうえでのスタートラインにおいて良いものであろうか。そして、さらに、教育課程がスキルベースに落とし込められてゆく。その流れで、無内容なスキルベースの「何ができるようになるか」という資質・能力論が展開されるのである。

1―2「社会に開かれた教育課程」とのかかわり

「社会」に開く前に、他教科にひらく学びも言われる。つまり、教科等横断的視点も持って育成が言われる。その根拠は、「社会への変化を柔軟に受け止める」ことである。「教科学年を超えた組織運営の改善をはかること」「教育課程を軸に、教育活動や学校経営などの学校の全体的なあり方をどのように改善してゆくのかが重要になり」、カリキュラム・マネージメントが重要となる。この視点は、狭い社会科公民科に閉じこもるのでなく、学際的に、「総合的な探究学習の時間」（高校）とも連動して、各高校独自に、カリキュラムを作成できる可能性を示しており、「校是や校訓などをより具体的にして育成する資質・能力を設定し、それを基に教育課程の改善・充実を図るという文化を高等学校の中に作り、教職員全体で学校の特色づくりを図っていくことが、カリキュラム・マネージメントにおいて必要となる」と指摘していることは、この答申の最大の良さであろう。従って、「公共」は授業に留まることなく、他教科や学年、旅行的行事、生徒自主活動との連携を模索可能となった。一方、道徳や、キャリア教育から、新自由主義的な社会適応主義的な教育、また、愛国心的な道徳教育が介入する余地も与えているとも言えよう。

「社会に開かれた」点では、「地域の人的物的資源を活用したり、放課後や土曜日等を活用した社会教育との連携」「教育課程が学校と世界との接点」となることなど、新学習指導要領にむけて、あるいは、「公共」の授業の在り方に良い視座を与えている。一方、それを実現する一学級定員の削減など財政的措置が語られず、また、教員の地域資源とのコーディネーター力向上への研修の施策がないことは、絵に描いた餅に終わる可能性も否定できない。

1―3　ゴール設定「何ができるようになるのか」に関連して

量的な面で考えると、高校という発達段階から、高等学校の「改訂の具体的な方向性」では、「共通性の確保」と「多様性への対応」を踏まえた教育課程を言い、三八単位の必履修及び選択必修履修の教科科目等を配置して「共通性の確保」を言う。また、一方で、卒業までに修得させる単位は、七四単位（各学年均等配分で二五単位）という学習量を決めている。つまり三六単位以上が「多様性への対応」となる。

さらに、公民科に落としてみると、必修「公共」（二単位）と、選択「政治経済」「倫理」（各二単位）が想定されている。現行学習指導要領では、「現代社会」（二単位）必修か、「政治経済」「倫理」（四単位）必修であることを考えると、公民科の総時間は減る方向なのであろうか。高大接続改革、大学入試の科目変更によりどうなるかは、その先が見えない。ただ、「歴史総合」「地理総合」の必修平易化と連動すれば、「公共」の選択のみの学校が増える可能性もある。また、高校一年生に置かれる可能性もより高まる。さらに、高大接続改革の成果としてのテスト（現在の中学3年生から実施）の影響もわからないと言える。

質的な面は、「全体として、各教科等における習得・活用・探究を行うために必要な学習内容や授業時間を維持することとし、内容の精選・厳選や授業時数の削減は行わない」（答申の注93）とあり、学習量を落とさずに、「主体的で対話的で深い学び」を実現する無理な状況下からのスタートとなる。二五人学級など、欧米先進国並みの教員配置などの条件整備無くして、アクティブ・ラーニングの導入は現場の困難さ（一人一人の教員の労働強化）を増すだけになろう。「公共」の内容については、次の章で後述する。

また、この質の面では、資質・能力の三要素が提起される。それは、知識・スキル・情意であり、今までの学校教育において重視すべき三要素（学校教育法第三〇条二項）の「知識・技能」「思考力・判断力・表現力等」「主体的に学習に取り組む態度」に相応すると答申は説明する。「新しい知識が、既に持っている知識と経験と結びつけられることにより、（中略）概念がさらに、社会生活において活用されるもの（中略）生活や社会の中で活用されるものになることを目指している。」（答申の注60）という「何ができるようになるか」の道筋の整理は悪くない。ただ常に、この答申、科目「公共」などの生徒の社会認識の過程は、認知心理学の「メタ認知」（キー概念の操作）で語られており、そのことが、変化して未来社会に適応する「生きる力」の形成に奉仕させられてゆく。未来を変革して行く主体としての青年像を提起せずに。

一方、育成を目指す資質・能力では、キャリア形成やよりよい社会づくりを明確にすることを基本的な考え方の一つにあげており、その内容と、その内容を授業でどう獲得するかという方法が明確でない。その方法論が、「主体的で対話的で深い学び」で担保されるという論理構成になってゆくのである。

2―1　新科目「公共」とは

二二年からはじまる高校新学習指導要領に基づく公民科教育は、「公共」が議論を呼んでいる。「公共」の科目構成（一六年六月二七日配布[2]）は、（1）「公共」の扉、（2）自立した主体として国家・社会に参画し、他者と協働するために、（3）持続可能な社会づくりの主体となるために、という大項目によって構成される予定である。

「公共」という言葉に、シティズンシップ教育の取り扱う課題が想起されるが、人権教育の主体である市民社会を構成する市民の育成というより、国家や社会を形成する公民の育成という、権力者側からの社会統合の視点が感じられる。「公共」の内容は、「主体的に社会の形成に参画しようとする態度」「国家・社会の形成者として、必要な知識を基盤として形成し、それを使って主体的な選択・判断を行い、他者と協働しながら様々な課題を解決してゆくために必要な力」と文部科学省は打ち出している。また従来の「平和で民主的な国家及び社会の優位な形成者に必要な公民」の前の修飾語に、これは、社会科、地歴科、公民科に共通するが、「グローバル化する国際社会に主体的に生きる」[1]が登場している。

発達段階を考えての学びの過程として、「小学校で問題解決的な学習の充実、中学校で適切な課題を設けての学習の充実」[1]が言われている。中学、社会科の歴史的分野で「民主政治の来歴や人権思想の広がりなどの動きを取り上げる」ともあり、その発展上に、高校「公共」がおかれる。またさらに、他教科との連携が語られている。

一〇代の社会参加の課題として、「1積極的に社会参加する意欲が国際的に見て低い」「2現代社会の諸課題等についての理論や概念の理解、情報活用能力、自己の生き方等に結びつけて考えることに課題」、「3課題解決的な学習が十分に行われていない」、「4キャリア教育の中核となる時間の設定」という位置づけが検討されている。そして従来の教え込みから、アクティブ・ラーニングを入れて、課題解決学習に舵を切り社会参加へ個人を開いていこうというものである。

評価すべき点は、第一に、「深い学び」に関わって、「用語・語句などを含めた個別の事実等に関する知識のみならず、主として社会的事象等の特色や意味、理論などを含めた社会の中で汎用的に使うことのできる概念に関わる知識の獲得」[1]をめざすので、教科書が変われば、従来の知識詰め込み、センター型の学力から転換する上で大事な視点である。第二に、シティズンシップ的な社会参加、地域社会の構成員というとらえ方、個人と社会的課題を結びつけること、課題解決型な学習へ道を付けたことは大事な転換点である。第三に、中学校社会科学習指導要領で、中学校歴史的分野で、人権、民主政治の歴史が充実する方向なので、高校「公共」の基本原理が教えやすくなる。一方、新学習指導要領では、中学校社会科を通じて、領土問題の記述が一方的なものになっている課題もある。第四に、後述するが、中学校社会地理的な分野においては、「世界の諸地域の学習」において地球規模の課題等を主題として取り上げた学習を充実」[1]させ、その上に、「持続可能な社会づくりの観点」が示唆されていることである。

また、道徳との関連の記述からは、自民党文教族の「公共」設定理由に配慮されており、社会科学などの学問に依拠せず、上からのシティズンシップ、心の支配を推し進める方向の危険性を感じる。また、キャリア教育は、公民科社会科の教科構造にあてはまらない社会適応主義の個人の自己実現論になりかねず、「国家・社会の形成者として、必要な知識を基盤として形成し、それを使って主体的な選択・判断を行い、他者と協働しながら様々な課題を解決してゆく」目的に合わないので、「公共」の中で取り扱うべき内容ではない。また、今回の中教審答申の社会科に関わる問題点である「伝統・文化等に関する様々理解を深める」「我が国固有の領土について地理的な側面や国際的な関係に着目」[1]は、中学校社会科学習指導要領においてすべての分野に明記されたが、高校「公共」の内容に反映されないことを期待したい。

2―2 「公共」の科目構成について

(1) 大項目「公共」の扉

「公共」の扉では活動主義に陥らないために、学習内容が原理原則で押さえなくてはならない。それは、基礎的な知識とは何かについてのコメントが必要である。それを、「ウ公共的な空間における基本的原理」で置こうとしている。「公共的な空間における基本原理（民主主義、法の支配[1]）」を前提にする。二単位であれば、現代社会の青年期・現代社会論のように、序論として十分に授業がされない危険性がある。また、「人間の尊厳」というキーワードもあるが、憲法原理や経済学的視野は十分に説明されず、「公共」というあいまいな個人と社会の関わりしか描かれていないのである。新科目は知識中心の従来の「現代社会」に変わって、生活に根ざした知を前提にしている。また情報収集力などに依拠している。しかし、生徒の社会認識は、憲法原理や経済学的視野を育てることが必要なのである。

さらに、それぞれの親学問からの科学的な社会認識を獲得して行くアプローチが必要である。その他コミュニタリアン的、あるいは道徳的な公共心の育成につながる要素が入れ込まれて来る危険性は払拭すべきである。つまり、市民社会を前提に、個人が社会契約して、国家・市民社会を形成することをベースに、公共の議論、政治的リテラシーを重視すべきである。そのためには、社会経済の法・制度・システム理解の必要性である。それは、原理原則的な理解を授業の上で図るべきであり、現行の「現代社会」の授業実践の積み上げに学ぶ必要があるが、その議論は見られない。「現代社会」は知を学際的まとめ、総合的に市民社会を読み解く上で大事であった。さらに、上からの国家・社会への統合にならないことを危惧する。また、何よりの課題は、子どもの権利条約にもとづいて、権利実現を含む社会参加の方向に生徒の声を反映した社会づくりに扉を開く内容がないと、若者の社会的包摂がなく一八歳を市民に育てられない。

ベンサムの功利主義、カントの人格形成、ヘーゲルの悟性などからで、どのような近代人としての倫理的主体としての公共空間を作る私たちに語りかけることができるのか。そこには、マルクス、ハーバーマス、サルトルが入るかが現在見えて来ない。「公共空間」では、幸福と公正を天秤にかけながら判断できるような生徒が、この指導要領のめざす主体的な生徒であろうか。この構図から一八歳成人時代の生徒の大人への発達の階梯に教育の果たす役割を示すべきであろう。

また、「公共」の名称の問題が存在する。また、シティズンシップ教育は、二一世紀に日本に入ってきた教育概念である。これは、多義的な内容を含んでいる。権利ベースのシティズンシップ教育は、憲法の人権規定や、立憲主義を前提に、社会契約的な国家・社会観を持っており当然個人の尊厳が基本になる。つまり、下から社会の形成を促す教育である。「現代社会」は、人類社会の一時代を理解し、その時代に住む主に日本人の社会認識を形成する科目である。「公共」となると、自民党文教族を起源[3]としており、道徳的規範教育を出発点にしている。この内容は、社会への適用を促す、上からのシティズンシップを求めていると言える。したがって、いま議論中の「公共」は、地理歴史科の動きに合わせて、「公民（社会）総合」の名称が望ましかった。

（2）大項目　自立した主体として国家・社会の形成に参画し、他者と協働するために

この大項目は、さらに、（ア）政治的主体（イ）経済的主体（ウ）法的主体（エ）情報発信の主体に、社会機能的にわけている。本来、この主体の中心に法の支配に関わる民主主義的な市民社会が想定されなければ民主国家とは言えない。この分析的命題は、大きな課題を抱えていると言える。

この内容は、「主体となる個人を支える家族、家庭や地域等にあるコミュニティを基盤に、自立した主体として社会に参画し[1]」とある。つまり、個人を社会の主体として、構成員として、あるいは変革主体としてとらえて、生徒の成長をはかるシティズンシップ教育の行える可能性を示したともいえるが、上から（個人より地域、個人より家族）の個人の社会統合をする方向が散見、想像される。あくまでも、個人の尊厳から出発する憲法的価値観から出発し、個人の人生の社会的主体を形成し、憲法一三条の幸福追求権をもつ主体として、総合的にとらえて成長を促す必要がある。

評価点として、第一に、学習活動が例示され、シミュレーション（模擬投票、模擬裁判）、新聞を題材にした授業、インターンシップ、体験活動が例示された。また第二に、他専門職との連携が打ち出されていることである。このように、活動的で、生徒の議論を協働して学ぶことによって、生徒たちは、社会的課題を主体的学習課題として引き受ける可能性がある。また、教員が、地域・日本・世界の課題をすべて引き受けることはできないので、他職種と連携することで、社会の課題を学校に提示してもらうのである。

このような主体の例示の内容・仕方は問題もはらんでいる。

当初、一五年段階では、家族や地域の主体である生活者、当事者の視点があったが、一六年の上記資料からは見つけられない。「消費者・労働者・生産者」というカテゴリー別の当事者を考える課題が弱い。一方、「例えば、財政と税、消費者の権利と責任、多様な契約[1]」というような権利主体として、生徒を捉えていくより、統治されやすい市民としての理解を深めてゆく可能性を「公共」は持っているといえよう。これが第一の問題である。他の機能的な主体、政治・法・経済は社会認識の上で問題はないのか、その親学問やその原理を、多元的多角的に生徒への提供なしに、非学問的な課題提起になることは問題である。

第二に、地域住民、地球市民的要素が不十分である。これは従来の「現代社会」の課題でもあったが、ローカル・ナショナル・グローバルな課題を大事にするシティズンシップ教育と違い、ナショナル、国家・社会の形成者である主権者教育にウエートがおかれすぎている。

第三に、このような民主的人格の形成をめざし、若者権利をエンパワーメントすべき公民科教育は、社会機能に人間を

分化してとらえる手法が有効か疑問である。社会科学的な社会の現状分析、それに対しての政策対応を考える枠組みでない、主体の列記だけは問題があろう。それは、社会科学（法律学、経済学、社会学等）による社会認識を育てる上で障害になるのではないか。

第四に、自立した主体を市民社会の権利主体を成長させる視点ではなく、社会に統合してゆき、自己を社会の多数派にアジャスト（適応）してゆく方向の価値観を産む危険性があるといえる。とくに、すべての教育活動で、道徳教育との関連を説く文科省が「公共」を設定するところに、個人の尊厳から出発するのではなく、非人権的な社会統合（上からのシティズンシップ）、社会防衛的な発想が見え隠れする。

第五に、さらに道徳と一体化をすれば、個人の公共空間の振る舞いが重視され、人権主体としての成長（権利主張する主体としての成長）が阻まれる。

（3）大項目　持続可能な社会づくりの主体となるために

この内容は、ア地域の創造への主体的参画、イよりよい国家・社会への主体的参画、ウ国際社会への主体的参画と構成されている。それは、「諸課題の解決に向けて構想する力、合意形成や社会参画を視野に入れながら、構想したことの妥当性や効果、実現可能性などを議論する力」「主権者教育において重要な役割を担う[1]」として、公民科の共通必履修科目として養うことを目指している。

前回の指導要領から登場し、二一世紀の教育課題として、文部科学省が設定した課題が、「持続可能な社会づくり」である。「持続可能な開発」については、八〇年代、国連のブルトンラント委員会が、開発の原理として、現世代が次世代の幸福をなくさないように、自然と向き合い、現世代の満足も実現するために、環境破壊を経済成長の犠牲にしないことを強調したのである。持続可能性を強調した地球環境問題での問題提起である。そこから派生して、持続可能が一人歩きし、持続可能な財政、コンパクトシティ、持続可能なふるさと創生など行政が使い始めた[4]。

エコロジー的視点、自然との調和が、利潤（経済）中心の文明への批判的視点を盛り込むことが必要である。このような視点は、ワーキングでも残念ながら議論された形跡はない。SDGsが国連で採択され今日、大事な視点といえる。さらに、この（3）では、探究学習の要素を入れてゆくことは、答えの決まった内容ではないので重要である。PBL型の問題解決学習が大きな成果を上げると考えられる。

また、合意形成の学習を入れてゆくことが大切で、ディベートは、多数決を前提に議論が深まるが、多くの多様な意見を熟議することはできない。そこで、一つのタスクを達成するための多様な道、例えば、2030年の日本の第一次エネルギーの構成を考えると良い[5]。産業革命時より、気温上昇二度（できれば、一・五度）のCO2削減の具体的な方法を、グループワークで、IPCCのデータを使い、議論するようなことができなければならない。この内容は、必修でない「政治経済」に先送りされている。

本来の「持続可能な開発」やSDGsに基づく、人類の生存を未来への視座を持った豊かさを考える視点で、その形成者として、生徒に考察を与え、議論し、未来社会をつくって行く主体として、成長させる授業が求められている。

そのためには、ローカル・ナショナル・リージョナル・グローバルな視点[6]で、市民性を見つける課題設定や、グループワークをともなったアクティブ・ラーニングが求められていると言えよう。

3　「公共」を介して18歳成人（生徒を大人に（市民社会の一員）にするために）教育へ

3—1　人類の民主主義思想、社会システムの理解

一八歳成人の法改正が近付いている。選挙権だけの付与は、市民社会においてバランスが悪い、政治的権能だけでなく、権利を行使する主体として、成長させる中等教育が必要である。個人の尊厳に出発し、かけがえのない尊厳をもった市民と連帯し、共同できる市民を高校生の卒業時点で形成することが教育に求められている。つまり、未来社会の変革主体として、自分たちの未来を議論によって公論を作り、それを実践し社会を形成する市民に育てることが大事になる。家庭科教育と社会科教育の教科横断的なクロスカリキュラムを視野に入れながら、従来の憲法教育、法教育も加味して、市民を形成する基礎力を養う教育が大切になろう。

3—2　民主的討議、意思決定の獲得

文科省総務省『私たちが拓く日本の未来』二〇一五（主権者教育）では、ディベート、模擬請願など、議論の作法が語られた。それは、意思決定の方法や、議論の作法として語られたのである。もっと多様な政策課題についての議論や合理的な意思決定の方法を開発普及しなければならない。それが、市民熟議などと言われる方法論である。この方法は、デンマークで原発導入への国民的討議の経験や、ドイツの安全なエネルギー供給にかかわる倫理委員会などの手法を使うのである。そのような方法論は、議会制民主主義のみに、市民社会の決定権を委ねるのではない。そのことの問題点としては、権力に近い財力を持った市民・企業の決定権、判断が優先されることも発生しかねない。時間をかけて、問題を各専門家の意見を聞きながら、自分と違う他者と共に考え行動するような、未来の市民社会の担い手を育てないと行けない。持続可能な市民社会のための意思決定できるように、資料を読みとり、思慮深くならなければならない。そのような場面を教室やフィールドワーク（リーチアウト）で再現するような学びを体験できるような「公共」の学びが必要であろう。

3—3　政治的リテラシーの獲得

地域課題への社会資源に学校をひらき、地域社会との協働するローカル・シティズンシップとして、地域の課題について議論し、地域の活性化、福祉の増進に寄与し、地域への連帯を促すことをめざす。また、内なる市民性を高めるため

に、学校内の生徒自治活動、子どもの権利条約の意見表明権、学校の意思決定への高校生の関与など、HR活動や生徒会活動、自主活動などを通しての自治を主体的、協働的に行うこと、学校への子どもたちの影響力を行使し、学びの主体化に、HRの時間、新設される「総合的な探究時間」の活用が必要である。

次に、この社会の主人公に育てるナショナル・シティズンシップとしては、この市民社会の未来の課題について議論し、法制度、システムを変革、創出しながら、未来社会を支える主体化をめざす。それには、社会科公民科の授業「公共」「政治経済」が向いている。とりわけ消費者市民社会での権利関係、家族関係の多様化による民法の整備、外交をめぐる東アジア市民の信頼醸成などが喫緊の課題である。

また、地球市民としての貢献連帯（地球環境問題、南北問題、平和問題、NGO、国連組織との協働）としてのグローバル・シティズンシップとして、地球市民としての地球規模の環境、貿易、開発の課題、平和構築の課題について、同じ地球に生きる持続可能な地球社会の形成者として、どうその問題を捉えるか生きるかを考え実践する。社会科公民科、「総合的な探究の学習」、あるいは、学校の特色によっては、学校設定科目も必要であろう。

3―4　階層性（ローカル・ナショナル・グローバル）のある市民性の獲得

二一世紀の空間的広がりは、新たなネット空間の創設も含めて、多相な階層性を持った市民性の獲得が、人類の存続も含めて大きな課題となっている。「公共」が、一八歳成人に寄与し、若者の権利意識と社会の一員として声を上げることを獲得する文化を身に付ける役割を担えるように、今後一八年三月に出る予定の高校学習指導要領も睨みながら、教育を進めなければならない。

〔註〕

(1) 中教審「幼稚園、小学校、中学校、高等学校及び特別支援学校の学習指導要領等の改善及び必要な方策等について」
(2) 文部科学省教育課程部会、高等学校社会・地理歴史・公民科目の在り方に関する特別チーム（二〇一六年五月二七日）
(3) 自民党文部科学省部会の提言（二〇一三年五月）（読売新聞デジタル二〇一三年六月一八日）
(4) 久保田貢「新学習指導要領における『持続可能』概念についての研究」『唯物論研究年誌』第一五号（二〇一〇年）
(5) 拙著「日本の近未来のエネルギー」『社会科教育』二〇一六年七月号
(6) 拙著『シティズンシップ教育のすすめ』（法律文化社、二〇一三年）

（立命館大学非常勤講師）

特集2　新学習指導要領批判

「公共」の自主編成をめざして

福田　秀志

1　新必履修科目「公共」の内容と題材の例示

（1）「公共」の扉
ア　公共的な空間を作る私たち
イ　公共的な空間における人間としての在り方生き方
　倫理的主体となる私たち
ウ　公共的な空間における基本的原理
　囚人のジレンマ、共有地の悲劇、最後通牒ゲーム等の思考実験や、環境保護、生命倫理等に民主主義、法の支配、自由・権利と責任・義務、相互承認
（2）自立した主体として国家・社会の形成に参画し、他者と協働するために

ア　政治的主体となる私たち
　政治参加、世論の形成、地方自治、国家主権（領土を含む）、国際貢献…
イ　経済的主体となる私たち
　職業選択、金融の働き、経済のグローバル化と相互依存関係の深まり…
ウ　法的主体となる私たち　裁判制度と司法参加…
エ　様々な情報の発信・受信主体となる私たち　情報モラル…
ア・イに共通する題材として
　財政と税、社会保障、市場経済の機能と限界、雇用、労働問題（労働関係法制を含む）…

ウ・エに共通する題材として　消費者の権利や責任、契約…
全体に関連する題材として　多様な契約、メディア、情報リテラシー、男女共同参画・・・
＊様々な主体となる個人を支える家族・家庭や地域等にあるコミュニティ
世代間協力・交流、自助・共助・公助等による社会的基盤の強化
家族・家庭、生涯の生活の設計や消費生活等に関する個人を起点とした自立した主体となる力を育む家庭科、情報リテラシーを扱う情報科、個人の安全指導を行う保健体育科及び、横断的・総合的な学習や探究的な学習を行う総合的な探究の時間（仮称）などと連携
（3）持続可能な社会づくりの主体となるために
ア　地域の創造への主体的参画
イ　よりよい国家・社会の構築への主体的参画
ウ　国際社会への主体的参画
公共的な場づくりや安全を目指した地域の活性化、受益と負担の均衡や世代間の調和がとれた社会保障、文化と宗教の多様性、国際平和、国際経済格差の是正と国際協力……などについて探究
学習活動の例……「討論、ディベート、模擬選挙、模擬投票、模擬裁判、インターンシップの事前・事後の学習など」
関係する専門家・機関……「選挙管理委員会、消費者センター、弁護士、ＮＰＯなど」

前提の表は「高等学校学習指導要領における『公共』の改訂の方向性」（二〇一六年、以下「改訂の方向性」）をまとめたものである。この内容を見ると、新自由主義的な競争社会のなかで分断された国民を、新保守主義的に社会・国家への統合をめざす教育＝義務教育段階での道徳の教科化と同方向だと言っても過言ではない。

2　新必履修科目「公共」を「新しい市民教育の創造」にしていくための困難

かつて「現代社会」を政府が目論む方向から、現代認識を培う科目に作り上げてきた私たちであるが、この新必履修科目「公共」を「新しい市民教育の創造」にしていくための現場の困難が多くあることはいうまでもない。思いつくままあげてみたい。

＊「四七教育基本法」が変えられ、教育行政が土足で教育現場に入りこみ、教育実践の自由が狭められていること。世代交代により、教育実践の自由が狭められていることに疑問をもたなくなっている教員が増えているのではないかと思われること。

＊教育行政が教育現場に多くの課題を押しつけてくるととも

に、競争的な予算の配分のなか、多忙化に拍車がかかり、教材研究の時間が削られていること。

＊教育行政の研修会を通して、教育行政が「良し」とする指導案が「スタンダード」として下ろされ、多忙化と相まって、それらの指導案をそのまま実践していくことへの抵抗感が現場で弱まっていること。

＊今回の学習指導要領では「見方・考え方」が重要なキーワードになっている。『見方・考え方　社会科編』（文部科学省視学官　澤井陽介　島根大学大学院教授　加藤寿朗著　東洋館出版社　二〇一七年一〇月）によると、「『資質・能力』に汎用性を与える『概念的な知識の獲得』。そのために必要となる『問い』。その『問い』を立てるには、『視点』（見方）が必要であり、知識を概念化するには、『思考』（考え方）が欠かせない。『見方・考え方』を働かせる授業は、子供の学びをどんどん豊かにする。だから、変化の激しい社会を生き抜ける使える能力が育まれる」とある。「公共」の内容が盛り沢山なうえ、二単位（実質五〇時間程度か）でしかも「見方・考え方」を働かせる授業・教材づくり、上からの討論やディベートなどのアクティブな授業方法の導入などから考えると、現場の教員は意欲的に取り組めるだろうか。へたをすれば（1）公共の扉だけの講義で終わってしまう可能性さえある。教育行政が重視する価値観・考え方を教材化する授業実践書が多く市販されるだろう。そのような授業実践書を安易に受け入れることになりはしないだろうか危惧される。

＊「公共」の内容に、日本国憲法、人権、地球環境問題、原子力と再生可能エネルギーなどが題材例として明示されていない。「日本公民教育学会春季公開シンポジウム―新科目「公共」に何を期待するか」（二〇一七年四月二日開催）の報告が法教育フォーラムのホームページに掲載されている。「取材を終えて」の項に《質疑応答では、「答申に示された「高等学校学習指導要領における「公共」の改訂の方向性」に憲法学習・人権・日本国憲法といった文言がないように見えるが？」という質問が多く寄せられたと報告されました。調査官からは、これから学習指導要領の改訂が進む予定であり、さらに学習指導要領解説ができれば詳細が明らかになるとの説明がありました。あくまで公民科の目標を達成する科目であることが強調されました。》とある。（http://www.houkyouiku.jp/17090701）日本国憲法、人権は選択科目の「政治・経済」で教えろというのだろうか。そうすれば、多くの生徒が高校で日本国憲法や人権を学ばずに卒業していくことになる。

3　新必履修科目「公共」を「新しい市民教育の創造」にしていくために

ア　私たちのめざす市民教育

私たちの目指す市民教育は、国家や社会に適応・貢献していく教育ではなく、個人の尊厳、人権の尊重を基本に、社会を認識し、他者と協働して、社会を作りかえる「民主主義の担い手」＝「主権者」として生徒を育てることである。そのためには、現実の具体的政治事象を取り扱うことによって政治的教養（政治的リテラシー）の育成が必要である。

政治的教養とは、文科省によると、①民主政治の制度の知識、②現実政治の理解力と公正な批判力、③民主国家の国民として必要な政治的信念だと言う。現実政治の理解力や批判力を身に付け、政治がいかにあるべきかという信念を持つことができるように現実政治のあり方について考える機会をもっと増やすことが必要である。

イ　ピンチをチャンスに「公共」で取り上げたい内容

桑山俊昭氏は「全体として新科目『公共』は、系統性を欠く学習内容、薄い中身、知識の軽視、アクティブ・ラーニングの空回りによって、高校公民科の基礎科目としての役割を果たすことは難しいと思われる」（「新科目『公共』はどんな内容か」『民主主義教育21 Vol.11』二〇一七年四月）と書いているが、私もその通りだと思う。

しかし、「改訂の方向性」を見ると、「従来の知識詰め込みや受験学力偏重からの転換」「現実社会の諸課題を課題追究的に扱うこと」「社会参加の推進」「横断的・総合的な学習や探究的な学習を行う総合的な探究の時間（仮称）などとの連携」「関係する専門家・機関との連携」など教育実践に活かすべき部分は多く存在する。これらの文言を活かしながら、新必履修科目「公共」を「新しい市民教育の創造」にしていかなければならないと考える。

新必履修科目「公共」は二単位のため、一年で五〇〜五五時間程度しか確保できないであろう。そこで、教材の精選を思い切って行い、五〜六時間を一つの単元とし「現代社会の諸問題」を扱い、その単元ごとに講義、問いかけ、班での交流、討論、発表、場合によって調査や社会参加を組み入れていく方向はどうであろうか。「公共」の内容の（2）（3）を「現代社会の諸問題」として扱い、（1）の「公共の扉」である概念・理論・原理はその際に提示すればいいのではないだろうか。そのように考えると取り扱える「現代社会の諸問題」は一〇程度となる。以下、生徒たちに考えてほしい「現代社会の諸問題」について列挙してみた。

《扱いたい一〇の課題と「問い」の方向性》

＊「公共」の授業が二〇一八年から始まると想定し、現時点で扱いたい一〇の課題を挙げている。

＊「改訂の方向性」にある題材の例も合わせて記入してみた。

①メディアリテラシーとフェイクニュース

「湾岸戦争—戦争が始まると最初に犠牲になるのは真実である」「トランプ大統領の誕生、イギリスのＥＵ離脱の国民投票とメディア」「日本国憲法改正国民投票法の投票運動期間の広告宣伝活動」「選挙報道」など教材は山ほど存在する。メディアとのつきあい方は「公共」の授業の必須アイテムではないだろうか。（題材の例：メディア、情報リテラシー、世論の形成、情報モラル）

②立憲主義と基本的人権

統治される者だけではなく統治する者も法に従うべきであ

るという「法の支配」をはじめ、社会契約説、人権の歴史（自由権、社会権など）、憲法とはどういうものなのか、きちんと講義すべき内容である。そして、今、「法の支配」はどうなっているのか、人権の現状はどうなっているのか、現実の政治状況の中から生徒に考えさせたい。（題材の例：民主主義、法の支配、自由・権利）

③日本国憲法の改正

政権政党は自衛隊明記、緊急事態条項、教育の無償化、参議院合区解消の4項目の改憲を挙げている。これらの4項目について、客観的かつ公正な資料を生徒に提示し、生徒同士の熟議により、憲法改正の是非を考えさせたい。その際に弁護士との協働や模擬投票を行うことも有益だろう。（題材の例：政治参加、世論の形成、模擬投票、弁護士との協働）

④安保法制（集団的自衛権の一部解禁）と自衛隊と人間の安全保障

アジア太平洋戦争の反省による日本国憲法の誕生、冷戦構造と自衛隊の誕生、日米安保条約の締結、沖縄の歴史と現状、自衛隊の「国際貢献」の歴史、集団的自衛権の一部解禁、北朝鮮問題、軍事によらない平和、東アジアの平和構築、「国際貢献とは」など取り上げたい内容は多い。③の憲法9条への自衛隊明記と関連させて取り上げることも可能である。武器輸出（防衛装備移転）についても取り上げたい。（題材の例：国際貢献、国際平和）

⑤統治機構を問う—国会・内閣・裁判所

三権分立は機能しているのか。国会の役割は果たされているのか。内閣と首相の権限の強化。司法権の独立は機能しているのか、裁判員制度の現状と課題など統治機構が国民の人権を守るために機能しているのかを考えさせたい。（題材の例：政治参加、世論の形成、裁判制度と司法参加）

⑥地域課題を問う

地方自治は民主主義の学校だと言われている。学校がある地域課題を掘り起こし、それを教材化していくことは有益である。その地域の課題を市議会選挙や市長選挙と関連づけて模擬選挙を行うこともできるし、「請願」という形で議会に問うこともできるのではないか。（題材の例：地方自治、消費者の権利や責任、契約、選挙管理委員会、消費者センター、模擬選挙、模擬投票、公共的な場づくりや安全を目指した地域の活性化）

⑦新自由主義経済下の格差と貧困—市場と民主主義

市場経済の優位性と市場経済の限界を取り上げたい。特に新自由主義の考え方により、政府機能が縮小され、規制緩和により自由に経済活動を行うことができるようになり、格差と貧困が大きな問題となっている。市場に任せる範囲、政府が行うべき範囲を決めるのは議会＝民主主義であるが、その民主主義が機能しにくくなっている。この事態をどう考えるべきなのかも生徒に考えさせたい大きなテーマである。（題材の例：市場経済の機能と限界）

⑧自由貿易協定と国民生活（環太平洋自由貿易協定・ＴＰＰ、東アジア地域包括的経済連携・ＲＣＥＰ、日ＥＵ経済連携協定）—「ＳＤＧｓ」（持続可能な開発目標）を切り

口に経済のグローバル化の光と影を取り上げたい。特に「先進国」と言われる私たちの生活が「開発途上国」に大きな負の影響を与えている現状については考えさせたい。また、「ＳＤＧｓ」の17の目標と自由貿易協定の矛盾を考えさせたい。自由貿易協定におけるＩＳＤ条項を国家主権という観点からも考えさせることができるだろう。（題材の例：経済のグローバル化と相互依存関係の深まり、国家主権、国際経済格差の是正と国際協力）

⑨公共財の範囲、社会保障の範囲、税は応能負担か　応益負担か　税金の使い道

社会保障の負担増・給付削減が続いている。消費や投資の活性化を通して経済成長に寄与すると政府は言う。「人の命」と「経済成長」をどう考えればいいのかを生徒に問いたい。パナマ文書、パラダイス文書などの富裕層の税逃れ。森友・加計への税金の使い道など取り上げたい教材は山ほど存在する。（題材の例：財政と税、社会保障）

⑩ブラック企業と過労死・過労自殺と「働き方改革」の行方

二〇一七年のブラック企業大賞に「アリさんマークの引っ越し社」が選ばれたが、ブラック企業がなぜここまではびこるのか、経済学習と関連させて考えさせたい。1月22日からはじまる通常国会に「働き方改革法案」が提出される予定だ。この法案は、企業のためなのか、労働者のためなのか、どっちなのだろうか。生徒にぜひ賛否を問いたい。（題材の例：雇用、労働問題（労働関係法制を含む）、男女共同参画）

4　「公共」の内容である「様々な主体となる個人を支える家族・家庭や地域等にあるコミュニティ――世代間協力・交流、自助・共助・公助等による社会的基盤の強化」について項を「総合的な学習の時間」で取り組んで

「防災・減災　地域コミュニティづくり――高校生にできること」というテーマで取り組んできた。防災においては、特に「自助」と「共助」が強調され、「公助」は最後だと言われている。二〇一七年は以下、３つの課題に取り組んだ。

ア　避難所設営・避難所運営を学校と地域がスムーズに行えるよう、その第一歩としてＧＩＳ（地理的情報システム）を使って地域住民向けのカスタマイズ防災マップを作成する。

イ　高校生が災害ボランティアとして地域で活躍できるように研修を深める。特に避難行動要支援者の支援に高校生がどのように関わることができるのかを考える。ウ：要支援者名簿登録、福祉避難所登録などについて市役所と高校生がどう連携できるのかを考える。

これらの活動を通して、生徒が考えたことは大きく２つある。第一に学校は避難所に向いていないということである。「体育館にトイレもなく、暖房設備もなく、バリアフリー施設もない。そんなところに避難する市民はたまったものではない」ということである。第２は、なぜ、「福祉避難所」に名乗りを上げる施設が少ないのか。それは「施設職員も少な

く、利用者がいるなかで、災害時に市民を受け入れる余裕が全くない」ということである。これらを解決するのは「公」の役割ではないのかということに生徒たちは気がついたわけである。これらについては、生徒たちは市役所に政策提言という形で提出することにしている。「『公』に頼るな、自分で行え、自分で行えない場合は地域で助け合え」という行政のスローガンに対して、「調査・研究」をする中で疑問をもつようになったのである。

　この取り組みで、「一・一七防災未来賞『ぼうさい甲子園』」高校生部門の奨励賞をもらうことができた。「公共」と総合的な探究の時間（仮称）の連携は取り組みようによっては大きな魅力でもある。

5　最後に

　高等学校の学習指導要領の実施の最初は二〇二二年である。新必履修科目「公共」は一年生に置かれることが考えられる。二〇二二年まで四年。私自身、一〇のテーマの教材化に取り組みたい。「公共」の自主編成に向けて、現場の叡智が試されている。新必履修科目「公共」を「新しい市民教育の創造」にしていくためのものにするために、全民研としてプロジェクトチームを立ち上げていただきたいと思う。

　二〇一八年二月に「高等学校の学習指導要領案」が公表されたが、この原稿はその前に書き上げたものである。

（兵庫県立高校）

新科目「歴史総合」で歴史教育・世界史教育はどうなるか

河合美喜夫

二〇一八年二月一四日、高校の学習指導要領改訂案が公表された。翌日の新聞各紙は新設必修科目「歴史総合」と「公共」について大きく報道した。産経新聞の「主張」は、「国の歴史に愛情を持とう」のタイトルで「歴史総合」について「先人が築いてきた歴史と文化に誇りを持って学べる教科書と授業につなげてもらいたい」と論じた。朝日新聞は、「地理歴史」の目標に「日本国民としての自覚、我が国の国土や歴史に対する愛情」を深めると明記されたことを危惧する「社説」を掲載した。

戦後社会科の大きな改変となる「歴史総合」の新設によって、歴史教育がどうなるのか注目を集めている。本稿は、中央教育審議会（以下、中教審）での議論や答申の内容、高校学習指導要領改訂案の内容を検討して、新科目「歴史総合」について考察するものである。

1　中教審の「歴史総合」の構想

（1）「育成すべき資質・能力」のために

中教審の教育課程企画特別部会は二〇一五年八月二六日に、次期学習指導要領の改定の基本方向を「論点整理」としてまとめた。ここでは、新しい学習指導要領の在り方について「『何ができるようになるのか』という観点から、育成すべき資質・能力」について整理している。その中で「特にこれからの時代に求められる資質・能力」をあげ、「グローバル化する中で世界と向き合うことが求められている我が国においては、日本人としての美徳やよさを備えつつグローバルな視野で活躍するために必要な資質・能力の育成が求められる」としている（傍点は引用者）。

この「育成すべき資質・能力」のために教科・科目の見直しがなされ、高校「社会科」では三つの新科目「地理総合」「歴史総合」「公共」が創設される。「論点整理」では、「歴史総合」は「『世界史』の必修を見直し、共通必履修科目として、我が国の伝統と向かい合いながら、自国のこととグローバルなことが影響し合ったりつながったりする歴史の諸相を、近現代を中心に学ぶ科目」とされた。

中教審では、教育課程企画特別部会だけでなく、「高等学校の地歴・公民科科目の在り方に関する特別チーム」「社会・地理歴史・公民ワーキンググループ」においても新科目の内容の検討が議論され、「歴史総合」の内容については、「近代化・大衆化・グローバル化」の三つの概念で近現代史を捉える構想が示されるに至った。

（２）「近代化・大衆化・グローバル化」で描く近現代史

では、「近代化・大衆化・グローバル化」で近現代史をどのように描くのであろうか。中教審答申の別添資料には、「歴史総合」の内容の構想が「改訂の方向性」として２つ示されている。

改訂の方向性①では、一八世紀後半から現在までを「近代化と私たち」として「産業社会と国民国家を形成する動きがみられ、社会が大きく変化しはじめた」こと、一九世紀後半から現在までを「大衆化と私たち」として「大衆の参加の拡大が社会全体の在り方を規定するようになりはじめた」ことを扱う。そして、二〇世紀後半から現在までを「グローバル化と私たち」として「人・モノ・カネ・情報等が国境を越えて一層流動するようになりはじめた」ことを学ぶのである。改訂の方向性②でも、「近代化と私たち」「大衆化と私たち」「グローバル化と私たち」の三つの概念を使った近現代史となっている。どちらも、近現代の「歴史の大きな転換」を「近代化・大衆化・グローバル化」で構想するものである。

この近現代史像は、これまで歴史学や歴史教育が追求してきたものとは明らかに異なっている。「次期学習指導要領等に向けたこれまでの審議のまとめ」への意見募集では「通史的に歴史的事実を学ぶことは必要。また、特定の歴史の捉え方のみを指導する内容とならないようにすべき」との意見が出されている。「近代化・大衆化・グローバル化」で描く近現代史では、「通史的に歴史的事実を学ぶ」ことができなくなる恐れがあるからである。

２　新科目「歴史総合」をめぐる議論

（１）期待・可能性と危惧・懸念の錯綜した声の中で

こうして「歴史総合」の「改訂の方向性」は示されたものの、その具体的な内容については、中教審答申を経ても明確にはならなかった。このこともあって、「歴史総合」をめぐる議論はなかなか深まらなかった。シンポジウムや研究会では「期待や可能性」を論じる報告もあれば、「危惧や懸念」

を表明する報告もあり、意見は錯綜した。そうした中で特徴的なのは、歴史研究者の中に「近代化・大衆化・グローバル化」の概念に懸念を持ちつつも、世界史と日本史を統合する新科目の創設は戦後日本の歴史教育における悲願であったとして期待や可能性を論じる傾向があることであった。このことは、日本学術会議（以下、学術会議）が世界史必修の代わりに世界史と日本史を統合した新科目「歴史基礎」を導入する提言をおこなったことと無関係ではない。

学術会議は、世界史未履修問題、日本史必修化の動き、「知識詰め込み型」の教育の現状を打開するために新科目「歴史基礎」の創設を三回にわたって提言した。また日本歴史学協会も、二〇一五年三月に「日本史と世界史の統合教科としての『歴史基礎』の設置と必修化については、限られた高校教科教育の時間を前提とした場合ほとんど唯一の取り得る方向性に思われる」との見解を発表した。同年七月には、高大連携歴史教育研究会が発足し「新科目」への期待が一気に高まった。

しかし、学術会議の提言した「歴史基礎」の内容と中教審が考える「歴史総合」の内容には大きな差異があった。そのことは学術会議の三回目の提言「『歴史総合』に期待されるもの」（二〇一六年五月）の中で、「歴史総合」の「内容には懸念すべき点がある」として時系列に沿って学ぶことを提起したことからも明らかである。こうして、さまざまな議論が展開される中で、中教審答申は新科目「歴史総合」を創設したのである。

（2）どこに問題があるか

新科目「歴史総合」に批判的な意見の多くは、高校世界史に携わってきた学校現場の教師からなされている。私自身が考える問題点は以下のとおりである。

①世界史を学ぶ生徒は激減し、高校世界史は事実上なくなる

世界史Aが廃止されると、世界史を学ぶ生徒は激減する。一年か二年で「歴史総合」（2単位）が必修となれば、選択科目は「日本史探究」（3単位）となる可能性が高い。世界史を学ぶのは「世界史探究」を選択した生徒のみとなり、一八世紀以前の世界史を多くの生徒は学ばなくなる。大学教育、あるいは高大連携の歴史教育の立場からの論議が活発になされているが、大学受験をしないごく普通の高校生が世界史を学ぶ機会は少なくなり、事実上高校世界史はなくなってしまう。

②生徒の世界認識、世界史認識の自主的形成を阻害する

これまでの高校世界史は生徒の世界認識、世界史認識の自主的形成にとって重要な役割を果たしてきた。戦後の世界史教育は戦前の皇国史観を反省して出発し、自国中心主義ではなく世界史とは何かを繰り返し問い、「世界史と日本史との統一的把握」「自国史と世界史」などの世界史の在り方を追究してきた。こうした世界史の代替として「歴史総合」がなりうるのであろうか。世界史と日本史の2つの科目を「統合」すればいい、という問題ではない。生徒の世界認識、世界史認識の自主的形成が阻害されることがあってはならない。

③「我が国の歴史に対する愛情」の「資質・能力」の育成をめざしている

中教審は、先に述べたように「論点整理」で「日本人としての美徳やよさを備えつつグローバルな視野で活躍する」ことが「特にこれからの時代に求められる資質・能力」とした。そして中教審答申では「学びに向かう力・人間性等」の資質・能力として「多面的・多角的な考察や深い理解を通して涵養される自覚や愛情」をあげ、答申の別添資料では「日本国民としての自覚、我が国の歴史に対する愛情」との表現になっている。「歴史総合」のめざすものに「我が国の歴史に対する愛情」の育成が掲げられたのである。ここにこそ「歴史総合」の本質的なねらいがあるのではないか。

④「近代化・大衆化・グローバル化」で近現代史が描けるか

これまでの近現代史は、帝国主義の成立と植民地支配、二つの世界大戦とアジア・アフリカ諸国の独立、戦後世界の形成という基本的な歴史の流れをおさえ、歴史の変化や発展を捉えてきた。「近代化・大衆化・グローバル化」といった特殊な歴史の捉え方で描く近現代史はどうなるのであろうか。例えば、一八世紀後半からの産業社会と国民国家の形成を「近代化と私たち」で学び、その「まとめ」は「社会の近代化は何をもたらしたか」となる。これでは「近代化」を達成した「我が国」や「日本国民」の優秀さを語る「近代化論」に他ならない。

⑤学校現場にもたらされる負担と混乱

誰が「歴史総合」を担当するのかは学校現場では深刻な問題となる。中教審答申は「新しい科目の趣旨に沿った教材の開発や教員の養成・研修」が必要としている。教員の養成・研修が必要とされる新科目なのである。新たな研修が更なる多忙化をもたらしてはならない。また中教審答申は「特定の事柄を強調しすぎたり、一面的な見解を十分な配慮なく取り上げたりする」ことなどの「偏った取扱い」についても言及している。学校現場が望むのは、教材研究や授業づくりの時間がもっと保障され、教師の専門性や教育の自由が大切にされることである。

3　高校学習指導要領における「歴史総合」

（1）「近代化」を礼賛し、「愛国心」の育成をめざす近現代史教育

高校学習指導要領改訂案は、小中学校と同様に「資質・能力の育成」を重視している。そのために「知識を身に付けること」「思考力、判断力、表現力等を身に付けること」の二つが記載されている。また「内容の取扱い」の記載内容が従来よりも多くなっている。この記載内容に「策定者」の意図をみることができる。

「歴史総合」では資質・能力の育成の目標を「日本国民としての自覚、我が国の歴史に対する愛情」を深めることとした。「歴史に対する愛情」という「愛国心」の育成を目標に掲げたのである。このことが「歴史総合」の内容に色濃く反映されている。

例えば「近代化と私たち」では、「日本の近代化や日露戦争の結果が、アジアの諸民族の独立や近代化の運動に与えた影響とともに、欧米諸国がアジア諸国へ勢力を拡張し、日本が朝鮮半島や中国東北地方へ勢力を拡張したことに触れ」るとある。日露戦争の結果アジア諸民族が独立し、欧米各国がアジア諸国に脅威を与えたので日本が朝鮮や中国に進出したという歴史認識である。

これは戦後七〇年談話（安倍談話）にある「日露戦争は、植民地支配のもとにあった、多くのアジアやアフリカの人々を勇気づけました」という歴史認識や、「明治の精神に学び、日本の強みを再認識する」という「明治一五〇年」史観と同じである。日露戦争が韓国併合（植民地支配）へと道を開くものであったことを考察するのではなく、日本の国際的地位を向上させたという「近代化」への礼賛に他ならない。さらに「竹島、尖閣諸島の編入についても触れること」と、領土問題での政府見解を扱うことを明記している。幾多の国難の危機を脱して、世界に冠たる日本、誇りある日本人をつくってきたという近現代史教育である。

（2）「近代化・大衆化・グローバル化」という特殊な歴史の捉え方

「歴史総合」の内容は、「近代化と私たち」「国際秩序の変化や大衆化と私たち」「グローバル化と私たち」の三つ柱からなっている。「近代化・大衆化・グローバル化」という特殊な歴史の捉え方を導入し、欧米との比較によって日本が国際社会の中で大きな役割を果たしてきたという「日本中心史観」の近現代史となっている。

例えば「国際秩序の変化や大衆化と私たち」では、第一次世界大戦とその後の国際体制については「日本が果たした役割や国際的な立場の変化」が強調され、第二次世界大戦では「世界恐慌による混乱、日本の政治体制や対外政策の変化、国際協調を基調とするこれまでの国際秩序の変容などについて触れること」とあるが、日中戦争やアジア太平洋戦争といった歴史用語は使われない。また、自由・制限、平等・格差、開発・保全、統合・分化、対立・協調などの観点から主題を設定して学習するというが、その中には「戦争・平和」はない。人権や民主主義もない。

「グローバル化と私たち」の中の「冷戦と世界経済」「世界秩序の変容と日本」では、中東の歴史や中国、東南アジアの歴史がほとんどない。「石油危機」はあっても、湾岸戦争やイラク戦争、パレスチナ問題はない。一方で、冷戦終了後に「武装集団によるテロ行為を契機として戦争が生じたりする」など地域紛争の要因が多様化していることに触れるとある。こうした視点のみで中東の歴史を捉えていいのだろうか。また、国際連合平和維持活動（ＰＫＯ）などによって「日本が国際社会における重要な役割を担ってきたこと」が示されるなど、グローバル化する国際社会の中で日本が先進国として果たしてきた役割の大きさが描かれる。ここにも「日本国民としての自覚」「我が国の歴史に対する愛情」といった「歴史総合」の目標が反映されている。

（３）歴史学や歴史教育の在り方を変質させないために

近現代史教育の発展が求められているときに、「近代化・大衆化・グローバル化」といった歴史の捉え方で歴史の変化や発展がわかり、歴史認識が育つのであろうか。歴史学や歴史教育の学問体系や到達点とはかけ離れていることに強い危機感を持たざるを得ない。その意味では、歴史教育だけではなく歴史学そのものも問われている。歴史学や歴史教育、世界史教育の在り方を変質させてはならない。

今後、どのような視点をもって「歴史総合」を創造していくのか、そのことが問われてくる。そのことについてもはや論ずる紙幅は尽きているが、そのヒントは戦後の歴史教育、世界史教育が追求してきた「歴史の変化や発展がわかる近現代史」「東アジアの視点に立った近現代史」「世界史認識を創造する歴史教育」「歴史がわかる歴史教育」などの豊かな理論と教育実践の中にあるのではないだろうか。

※本稿は、高校の学習指導要領改訂案が出された二〇一八年二月の段階で論じたものである。

（歴史教育者協議会会員）

高等学校学習指導要領と地理教育

――新科目「地理総合」を中心に

小林　汎

1　はじめに

（その1）今回の学習指導要領で、「地理総合」（2単位）が必履修科目となったことは、地理教育関係者にとっては、喜ばしいできごとである。

一九六〇年告示では「地理A」または「地理B」が必履修科目であったが、一九七〇年告示になると「日本史」、「世界史」および「地理A」または「地理B」のうち2科目選択となり、地理の履修者の減少が始まる。[1] そして、一九七八年告示の学習指導要領で「現代社会」（四単位）が高校一年に必履修科目として置かれることになり、地理の履修者は激減する時代となった。[2]

井田仁康は「地理教育に関しての新学習指導要領の要点は、第一に、高等学校における地理の必履修化があげられる。一九八三年版の学習指導要領以降、高等学校での地理履修者は半減した。こうした状況の中で高校生や大学生の地理に関する認識の低下などが、日本地理学会の地名調査などにより指摘され、学術会議により、高等学校における必履修科目としての「地理基礎」が「歴史基礎」とともに提言された」と述べる。[3]

地理の場合には、「現代社会」の必履修化の影響や大学入試において地理受験の制約等が「負のスパイラル」として働き、高校生の地理履修者が半減していた。二〇〇四年～〇五年にかけて実施した日本地理学会の「大学生の国名・位置認知度アンケート」では、イラクの位置を世界地図で示せない大学生が四割以上いることが分かり、危機感を待って高校における地理履修の必要性を訴えてきた(4)。

その意味で、「地理関係者としてもっとも注目すべきことは、地理の必履修化である」（井田）との言葉は、学術会議や教育課程特別部会関係に最初から関わってきた当事者の言葉としてはその通りであろう。

（その2）今回の学習指導要領は「教育基本法」が「全部改正」（二〇〇六年一二月二二日公布・施行）されて後の最初の学習指導要領である。この意味するところは大きい。

教育学者の安彦忠彦は、「今回の改訂は『個人の人格の完成』という『主体』重視の戦後の教育基本法の理念が、先の改正によって『国家・社会の形成者の育成』という明治以来の観点から再修正されたことを受けている。…第二次世界大戦前に公的に行われた『教化indoctrination』を正当化する風潮が強まる可能性がある。『社会に開かれた』というのは『社会の目指す理念を共有する』ということだとされているので、いっそうその危険は大きい。それでは『国家・社会に従順な人材』の育成という『隠れた（潜在的）カリキュラム』的な流れに引き込まれるであろう(5)」と指摘するが、地歴科・公民科は学習内容に直接かかわってくるだけに重要な指摘であり、新学習指導要領の隠れたねらいを探るうえで重要である。

以下、新科目「地理総合」を中心に検討する。

2　新学習指導要領の問題点

（その1）政府見解を〝唯一の解答〟とする問題性――領土問題について

高校の学習指導要領としては、今回初めて領土問題についての政府見解を書き込み、小学校から高校まで一貫した〝唯一の解答〟を教えることを強要している。

「我が国の海洋国家としての特色を取り上げるとともに、竹島や北方領土が我が国の固有の領土であることなど、我が国の領域をめぐる問題も取り上げるようにすること。その際、尖閣諸島については我が国の固有の領土であり、領土問題は存在しないことも扱うこと(6)」

現行では小学校と高校では具体的記載がなく、中学校で「北方領土が我が国の固有の領土であることなど」に着目させるとしているだけである。もちろん、外堀を埋めるように解説書の方で記載して既成事実化していたとはいえ、今回、学習指導要領の本体が大きく変化した。特に、これまでは具体的な地名については「北方領土」だけであるが、「竹島」と「尖閣列島」が登場している。しかも「尖閣列島」について別途に記載していることは、いまの政府の姿勢を明確に示しており、政治主導の学習指導要領であり、大変危険な側面である。

「領土問題は存在しない」と殊更に強調することは、逆に領土問題が存在することを語っているわけであるが、それこそ「グローバル化する国際社会」での「国際理解」として

「多面的・多角的に考察し」「複数の立場や意見がある」ことを学ぶ学習が求められるであろう（注「　」内は学習指導要領の語句より）。

（その2）矮小化された「持続可能な社会づくり」の問題性

中教審答申に添付された「地理総合」の改訂の方向性の図を見てほしい（【図1】参照）。中央に「持続可能な社会づくりに求められる地理科目」の太い矢印がある。「地理総合」こそが、国連が掲げる「地続可能な開発目標（Sustainable Development Goals／SDGs）」の学校教育に関する課題や解決の鍵を握っていると、日本学術会議やその関係者は考えていたし、期待もしていた。

しかし、【表1】で「地理総合」（二〇一八年告示（案））と「地理A」（二〇〇九年告示）の項目を比較してみると、当初の期待とは裏腹に「持続可能な社会づくり」が大幅に後退している。現行の「地理A」と似た構成となっている。

学習指導要領「地理総合」の目標には「持続可能な社会づくり」の言葉は一言もでてこない。「B　国際理解と国際協力」の（2）地球的課題と国際協力のなかで、「持続可能な社会の実現を目指した各国の取組や国際協力が必要」（知識・理解）と「持続可能な社会づくりなどに着目して、主題設定し、…考察し、表現すること」（思考力、判断力、表現力）で触れられるだけである。逆に「持続可能な地域づくり」という言葉は、単元名（大項目）を含めて三回使われている。どうやら学習指導要領は、地球的規模での課題となっ

【図1】「地理総合」の改訂の方向性

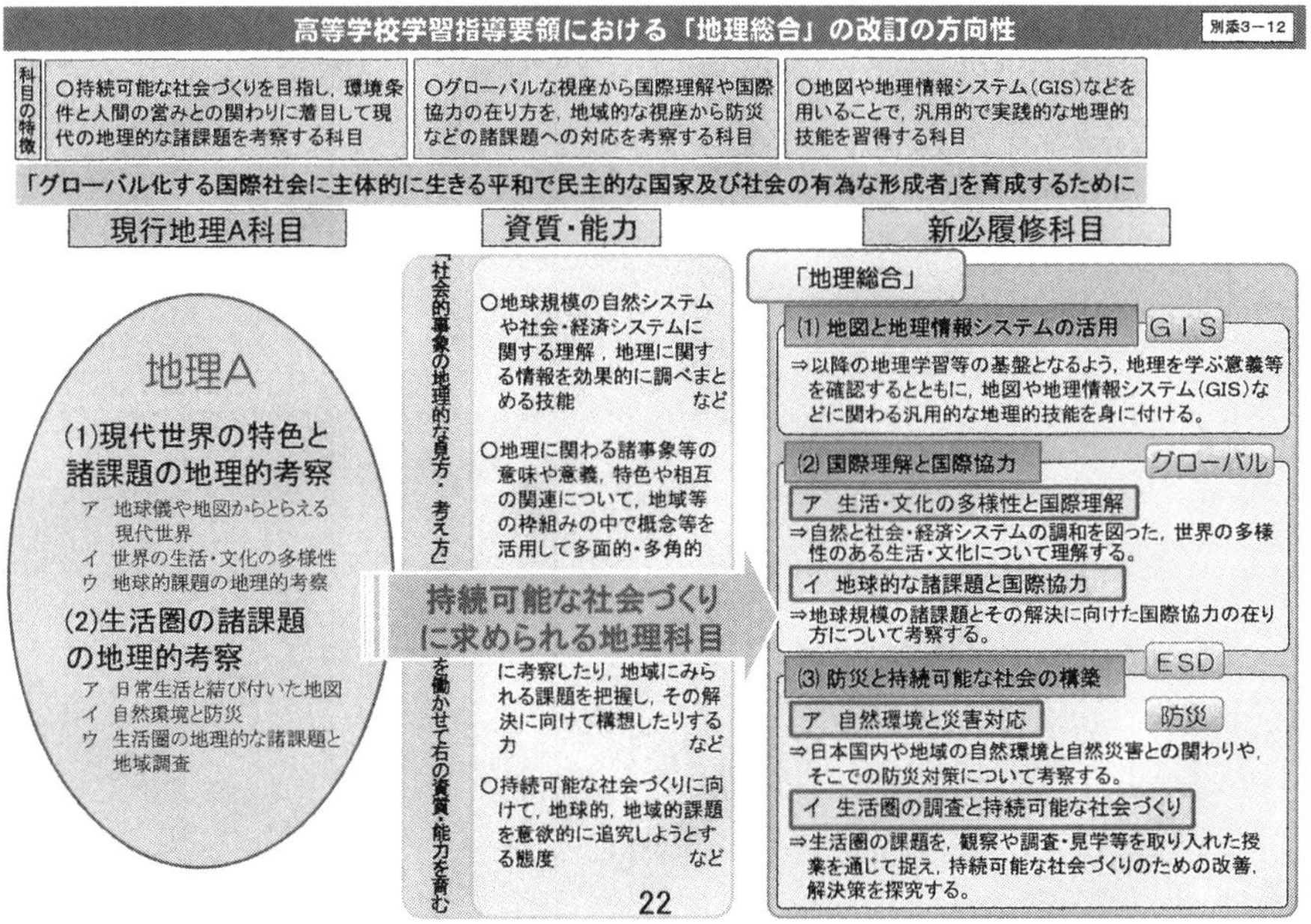

ている「持続可能な社会づくり」ではなくて、我が国にとっての持続可能な社会づくり（地域づくり）に読み替えている。少子高齢化に直面し、地域崩壊が進行する日本社会の拡大する地域問題（矛盾）を解決する方策として「持続可能な社会づくり」を使っていると思われる。明らかに「Think Globally, Act Locally」で表現されてきた思想、ＳＤＧｓやＥＳＤ（Education for Sustainable Development／持続可能な開発のための教育）で語られる思想の違う方向にもっていこうとしている。ここに自国中心的な「持続可能な社会づくり」の危険性が潜んでいる。もちろん、「地方消滅」などと語られる状況のなかで、「持続可能な地域づくり」（地域社会の再生・自立）の取り組みを否定するわけではない。地域―日本―世界を貫いて「地続可能な社会づくり」の視点が重要なのである。

（その３）調和論の持つ欺瞞性

Ｂの（２）地球的課題と国際協力の内容の取り扱いで「地球的課題の解決については、人々の生活を支える産業などの経済活動との調和のとれた取組が重要であり、それが、持続可能な社会づくりにつながる」という。いわゆる〝調和論〟が語られる。そこから出てくる一つの方向性は、発展途上国への経済支援による貧困の解消、生活向上であろう。いわば「ＯＤＡ版地理学習」になる危険性がある。また、最近の原発輸出政策などを先進国と発展途上国の双方に利益となる取り組みであるようにとらえる地理学習になる危険性もある。

この〝調和論〟を国内に適用すると、原発再稼働が地域再生につながり、バランスの取れたエネルギー政策が実現できるという〝新たな神話〟を生徒にすりこむ役割にもなりうる。

原発事故のように持続可能な社会を実現する上で、致命的なリスクを負うものは排除する、人の安全や安心を損なうものは導入しないという「社会的な見方・考え方」こそが、求められるであろう。また、国際理解においては相手を理解することが前提である、そのためにはお互いが「顔の見えるような関係」になる実践こそが求められる。

（その４）科学からほど遠い防災の扱い方

今回の学習指導要領の目玉の一つが「防災」である。当初、大単元で、「（３）防災と持続可能な社会の構築」（【図１】参照）が掲げられていた。学習指導要領では「Ｃ　持続可能な地域づくりと私たち」とソフトな表現に改められているが、基本的には同じである（【表１】参照）。

学習のねらいが「自然災害の規模や頻度、地域性を踏まえた備えや対応の重要性などについて理解」（知識・技能）、「自然災害への備えや対応などを多面的・多角的に考察し、表現する」（思考力・判断力・表現力）とあり、「自然災害への備えや対応」に学習の重点がある。しかし、本来、地理学習では具体的な事例から自然災害の原因を科学的に分析して、同じような異常な自然現象が起こった場合に災害を繰返さないためのベースとなるものを学習する。こうした学習が表面的な理解で終わっていると、「津波てんでんこ」ではないが自分たちの身の安全を守るだけの対処療法的な防災教育に終わる危険性がある。３・11東日本大震災の場合も、異常な自然現象（東北地方太平洋地震）と災害（東日本大震災）が区別されずに、想定外の地震にともなう事故・被害なので仕方がなかったという「天災宿命論」的な考え方がはびこっている。再び同じ災害を繰り返さないためには、災害の根本原因に迫るような学習が必要不可欠である。

３　おわりに――「地理総合」を持続可能とするためには

「地理総合」が必履修科目となり、地理をこれまで担当したことのない、ないしは地理を教えたくないと思っていた教員も担当することになる。「地理」教員の減少を嘆くのではなく「有利な条件」と考える〝逆転の発想〟が重要である。従来の教科専門性の枠を取り払い、地理の独自性の強調ではなく、「総合社会」的発想でのカリキュラム作成を、教員集団の協働作業で行うことである。まず教員の意識変革をして、他分野、他学問領域から学ぶこと（海外での取組みも含めて、ユニバーサルな視点での構想）と、小学校では当たり前に行われている互いに相談しながらの授業創りを高校現場でも取り組んでみることである。果たして、高校教員の意識改革ができるか否か、そして学習指導要領を読み込んで学校ごとに自主編成した「地理総合」を生徒とともにつくりあげること、これが学びがいのある「地理総合」が実現できるか否かに直結する。そのことが、「『国家・社会に従順な人材』の育成という『隠れた（潜在的）カリキュラム』的な流れ」（安彦）ではない、「激動する世界の荒波の中を平和国家日本の市民の一人として生きていくための力」（氷見山）[7]を育てることに繋がるであろう。

〔註〕

（１）一九六〇年告示の高校学習指導要領では、普通科において五科目［①倫理・社会（２）②政治・経済（２）、③日本史（３）、④「世界史Ａ」（３）または「世界史Ｂ」（４）、⑤「地理Ａ」（３）または「地理Ｂ」（４）］、職業教育を主とする学科では四科目以上［①倫理・社会、②政治・経済、③日本史および「世界史Ａ」または「世界史Ｂ」のうち一科目以上、④「地理Ａ」または「地理Ｂ」］であり、すべての高校生が地理を学んでいる。しかし、一九七〇年告示では、［「倫理・社会」（２）および「政治・経済」（２）の二科目ならびに「日本史」（３）、「世界史」（３）および「地理Ａ」（３）または「地理Ｂ」（３）のうち二科目］となる。（　）内の数字は標準単位数。

　なお、一九六〇年告示以前の学習指導要領では、必履修科目と指定されていたわけではないが、多くの高校生が地理を学んでおり、実質的に必修のような状況であったと推察される。

（２）「現代社会」（４）以外は選択科目とされた。［日本史（４）、世界史（４）、地理（４）、倫理（２）、政治経済（２）］のいずれの科目を学ぶかは各学校の教育課程に任された。一九七

【表1】「地理総合」（２０１８告示（案））と「地理Ａ」（２００９告示）の新旧対照表

	目標
地理歴史（２０１８年告示（案））	社会的な見方・考え方を働かせ、課題を追究したり解決したりする活動を通して、広い視野に立ち、グローバル化する国際社会に主体的に生きる平和で民主的な国家及び社会の有為な形成者に必要な公民としての資質・能力を次のとおり育成することを目指す。 （１）略（理解と技能に関すること） （２）略（考察、説明、議論に関すること） （３）略（態度、日本国民としての自覚、我が国の国土や歴史に対する愛情など）
地理総合	社会的な事象の地理的な見方・考え方を働かせ、課題を追究したり解決したりする活動を通して、広い視野に立ち、グローバル化する国際社会に主体的に生きる平和で民主的な国家及び社会の有為な形成者に必要な公民としての資質・能力を次のとおり育成することを目指す。 （１）地理に関わる諸事象に関して、世界の生活文化の多様性や、防災、地域や地球的課題への取組などを理解するとともに、地図や地理情報システムなどを用いて、調査や諸資料から地理に関する様々な情報を適切かつ効果的に調べまとめる技能を身に付けるようにする。 （２）地理に関わる事象の意味や意義、特色や相互の関連を、位置や分布、場所、人間と自然環境との相互依存関係、空間的相互依存作用、地域などに着目して、概念などを活用して多面的・多角的に考察したり、地理的な課題の解決に向けて構想したりする力や、考察、構想したことを効果的に説明したり、それらを基に議論したりする力を養う。 （３）地理に関わる諸事象について、よりよい社会の実現を視野にそこで見られる課題を主体的に追究、解決しようとする態度を養うとともに、多面的・多角的な考察や深い理解を通して涵養される日本国民としての自覚、我が国の国土に対する愛情、世界の諸地域の多様な生活文化を尊重しようとすることの大切さについての自覚などを深める。
地理歴史（２００９年告示）	我が国及び世界の形成の歴史的過程と生活・文化の地域的特色についての理解と認識を深め、国際社会に主体的に生き平和で民主的な国家・社会を形成する日本国民として必要な自覚と資質を養う。
地理Ａ	現代世界の地理的な諸課題を地域性や歴史的背景、日常生活との関連を踏まえて考察し、現代世界の地理的認識を養うとともに、地理的な見方や考え方を培い、国際社会に主体的に生きる日本国民としての自覚と資質を養う。

内容
A　地図や地理情報システムで捉える現代世界 （1）地図や地理情報システムと現代世界 ア　次のような知識及び技能を身に付けること（略） イ　次のような思考力、判断力、表現力等を身に付けること（略） B　国際理解と国際協力 （1）生活文化の多様性と国際理解 ア　次のような知識を身に付けること （ア）略 （イ）世界の人々の特色ある生活文化を基に、自他の文化を尊重し国際理解を図ることの重要などについて理解すること。 イ　次のような思考力、判断力、表現力等を身に付けること（略） （2）地球的課題と国際協力 ア　次のような知識及び技能を身に付けること （ア）略 （イ）世界各地で見られる地球環境問題、資源・エネルギー問題、人口・食料問題及び居住・都市問題などを基に、地球的課題の解決には持続可能な社会の実現を目指した各国の取組や国際協力が必要であることなどについて理解すること。 イ　次のような思考力、判断力、表現力等を身に付けること（略） C　持続可能な地域づくりと私たち （1）自然環境と防災 ア　次のような知識及び技能を身に付けること（略） イ　次のような思考力、判断力、表現力等を身に付けること（略） （2）生活圏の調査と地域の展望 ア　次のような知識及び技能を身に付けること（略） イ　次のような思考力、判断力、表現力等を身に付けること（略）
（1）現代世界の特色と諸課題の地理的考察 ア　地球儀や地図からとらえる現代世界 （2）生活圏の諸課題の地理的考察 ア　日常生活と結び付いた地図 （1）現代世界の特色と諸課題の地理的考察 イ　世界の生活・文化の多様性 世界諸地域の生活・文化を地理的環境や民族性と関連付けてとらえ、その多様性について理解させるとともに、異文化を理解し尊重することの重要性について考察させる。 ウ　地球的課題の地理的考察 環境、資源・エネルギー、人口、食料及び居住・都市問題を地球的及び地域的視野からとらえ、地球的課題は地域を越えた課題であるとともに地域によって現れ方が異なっていることを理解させ、それらの課題の解決には持続可能な社会の実現を目指した各国の取組や国際協力が必要であることについて考察させる。 （2）生活圏の諸課題の地理的考察 イ　自然環境と防災 ウ　生活圏の地理的な諸課題と地域調査 注「地理総合」と「地理A」との関係を捉えるために順序を入れ替えている。

八年告示の学習指導要領は１９８３年度高校入学者から学年進行で適用。

（3）井田仁康「地理教育を支えるための体制整備」（『科学』Vol.88 No.2　二〇一八年二月）より。また、日本学術会議「提言　新しい高校地理・歴史教育の創造─グローバル化に対応した時空間認識の育成」（二〇一一年八月三日）において、「歴史基礎」（二単位）・「地理基礎」（二単位）を新たな必履修科目として新設することを提案している。

（4）日本学術会議「対外報告　現代的課題を切り拓く地理教育」（二〇〇七年九月二〇日）で、地理の履修者の減少がもたらす問題とともに、「地理の二〇〇七年問題」（大学で地理を専門とした教員の大量退職後の補充が行われない場合に、高校での地理の履修そのものが成立しなくなるという危機感）にも言及している。

（5）安彦忠彦「これからの教育の方向と課題─次期学習指導要領答申を踏まえて」（『教育展望』二〇一七年三月号）。安彦は中教審の委員を歴任し教育課程の作成に関わってきた者であり重い意味を持つ。是非全文を読んで欲しい。

（6）今回の小学校学習指導要領では「竹島や北方領土、尖閣諸島が我が国の固有の領土であることに触れること」とし、中学校及び高校「地理総合」「地理探究」では、先の本文の文面としている。現行の小学校学習指導要領では「我が国の位置と領土」との記載だけである。中学校は内容の取り扱いで「我が国の海洋国家としての特色を取り上げるとともに、北方領土が我が国の固有の領土であることなど、我が国の領域をめぐる問題にも着目させるようにすること」であり、大きな変化である。

（7）『科学』Vol.88 No.2　二〇一八年二月）は特集「これからの地理教育　持続可能な社会づくりのための教科へ」を組んだ。巻頭エッセイで氷見山幸夫は若干私見を述べるとして「私は「生きる力」を、「激動する世界の荒波の中を平和国家日本の市民の一人として生きていくための力」と捉え、教育はそのような力を身につけることを助けるものだと考える。生活する力、身を守る力などとともに、足元の世界を見据える力、今と過去、将来を見据える力、嘘と真を見分ける力なども高める必要があろう。その際、日本学術会議のホームページ http://www.scj.go.jp/ をぜひ活用していただきたい」と述べる。現場の社会科系の教員、地理、歴史、公民の教員は「教科専門性」の壁をとっぱらい、殻に閉じこもらずに視野を広く持って学び合い、「地理総合」の創造的な実践を下から創り上げようではありませんか。

（地理教育研究会）

安倍教育改革と教科書

桜井千恵美

はじめに

一月通常国会施政方針演説で安倍首相は、「人づくり革命」として『全世代型社会保障』『教育の無償化』『多様な学び』を述べた。『多様な学び』では、「この春から、道徳が、全ての小学校で正式な教科となります。公共の精神や豊かな人間性を培い、子どもたち一人一人の個性を大切にする教育再生を進めてまいります」と述べた。

安倍政権の下で推進されてきた「教育再生」政策は、子どもの個性を大切にする教育とは逆なものと言える。私は二〇一五年三月に神奈川県内の公立中学校を退職したが、二〇〇六年の「愛国心」を盛り込んだ改訂教育基本法を具体化する政策に、学校現場は苦労させられてきた。抽出制から悉皆性になった全国学力テスト、教員統制、教科書検定基準の改悪、道徳の「教科化」等、上げればきりがない。安倍政権の「教育再生」策は、「戦争のできる国」の〝人づくり〟をめざすものであったと言える。全国学力テストの平均点数公表は、学校現場に「テスト至上主義」を蔓延させ、子どもと教員を学力競争に追い立てている。国連子ども権利委員会は、一九九八年以降、日本の教育について、「過度の競争主義的な学校環境が、いじめ、不登校、自殺の原因」と懸念を表明してきた。

新学習指導要領の実施に向け教科書の作成が進められている。教科書は子どもにとって学ぶための基本、教員にとっては授業づくりの基本になるものである。改訂によって教科書はどのようになるのであろうか。安倍教育改革の下で、教科書がどう変わってきたかを、中学教科書、特に歴史教科書を例に考えて見たい。

一　新学習指導要領で、社会科の目標はどう変わるのか

今年は、小学校では四月から「特別教科　道徳」が導入され、中学校道徳教科書は、三月に検定され八月に採択され、高校の学習指導要領が告示される。二〇〇六年教育基本法改訂後の初の学習指導要領改訂は、従来とは大きく異なっている。従来は学習内容であったが、今回は、教育課程全般及び学校体制を含めた内容となっている。今改訂の特徴点は以下のものである。

①教育の目的が、「人格の完成」から「資質・能力」を備えた「人材育成」に転換。
②「資質・能力」の要素「知識・技能」「思考力・判断力・表現力等」、最終目標を「学びに向かう力・人間性等」という道徳的内容においたこと。
③目的達成のため、授業方法、学習評価、学校体制づくりまで含めた教育の全課程を統制する内容。
④新学習指導要領を実行する学校体制づくりも学習指導要領の役割として位置付ける。

今回の学習指導要領改訂で、社会科の目標はどう変わるのだろうか。現行と比較してみる。

現行（平成二〇年告示）―広い視野に立って、社会に対する関心を高め、諸資料に基づいて多面的・多角的に考察し、我が国の国土と歴史に対する理解と愛情を深め、公民としての基礎的教養を培い、国際社会に生きる平和で民主的な国家・社会の形成者として必要な公民的資質の基礎を養う。

改訂（平成二九年告示）―社会的な見方・考え方を働かせ、課題を追究したり解決したりする活動を通して、広い視野に立ち、グローバル化する国際社会に主体的に生きる平和で民主的な国家及び社会の形成者として必要な公民としての資質・能力の基礎を次のとおり育成することを目指す。

改訂は、「グローバル化する国際社会に主体的に生きる」「公民としての必要な資質・能力」を、３の柱〈（１）（２）（３）〉で説明している。

（１）では「調査や諸資料から様々な情報を効果的に調べまとめる技能を身に付ける」（２）では、「多面的・多角的に考察」「課題解決の解決に向けて選択・判断したりする力、思考・判断したことを説明したり、それらを基に議論したりする力を養う」（３）では、「社会的事象について、我が国の国土や歴史に対する愛情、国民主権を担う公民として、自国を愛し、その平和と繁栄を図ることや、他国や他国の文化を尊重することの大切さについての自覚などを深める」

（１）は「知識及び技能」、（２）は「思考力、判断力、表現力等」、（３）は「学びに向かう力、人間性等」としている。（１）から（３）までの目標を有機的に関連付けること

で目標が達成される構造になっているとしている。（学習）内容は、「ア．次のような知識及び技能を身に付けること」と「イ．次のような思考力、判断力、表現力等を身に付けること」の2つに分け、記載されている。

中学校学習指導要領解説（社会）（以下『解説』）では、今回の改訂を、「学ぶ本質的な意義を各教科等の特質に応じた『見方・考え方』として整理した」と述べ、中学社会歴史的分野では、「『社会的事象の歴史的見方・考え方』として整理した」という。

「社会的事象の見方・考え方」は「社会的事象を、時期、推移などに着目して捉え、類似や差異などを明確にし、事象同士を因果関係で関連付ける」

「社会的事象の歴史的な見方・考え方を働かせ、課題を追究したり解決したりする活動を通して」は、「主体的・対話的で深い学びを実現する」ために、課題を追究・解決したりする活動を展開する「学習を設計することが不可欠」としている。

「社会的事象の歴史的な見方・考え方を働かせ」については、「歴史的分野の学習の特質」を示し、「複数の立場や意見を踏まえて選択・判断することであり、生徒が「問題を主体的に解決しようとする態度」にも作用するとしている。

新学習指導要領の内容を、「知識及び技能」、「思考力、判断力、表現力等」「学びに向かう力、人間性等」に沿って、説明している。『解説』では、「歴史的分野の学習内容と学習の過程の構造化図」（部分例）を上げて説明している。

二　現在の中学生はどんな教科書で学んでいるか

学習指導要領は「教科書」を通して現場を制約する。二〇一四年の教科書検定基準の改訂によって記述は変わった。現在の中学生が学んでいる教科書は二〇一七年版である。二〇一二年版と二〇一七年版を比較して、記述がどのように変わったかを見てみたい。教科書は最もシェアが多い東京書籍歴史教科書である。

①領土問題―第五章　開国と近代日本の歩み　二節　明治維新

二〇一二年版は「五　近代的な国際関係」は『沖縄県の設置』『清と朝鮮国と関係』『欧米との関係』で、「欧米との関係」で〈国境を決めることは、近代国家として重要な課題でした。〉と記述、資料として、①朝鮮をめぐる政府内の対立　②日清修好条規　③明治時代の初期の外交（地図と年表）　④日朝修好条規　⑤千島・樺太交換条約、『歴史にアクセス―琉球処分後の沖縄県』を掲載

二〇一七年版は、清と朝鮮の関係は、「四　近代的な国際関係」の部分に記載され、「五　国境と領土の確定」で『国境と領土の確定』『北海道の開拓とアイヌの人々』『沖縄県の設置と琉球の人々』で、『国境と領土の確定』のはじめに、〈アジアの伝統的な国際関係では、国境線はあいまいでした。それに対して、欧米の近代的な国際関係では、国境線ははっきりと引かれていました。アジア諸国の中でいち早く近代的

な国際関係にならおうとした日本にとって、国境線を定め、領土を確定することは重要な課題でした。〉資料は①②④がなくなり、①千島・樺太交換条約②国境の画定（地図）③北方四島④明治時代の国境と領土の確定⑤屯田兵よる開拓⑥目地時代のアイヌ民族（写真）⑦尚泰（琉球王朝最後の国王）⑧方言札。

二〇一七年版年表に、「一八九五　尖閣諸島の日本領への編入を内閣で決定する」「一九〇五　竹島の日本領への編入を内閣で決定する」と挿入。脚注に「東シナ海の尖閣諸島は一八九五年に沖縄県に、日本海の竹島は一九〇五年に島根県に、それぞれ編入されました。」と記述。

第七章現代の日本と世界「一節　戦後日本の発展と国際社会　五緊張緩和と日本外交」の後に、『歴史にアクセス―日本の領土をめぐる問題とその歴史』で二頁で掲載。現在も領土問題を抱えているとし、韓国との間の竹島、ロシアとの間の北方領土、中国や台湾との間の尖閣諸島とし、「これらはいずれも日本の固有の領土です。ここでは、それぞれの歴史的な背景を、近代にさかのぼってくわしく見ていきましょう」。竹島は一頁、北方領土と尖閣諸島で一頁の構成。

②日中戦争と南京事件について

二〇一二年版「日中全面戦争」の『泥沼化する戦争』

「戦火は中国北部から中部に拡大し、日本軍は同年末に首都南京を占領しました。その過程で、女性や子どもなど一般の人々や捕虜をふくむ多数の中国人を殺害しました（南京事件①）。①この事件は、南京大虐殺として国際的に非難されましたが、日本の国民には知らされず、戦後の極東国際軍事裁判（東京裁判）で明らかにされました。被害者の数については、さまざまな調査や研究が行われていますが、いまだ確定していません。

二〇一七年版「日中戦争と戦時体制」の『日中戦争の開始と長期化』

日本軍は、一九三七年末に首都南京を占領し、その過程で、女性や子どもなど一般の人々や捕虜をふくむ多数の中国人を殺害しました（南京事件①）。

①この事件は、「南京大虐殺」とも呼ばれます。被害者の数については、さまざまな調査や研究が行われていますが、いまだに確定してはいません。

＊南京事件の説明が簡略化

著作関係者名の記載頁の「保護者のみなさんへ」の記述も変化があった。

《二〇一二年版》

社会科の大きな目標は、社会についての認識を深めるとともに、自己と他者の人格を尊重し、共に協力をしながら、よりよい社会を形成していくための力を育むことにあります。小学校での社会科学習を受け継ぎ、地理、歴史、公民の三つの分野の学習を通して、そのような力が育つことを願って、本教科書を作成しました。学校だけでなく、ご家庭での学習や会話などでもご活用いただければ幸いです。

《二〇一七年版》

＊この教科書は、教育基本法に掲げられた「平和で民主的な国家及び社会の形成者として必要な資質を備えた心身ともに健康な国民の育成」という教育の目的を達成するために、学習指導要領で定められた社会科の目標や内容に基づいて作成しています。

＊社会科の目標は、広い視野に立って世界や日本、地域の課題を認識するとともに、自己と他者の人格を尊重し、共に協力しながら課題を解決し、より良い社会を形成していく力を育むことにあります。小学校での学習を受け継ぎ、中学校での地理、歴史、公民の三分野を関連させ、地図帳も活用した七年間の「社会科」の学習を通して、そのような力が育つことを願い、この教科書を作成しました。学校での授業だけでなく、ご家庭での学習など、様々な場面でご活用いただければ幸いです。

二〇一二年版と二〇一七年版を比較すると、改訂教育基本法（教育の目標）第二条五の「伝統と文化を尊重し、それらをはぐくんできた我が国と郷土を愛する」の影響を色濃く感じる。

三　新学習指導要領に対置する実践の創造を

「新学習指導要領や教科書の分析・批判も大事だが、新学習指導要領や教科書でどんな実践をしていくかが、今求められている」ことも事実である。今、求められ、私たちがやるべきことは、現在の教科書及び新学習指導要領の下で、どんな実践を創造していくかである。教科書がどうあっても、教室で授業をするのは、子どもと教師である。また、教科書記述も、「平和で民主的な国家及び社会」と教育基本法にある以上、教科書執筆者も、それを意識した記述をしていると思う。

歴史を自国や支配者の視点から見るだけでなく、他国や支配された人々の立場から見ると、歴史は違って見えるだろう。明治からの日本の近現代史一五〇年は、日本の近代化の時代とともに、アジア諸国への戦争や植民地支配、国民への弾圧の面もあり、その両面を見る必要がある。

『明治一五〇年』キャンペーンや、歴史の「負の歴史」を見ようとしない「歴史修正主義」の風潮が強まる中で、歴史の教訓を学ぶことが求められている。目の前の子どもの視点に立った授業を創造するのは教員である。今まで以上に、教員の歴史を見る目が問われる時代になっていると言えよう。

（歴史教育者協議会）

道徳「教科化」と道徳「教育」をめぐって

大八木賢治

1 道徳性の教育とは

戦後初めて道徳が教科化され八社の道徳教科書が検定合格し、今年の四月から小学校で教科としての道徳が実施されることになる。それは教科化で指導要領に示された「徳目」を基準に子どもの人格の評価し、子どもたちの心や生き方を管理・統制する危険性をはらむものとなっている。なぜなら道徳の教科化こそが憲法を改正して、学校教育を通して国民の価値意識や歴史認識を改造し、国家によって管理、統制、教化する重要な手段とする「安倍教育再生」の中心的役割を期待されているからである。そのモデルは戦前の教育勅語による天皇を絶対とする修身教育である。それは天皇崇拝の「徳目」は絶対であり、国家のため命をなげ出すことが最も重要な行動規範とされた。しかし道徳とは他者、集団、世界との関わりのなかで、人間がどう関係を結び、どう生きるのかという生き方や考え方であり、立場や見方など、状況によって常に対立を含んでいる。戦前の日本では天皇の絶対支配のため、学校を中心に「修身」などで天皇崇拝の道徳観を押し付けてきた。

第二次世界大戦後、大日本帝国憲法と教育勅語に基づく道徳規範は完全に否定され、日本国憲法と（旧）教育基本法が社会規範の原則となり、徹底した戦争反省の上に国民主権と平和、民主主義、人権という規範へ基本的な価値を転換した。そこでは個人が表現の自由や思想・信条の自由など憲法的自由の主体として解放され、道徳的規範の主体的創造者となり、一人ひとりが主権者として人権・人間の尊厳が保障される社会、自由・平等な社会、社会正義が実現できる社会をどうすれば実現できるのかを考え、その中でどう生きるかを考え、どう行動するかを自主的・主体的に選び取る生き方を探求する道徳性の育成こそが課題となった。しかしアメリカに従属する自民党政権は復古主義的な教育政策で再び国民の思想を縛るため、「特設」道徳や管理主義教育を押し付けてきた。それに対し民主教育の側は憲法規範をもとに生活指導や各教科学習や平和教育、総合学習など学校全体として「道徳性」の育成をすすめる多様な教育実践で対抗してきた。

道徳性の教育についてはこれまでも道徳の教科化批判との関連で、佐貫浩氏らが中心にこれまでの実践を背景に理論的に深化させてきた。第一に道徳性の教育の方法として子どもたちの「生活の場」の重要性である。学校や地域など子どもたちの生活の場で起こってくるトラブルや困難、対立や争い、暴力やいじめ、人権侵害などの問題を取り上げ、自分たちで生活の変革や克服を通じて解決することで、「建前」ではなく本物の道徳性を学んできた。第二に各教科の学習の重要性である。道徳性は〝人間の関係性〟のなかにある。私たちは格差、貧困、原子力、戦争、平和、ジェンダー、地球温暖化など、正義が実現されず人間らしく生きることを困難にしている諸問題に直面している。これらの問題は個人の道徳性だけでは解決できない。これらの問題に目を開き解決していくためには、人権獲得の歴史や人権侵害の歴史、資本主義経済のしくみ、地球環境など社会科学的な理解や自然科学の知識は不可欠である。こうした教科学習によって社会や自然の理解を深めることで、個人の内面に自然に起こる人間らしく生きたいという道徳性の要求は必然的に社会にも道徳性を求めることになる。佐貫浩氏は個人の内的規範としての道徳性と社会規範としての道徳性の関連を次のように述べている。

「人間の道徳性は自分自身を自己吟味する内的規範であると同時に、社会のしくみや正義がどうあるべきか批判的に吟味する規範としての意義を持つ。人間の尊厳や平等や人権という価値規範は、自らがそれに従って行動すべき道徳律であると同時に、社会の中で理不尽に人の命が奪われたり、差別が行われていることに怒りや批判をも生み出し、その理由を突き止め解決しようとする認識と行動へ個人を突き動かしもする。とするならば、道徳性の形成・発達に働きかける教育は自らを律する内的規範の形成と社会正義の視点からの判断規範の形成と発達させるものでなければならない」*

＊佐貫浩『道徳性の教育をどう進めるか』新日本出版　二〇一五年（序章九ページ）

2　徳目と道徳教科書はどうなっているか

学習指導要領で示された「徳目」は「善悪の判断、自律、自由と責任」から始まり、「規則の尊重」など自律や責任など自己責任を強調し、「伝統と文化の尊重」、「国や郷土を愛する態度」が強調され、国際貢献など国家や企業に貢献することを求めるものとなっている。このような「徳目」に客観的科学的根拠はない。そのことは日本国憲法から導き出される根本規範である平和、自治、民主主義、平等、人間の尊厳などが欠落していることからも明らかであるが、文科省自身もその根拠を説明できない。おそらく儒教など宗教から導き出されたもの、家庭で親が子どもに身につけさせたいもの、さらには安倍政権が子どもたちに身に付けさせたいものなど多様に含まれている。さらに徳目の中に相反する価値内容もある。このような公共的合意もない危うい徳目とそれに基づく道徳学習の無意味さについて佐貫浩氏の指摘は重要である。

「具体的な行動や生活場面からかけ離れた抽象的で普遍的な徳目は、その内容をその場面に即して、それがどのような規範として具体化されるかを、主体的に自分で判断する―すなわち主体的な規模の再構成を行うこと―ほかないものからである。とするならば、徳目という絶対的なものを無批判に受容するというような学習形態それ自体が、実は道徳性の獲得にとって何の意味もなさないものとなる。徳目という絶対的な価値の形態が、再び解除され、その場の状況、その場を取り囲む社会の状況、子ども自身の中にすでに獲得されている価値規範、その場にいる他者の視点、などなどを吟味し、総合し、新たな行動規範の自主的創造という過程なしには、徳目自体も継承されえないのである」前掲（第六章一四二〜一四三ページ）

今回の指導要領の改訂でこのような「徳目」を前提とする道徳教科書が戦後初めて作られたのであるが、各出版社は検定不合格を恐れ、これまでの文科省の副読本「私たちの道徳」や「小学校道徳読み物資料集」の作品を多用したものとなっている。以下、小学校道徳教科書の特徴をまとめた（教科書ネット21の資料を基に作成）。

（1）初めから心のありようを決まった方向に価値づけする傾向が強く、「楽しい」「明るい」「仲よく」「誠実に」が乱発され、「苦しい」「悲しい」などをネガティブな心として認めず、「がんばる」「努力する」「くじけない」という行動が求められている。「悩みや葛藤等の心の揺れ、人間関係の理解等の課題も含め、児童が深く考える」（小学校学習指導要領解説　特別の教科道徳編、二〇一五年）教材への期待にもかかわらず検定の規制によって逆の教科書を作りだした。

（2）「責任」「法やきまり」「ルール」「社会や家族に役立つ」「相手の立場に立って」「ありがとう」「感謝」といった言葉が並び、自己抑制し集団に奉仕する人間を美化する内容が多い。

（3）科学の目で自然や社会に起きている事実を丹念に見て、真実を追究し批判的に見るのではなく、「きれいな」「生きている」「命の大切さ」「すがすがしい」「うそをつかない」「差別のない」など、表面的でうわべだけの見方が多い。

（4）〝絵に描いたような〟家族像が描かれ、実際の家庭の実態とはかけ離れた内容が多い。

（5）「節度、節制」「礼儀」では、「正しいあいさつ」「礼儀正しく」「正しい言葉使い」「おじぎのしかた」など型にはまった行動様式を教えこむ傾向が強い。

（6）「道徳」の名で「大切な国旗と国歌」「日本の国旗は『日の丸』、日本の国歌は『きみがよ』だね」「国旗（日の丸）のいみ」「国歌（きみがよ）のいみ」といった国旗・国歌観の露骨な押しつけ、「ポーズを決める安倍しゅしょう」の写真を載せるなど、教育的配慮を逸脱したものもあった。

（7）読み物や偉人伝が多用され、描き出された人物像は「読まないうちから結論がわかる」扱いになっているものが多く道徳の徳目にあてはめたことによる歪みがみえる。もとの作品のよさが消されている。

（8）「世界人権宣言」「子どもの権利条約」「白旗の少女」「東京大空襲」「原爆の子」「杉原千畝」など、人権、平和教育として活用できる教材をとりあげている教科書もあった。

（9）教材の後に「考えよう」「学びの手びき」欄を設け、「学校ではどのようなやくそくやきまりがありますか。かいてみましょう」「感謝の気持ちを言葉に表してみましょう」など意図的な「誘導」により、「道徳の評価」に活用され、子どもの内心が評価される恐れがある。

3　考える道徳、議論する道徳とは何か

新学習指導要領の主な改善点として、「読む道徳」から「考え議論する道徳」「主体的に学ぶ」への転換を強調し、一人一人の児童生徒が道徳的な問題と向き合う「考える道徳」「議論する道徳」へ転換を図るとしている。「指導の配慮事項」において「道徳性を養うことの意義について、児童自らが考え、理解し、主体的に学習に取り組むことができるようにする」とか「言語活動の充実」、「問題解決的な学習や道徳的行為に関する体験的な学習を適切に取り入れ、多様な実践活動や体験活動も道徳科の授業に生かす」ことを謳っている。いわゆるアクティアブラーニングの導入によって、子どもたちが何か主体的に自ら道徳的価値を形成していくかのような幻想を与えている。しかし最初に指摘したように「徳目」という枠をはめ、「国定」の価値観の枠内で「考え議論」させ、態度・行動で表すという方法で国定の価値観を身に付けさせようという意図が透けて見える。そのことは教科書教材の分析からも明らかである。

一方、新学習指導要領には「持続可能な社会の発展など現代的課題にも留意、身近な社会的課題を自分との関係において考え、解決に寄与しようとする意欲や態度を育てる」という配慮事項がある。地球環境問題やジェンダーなどこれから人類の課題などの教材の積極的な開発の奨励をしていると思われる記述もあるが、「多様な見方や考え方のできる事柄について、特定の見方や考え方に偏った指導を行うことのないようにする」とか、教材についても「特定の見方、考え方に偏った取り扱いがなされていないもの」という制約を付けている。何をもって「特定の見方」とするのか、また「偏った

と り扱い」とは何なのか、あたかも文科省が中立の如く振舞っているが、「愛国心」を持つことを強制したり、「愛国心」を持っているように振舞わなければならなかったりさせることは、子どもたちの内心を奪う、最も「偏った取り扱い」ではないのか。このような制約こそ子どもたちが自主的主体的思考することに対する脅しであり、自由な道徳性の形成に逆行するものといわざるを得ない。

戦後、戦前の教育への反省から勝田守一氏は、道徳性の核心は「自己に忠実に生きながら、同時に他の人々がそれぞれに同じように自分に忠実に生きられる、そういう関係をできるだけ広いかかわりで作りあげていく行為」に子どもたちを導くことであるとした。それは「人間の尊厳」の価値の実現であり、自主的に自己の責任で行動を選択する「自主的判断」（力）と、そのような道徳的価値を選択し実現するための「複雑な社会についての知識」「遠い将来の見通し」の形成と「それを実現する技術」、いわゆる「科学的認識」が必要であるとした。[*1] 同時に「対立する価値の比較や選択が自主的に行われるところに、道徳が成立する」とし、逆にこれが保障されない所には責任を持った道徳的な判断力は成立しない。教育とは基本的にどんな学習においても主体的な学習がなければ深化しない。とりわけ道徳のような価値にかかわる内容や概念は単純に伝えるだけでなく、学習者自身の頭脳の中で再構築しなければ成立しない。そのためには自由な主体的判断力が欠かせないのは当然である。徳目という絶対的なものを無批判に受容するというような学習形態それ自体が、実は道徳性の獲得にとって何の意味もなさないことは前節でも触れた。戦前の修身教育とは「全生活」と「思想・道徳」の両面にわたる「全人格的絶対服従」を求めるもので、自主的な道徳判断をさせないことを強要し「無道徳人間化」するもので、道徳教育の対極にあるものである。[*2]

＊1　勝田守一『勝田守一著作集第四巻、人間形成と教育』（国土社　一九七二年）
＊2　城丸章雄『管理主義教育』（新日本新書　一九八七年）

4　子どもの立場に立った授業作りと真の道徳性の育成めざして

二〇一八年四月から小学校で「特別の教科　道徳」は本格実施となる。小学校道徳教科書は各教科書の努力で平和や人権を考える教材も含まれているが、「徳目」に誘導をねらった教材構成になっている場合が多い。そのなかで「徳目」や「道徳の時間」に左右されるのではなく、子どもたちの発達の課題、平和や人権など憲法の視点から子どもの「道徳性」をどう育てるのかという観点から、主体的な授業実践の創造が求められる。そのためには教育課程全体の中に「道徳の時間」を位置づけていくことが必要である。実は戦前から生活つづり方や戦後の民主教育実践のなかに道徳性の育成に取り組んだ教育実践が多くある。九〇年代には自主的な教育課程作りが各地ですすめられてきた。また作文教育や平和教育、人権教育、学芸会・文化祭の取り組み、子どもたちとの交流を深めた生活指導実践など多様な教育実践から学ぶことができる。

また「徳目」に誘導するような指導と評価は子どもの思想の自由を侵害するという自覚が必要である。徳目を前提するのではなく、子どもたちが自由に議論することを保障する授業実践を作り出すなかで、「徳目」を基準として子どもたちの内心の自由を侵害する恐れのある「できない評価」を明確にし、学習内容をどう深めていったかなど「できる評価」を具体的に探求することが必要である。そのためには「道徳の教科書」教材の問題点を具体的に把握すること、また教材の分析を通じて積極面を評価しながらも、どんな問題提起が子どもの多様な創造力を引き出すことになるのかについて検討することが重要になってくる。

最後に韓国ソウルでの第一六回東アジア青少年歴史体験キャンプ（二〇一七年七月二四日〜二九日）で中高生たちの感想を紹介したい。彼らは「戦争と女性の人権博物館」と「戦争記念館」を見学した。「戦争と女性の人権博物館」では「慰安婦」にされた女性の生の声や体験が語られ、あらためて「慰安婦」問題が衝撃的で重大な人権侵害であることを学んだ。一方「戦争記念館」では、「護国安保共同体意識」を最善の徳とし、愛国心を鼓舞し戦争に備えろと呼びかけの異様さに驚かされた。

「正直私は、（慰安婦問題について）今まで新聞やニュースで知るだけで、それほど深く考えたことはなく、よく理解できていませんでした。『慰安婦』の方たちのあまりにもつらい事実を知り、悲しみと苦しさで胸がいっぱいになりました。」

「…慰安婦」問題を知らなかったのは、私の勉強不足でもあるけれども、日本の政府が隠しているからでもあります。自分の国が周りから良く見えるように、自分の国にとって都合の悪いことを隠そうとすることは間違っていると思います。」

「キャンプに参加する前は、歴史問題を難しく遠ざけていた自分がいましたが、このキャンプに参加して、どんなことも話して、理解し合おうとする姿勢が大切だと感じました。歴史認識問題は複雑で難しいと思っていましたが、それは『今まで私がお互いを理解しようとしていなかったからそうなっていたのかもしれない』と思いました。」

「（戦争記念館の）パネルに書かれていた『平和な時に戦争に備えろ』という言葉には、戦争を肯定する言葉のように感じました。このように批判的に見られたのは、…韓国で起きた多くのロウソクデモの話を聞けたからだと思います。」

彼らは「戦争と女性の人権博物館」で人間の尊厳と自らの認識の浅さを自覚し、「戦争記念館」では批判的な見方の重要性を発見した。彼らは自主的で自由な交流と学習で事実をもとに考え、感性を高め、自分の認識を点検し自らの道徳性を高めていったのではないだろうか。

（立命館宇治中学校高等学校）

小学校道徳教科書にみる問題点

――現状分析と授業実践

宮澤　弘道

1　道徳の教科化の背景

道徳の教科化に関しては長い間、議論が続けられてきました。戦後しばらくの間、「修身」教育による軍国主義教育の反省から子どもの内面に介入する教科教育としての道徳教育は行われてきませんでした。しかし、新しい時代を担う子どもたちに合った道徳性を自覚できるようにと、一九五八年に教科外の時間として特設された道徳（特設道徳）が学校教育に位置付けられたことが、道徳教育の始まりになります。しかしその後、現場の反発もあり、小学校道徳の時間はＮＨＫのテレビを見る時間であったり、席替えをする時間であったり、そもそもやらなかったりと、教育現場において道徳教育は非常に消極的に扱われてきました。また、教科外の学習であるため、当然教科書も評価も存在していませんでした。しかし近年のいじめ問題を境に道徳の教科化議論は再熱し、また時の政権の後押しもあり、急速に道徳は教科化へと舵を切られることになりました。

しかしこのことは、教育現場が長年大切にしてきた「子どもの内面を評価しない」「価値観を押し付けない」「政治的独立と言う大前提の下で国家の価値観を押し付けない」という民主的な教育との整合性が問われることにもなり、教育現場の混乱を招くことにもなってしまいました。そこでここでは、教科化される道徳教育の本質的な問題点を整理すると共に、来年度から小学校で始まることになる「特別の教科　道徳」をどう進めていくべきかについて論じていきたいと思います。

2　道徳の授業をどう捉えるか

［教科と科学］

「プライベートである子どもの内面を、パブリックである学校が評価する」。これが今回の道徳の教科化に関する最大の問題点でしょう。しかし評価をするためには「基準」を設けなければなりません。ここに道徳が教科になり得ない最大の問題があります。

今まで、学校教育において行われる「評価」は「各教科」においてのみ行われてきており、あくまでも体系的であり論理的な学問を元に、そこにどれだけ到達できているかで評価を行ってきました。だからこそ、「評価」をすることができたのです。自然科学、社会科学、人文科学など、本来、教科とは科学的なものなのです。しかし道徳に関しては科学になりえない性質のものであることは理解できると思います。

道徳的判断とは、それぞれの子どもや取り巻く様々な人間が「その時の状況」により判断するものであり、二度と同じことはない、その場限り一回性の判断をしているのです。であるにも関わらず今回、国は「特別の教科　道徳」において、教科書を用意し、評価基準を作り、教科書を使用することを基本に授業を行え、と言っています。一般化・体系化できない性質の内容がどうして教科書になるのでしょうか。

また、「教科と科学」の視点から考えた時、今回はさらにもう一つ、考えねばならない大きな問題を抱えています。それは、道徳が「ただの教科」ではなく「特別の教科」である

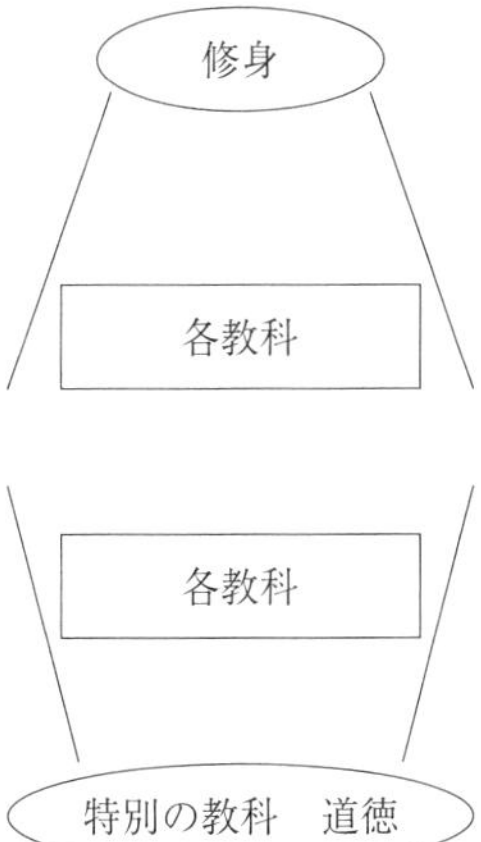

ということです。戦前の修身は、あらゆる教科の「筆頭科目」でした。すべての科学的教科の上位に位置し、科学を修身で覆いつくすイメージです。これは、学問の崩壊と言っていい状況と言えるでしょう。では今回の、「特別な教科　道徳」はどうか。実は、あらゆる教科の基盤をなす教科と位置付けており、各教科においても道徳的な学びを入れなさい、と言っています。すでに各教科の指導計画において、「道徳的な学びはこの単元に入れます」というような指導計画を作り始めているところもあるようです。ですから、「道徳が上にあり教科を上から覆いつくす」か、「下に基盤としてあり下から覆いつくす」かの違いがあるだけで、「学問の破壊」という点では全く同じ性質のものです。全国の学者・研究者はもっと「怒り」を出していいのではないでしょうか。

［副読本と教科書］

改めて確認したいと思いますが、特設道徳で使われていた副読本と来年度から使われる検定教科書、その性質は全く異なるものです。副読本はあくまで授業の「補助資料」。そのため、従前の道徳の時間において副読本は、使うも使わない

も授業者の自由でした。確かに副読本に載っている資料は教科書にも多く採用されています。そのため、副読本との違いがいまいち分かりにくいのですが、要は教科書になったことにより「教科書使用義務」が生じるようになった、ということです。

これは本当に大きな変化です。学級の実態を見て、授業者が「この教材はこの子たちにはふさわしくないな」と思ったとしても原則、使用しなくてはならない。例えば某社の教科書についているワークシート集を見ると、「家族愛」の内容項目で使用するワークシートの一行目にこんな文章が書かれています。

「毎日、当たり前のようにいっしょに暮らしている家族。そんな家族の、自分に対する思いや願いについて、あなたは考えたことがありますか」

この文章を読み、どう感じたでしょうか。私は正直この一行目があるだけで授業で使うことはできません。「教科書」で、家族と暮らすことが「当たり前」と言い切られる。様々なバックボーンを抱えている子どもたちの中には、この一文で深く傷付き、授業どころではなくなる子が出てくることは容易に想像できます。しかし検定を通った教科書にセットで付いているワークシート集のため、使わない選択をすることは大変困難です。特設道徳では無視できたことが半ば強制になる。これが副読本との最も大きな違いと言えるでしょう。

二つ目の違いは、議論を誘導する作られ方をしている、ということです。教科書をめくると、今までの副読本とは異なる表現がいくつも見られます。その一つが、「タイトルの上にその教材で学ぶべき価値が書かれている」ということです。例えばある教材をめくると、タイトルの上に〈よりよい学校生活・集団生活の充実〉と書かれており、さらにタイトルの副題として〈チームの一員として〉とまで書かれてしまっています。本文を読む前からすでに「答え」が示されてしまっているのです。また、本文の最後には道徳の時間に教員が子どもたちに問う投げかけ（これを道徳では「中心発問」「補助発問」と呼んでいます）も書かれており、もうほとんど教員の授業構成の自由は奪われてしまっているのです。

3　道徳の授業をどうデザインするか

ではこの道徳の教科化に関し、現場はどうすればよいのか。ここでは授業方法と評価方法に分けて、それぞれ可能性を探りたいと思います。

［授業方法］

教科になることで、今後は教科書が用意されることになります。教科書にある読み物教材を中心とした教材では、あからさまに「ふさわしい態度・考え方」が示されることになるのですが、それはあくまで教材文を最後まで読んだら、とい

手品師

　あるところに、うではいいのですが、あまり売れない手品師がいました。もちろん、くらしむきは楽ではなく、その日のパンを買うのも、やっとというありさまでした。

「大きな劇場で、はなやかに手品をやりたいなあ。」

　いつも、そう思うのですが、今のかれにとっては、それは、ゆめでしかありません。それでも手品師は、いつかは大劇場のステージに立てる日の来るのを願って、うでをみがいていました。


　ある日のこと、手品師が町を歩いていますと、小さな男の子が、しょんぼりと道にしゃがみこんでいるのに出会いました。


「どうしたんだい。」

　手品師は、思わず声をかけました。男の子は、さびしそうな顔で、おとうさんが死んだあと、おかあさんが、働きに出て、ずっと帰ってこないのだと答えました。

「そうかい。それはかわいそうに。それじゃおじさんが、おもしろいものをみせてあげよう。だから、元気を出すんだよ。」

　と言って、手品師は、ぼうしの中から色とりどりの美しい花を取り出したり、さらに、ハンカチの中から白いハトを飛び立たせたりしました。男の子の顔は、明るさを取りもどし、すっかり元気になりました。

「おじさん、あしたも来てくれる？」

　男の子は、大きな目を輝かせて言いました。

「ああ、来るともさ。」

　手品師が答えました。

「きっとだね。きっと、来てくれるね。」

「きっとさ。きっと来るよ。」

　どうせ、ひまなからだ、あしたも来てやろう。手品師はそんな気持ちでした。


　その日の夜、少しはなれた町に住む仲のよい友人から、手品師に電話がかかってきました。

「おい、いい話があるんだ。今夜すぐ、そっちをたって、ぼくの家に来い。」

「いったい、急に、どうしたと言うんだ。」

「どうしたもこうしたもない。大劇場に出られるチャンスだぞ。」

「えっ、大劇場に？」

「そうとも、二度とないチャンスだ。これをのがしたら、もうチャンスは来ないかもしれないぞ。」

「もうすこし、くわしく話してくれないか。」

　友人の話によると、今、ひょうばんのマジック・ショウに出演している手品師が急病でたおれ、手術をしなければならなくなったため、その人のかわりをさがしているのだというのです。

「そこで、ぼくは、きみをすいせんしたというわけさ。」

「あのう、一日のばすわけにはいかないのかい。」

「それはだめだ。手術は今夜なんだ。明日のステージにあなをあけるわけにはいかない。」

「そうか………。」

　手品師の頭の中では、大劇場のはなやかなステージに、スポットライトを浴びて立つ自分の姿と、さっき会った男の子の顔が、かわるがわる、うかんでは消え、消えてはうかんでいました。

（このチャンスをのがしたら、もう二度と大劇場のステージには立てないかもしれない。しかし、あしたは、あの男の子が、ぼくを待っている。）

　手品師はまよいに、まよっていました。


― 中断読みはここまで ―


「いいね、そっちを今夜たてば、明日の朝には、こっちに着く。待ってるよ。」

　友人は、もう、すっかり決めこんでいるようです。手品師は、受話器を持ちかえると、きっぱりと言いました。

「せっかくだけど、あしたは行けない。」

「えっ、どうしてだ。きみがずっと待ち望んでいた大劇場に出られるというのだ。これをきっかけに、きみの力が認められれば、手品師として、売れっ子になれるんだぞ。」

「ぼくには、あした約束したことがあるんだ。」

「そんなに、たいせつな約束なのか。」

「そうだ。ぼくにとっては、たいせつな約束なんだ。せっかくの、きみの友情に対して、すまないと思うが……。」

「きみがそんなに言うなら、きっとたいせつな約束なんだろう。じゃ、残念だが……。また、会おう。」

　よく日、小さな町のかたすみで、たったひとりのお客さまを前にして、あまり売れない手品師が、つぎつぎとすばらしい手品を演じていました。

出典　文部省道徳教育指導資料

うことです。そこで提案したい授業方法が「中断読み」です。教科書会社八社中七社で採用された六年生の教材「手品師」を例に説明したいと思います。

この教材の内容項目は「正直・誠実」です。授業では同学年の二クラスに別々の授業方法で授業を行いました。その二つの方法とは中断読みと分断読みです。この物語を最後まで読んで議論する通常の指導法で授業したクラスでは、子どもたちの感想は「げきじょうにいかないで男の子のほうをえらぶのはいい人だなと思った」「どんなに自分にとって大切なことでも約束は守らなければいけないことがわかった」等、ほとんどの子どもがこの教材の求める価値に寄り添った感想を書いていました。しかし「中断読み」で、最後まで物語を見せずに「手品師はまよいに、まよっていました」までで読むのをやめて議論させると、多くの子どもは「男の子を大劇場のステージに招待すればいい」という意見になり、またその他にも、「まよう必要なんてない。貧乏なんだから大劇場に行くべきだ。お金は大切だ！（母子家庭の子ども）」や、「おとうさんがいないのだから、手品師とお母さんが再婚すればいい！そうすれば毎日手品を見られるし、男の子も家族ができてしあわせだ！」等、子どもの優しさやしなやかさが発揮された面白い議論で盛り上がりました。授業のまとめでは「こんなにも色々な考え方があるんだね。だからみんなも困ったときは色々な人に相談するといいかもね。」というような形でまとめました。教科書を使っても子どもたちの内面を操作しない指導方法として「中断読み」を提案したいと思います。

［評価方法］

評価できない性質の道徳に対し、三つの評価方法を提案したいと思います。

①通知表に道徳の評価欄を設けない

実は通知表は公簿ではなく、各学校のサービスで出しているような性質のものであるため、通知表の内容は各学校に任されています。そこで、評価欄を設けないことで子どもや保護者に評価を示さずに済むという方法です。しかしこれでは結局公簿である指導要録に載ることには変わりがないため、あくまで、本人・保護者に見せない、という方法です。

②「多面的・多角的な見方」という価値の多様性を逆手にとる

例えば「男の子の約束なんかより、自分の夢が大切だ。ステージを優先するべきだ」、のような理由であっても認めてしまうということです。子どもたちは授業でこのような様々な価値に触れるわけですから、要は子どもから出た価値はすべて認めてしまうという方法です。子どもたちの意見を分析するとそのほとんどは※二二の内容項目に当てはまってしまうものです。上述した「自分の夢を優先」という意見に対しては別の内容項目「努力と強い意志」に当てはめればＯＫです。「男の子の約束を優先する」がＡになるような一面的な価値ではなく、丸ごと認める道徳の授業、は可能性として面白いと思います

③価値を入れない評価を行う

一見内面を評価しているようで、その実、全くその子の内面を評価しないという方法であり、具体的な文面は例えば以下のようになります。

> 友だちの意見を聞きながら、自分が大切にしてきた感じ方や考え方を広げたり深めたりすることができました。

4　民主主義と道徳の教科化

以上、道徳の教科化についてその本質や問題点について論じてきましたが、小学校教育に携わる方以外には直接関わりのない内容だと思った読者もおられると思います。しかし先にも述べた通り、道徳の教科化とは今後の社会の在り方そのものに大きく関わる問題でもあります。例えば「家族愛」により、「家族はどんなことがあっても互いに支え合わないといけない」と教え込まれ評価をされたら、生活保護申請はどうなってしまうでしょうか？「生活できる状況ではないけれど、家族にはすがれる状況（関係）にない」という方はより追い込まれる「社会の目」が生まれるのではないでしょうか？　市民とはひとくくりにできるものではなく、それこそ千差万別の生き方・考え方を持っています。これは学校教育だけでなくあらゆる公的機関にも言えることですが、様々なバックボーンを持つ市民（子ども）に対して最大限何ができるのか?を考えることが「公」の仕事であり、決して「扱いやすい市民（子ども）」をつくることが仕事ではありません。道徳の問題をきっかけに改めて民主主義について読者の皆さんと振り返ることができたら幸いです。

※内容項目…個人の生き方を「道徳的価値」として短い文章で平易に表したものであり、複数の道徳的価値を包括した価値（家族愛・愛国心・自然愛・友情、等）。「日本国民として生きるための精神的指針」とも言える。

（東京・道徳の教科化を考える会代表、公立小学校教員）

若手教員のための授業入門編

日本国憲法を主体的に読み解く

井田佐恵子

はじめに

「先生の授業を受けていると悲しくなる…。」

かつて生徒に言われた言葉である。積極的に現場取材やインタビュー、時にはアクションもし、今の、生の問題を授業に取り入れているという自負があったが、それは私が発見し、私がコミットした「社会」を押し付けているだけで、いくら希望を語ったとしても、生徒にとっては、自分がいてもいなくてもかわらない、そこに議論・対話・発見はない「社会」について教わるばかりだったと気付かされた。その後は、生徒自身がどう問題を発見、共有し、解決策を見出すかを意識した授業を組み立てるよう努めている。本論では、その問題意識の中で中学公民で実践している授業例を一つ紹介したい。

日本国憲法を「メディア」に

勤務校では中学社会科カリキュラムに特色があり、中一で公民が置かれている。その狙いは、早くから社会に対する関心を高めてもらい、社会の見方を知ってもらうことで、すべての事物が学ぶ対象であり、自分と社会をつなぐ「メディア」であるとの理解のもと、メディア・リテラシー学習に力を入れてきた。新聞や写真等に加え、政党ポスター、選挙公報、テレビ番組などの「メディア」分析をグループワークで行い、着眼点の多様性、目の前のメディア、テキストを深く読み込むことの意義、面白さを学んでもらう。ならば日本国憲法も「メディア」ではないか。人権学習を軸に関連条文を学んだ後、中一最後の学習として、全員が一条ずつ担当し、日本国憲法を分析した。その名も、日本国憲法発表大会。名前に工夫がないだけでなく、やり方もレトロで、出席番号の条文を暗唱し、それに関するコメントをするという全員発表である。その後、改正案が提案された条文については、模擬国会で審議し、発議が可決されたものは模擬国民投票にかけた。

1　日本国憲法発表大会

［実施時期］中一学年三学期末三時間（模擬国会等含む）

［狙い］

A　個人のとりくみ：全員が発表機会を持つ／出席番号の条文に「縁」を感じる／自分、今とのつながりを考える。

B　発表を聴くことを通じて：着眼点・評価の多様性を知る。

C　全体を通じて：四十条分の重さを「体感」（集団的達成感）／憲法（前半）の全体像を俯瞰する／憲法と法律の違い、線引きを学ぶ／言葉を読み解く面白さ、姿勢を学ぶ。

［生徒への呼びかけ］

> 自分の番号の条文について以下のことを発表する。
> ①暗唱
> ②その条文の何が重要か
> ③以下から一つ選びコメント
> ＊今の社会でいえば、こんなこととと関係している。
> ＊この条文があるからこそ、こんなふうになっている。
> ＊そうはいっても、こんな問題がある。
> ＊こう改正すべきだ。等、思うところなんでも。
> ⬇模擬国会、模擬国民投票
> 憲法改正原案が提出されたルームでは、以下の設定で模擬国会、模擬国民投票を行う。
> 〈設定〉憲法審査会を通過した改正案の本会議での審議↓採決。総議員の三分の二以上の賛成を得た場合、国民投票。

本校中学は一クラス四〇人であるため、全員が出席番号の条文を担当するとちょうど第三章まで、憲法の人権規定が網羅できる形になっている。出席番号というある意味不条理な強制割り当てだが、七条の暗唱では例外なくクラス全体が応援する雰囲気に満ち、二時間強の四〇人の発表が終わると自然と拍手が沸き起こる。そんな全体的な達成感に加え、各人の発表を通じ、一つひとつは短い条文にもかかわらず（であるからこそかもしれない）、着眼点の違いが明白になる。一方で、「何人も」「国民は」といった書き分けには自然に分析が集まる。それらの意義は生徒の感想コメントからも伺える。

［生徒の感想より］

＊無駄であまり必要のない条もあるかと思ったが、今回の議論を通して全ての条文が必要だとわかった。

＊一条一条のほとんどが身の回りのことと絡んでいてとても

驚いた。一つの言葉が世の中を動かすのだと実感した。
＊条文として記されているものの、実際の社会では実現されていないところも多いと感じた。印刷物に終わらないで欲しいと思う。
＊自分が考えた大事なところと他の人が考えた重要なところがちがって、憲法にはいろんな解釈があると思った。
＊憲法に対しては人それぞれいろいろな考えがあるので、慎重に議論を進めないといけないと思った。そんなときに「この条文は何のために、何を反省してつくられたか」ということを考えるのがまずは大切だと思う。
＊よく憲法の最初に書かれている「何人も」という言葉は、僕はただのかざりだと思っていた。しかし「全ての人」、日本人も外国人も、金持ちも貧困に苦しむ人も、「みんな」なんだということを改めて考えた。
＊法律と憲法のつながりが強いことを初めて学び、法律の存在する意味が良くわかった。

2 模擬国会、模擬国民投票

日本国憲法発表大会の生徒の感想からは、現行憲法に対する問題意識も少なからず見受けられた。

［生徒の感想より］
＊細かなところまで筋が通り、多くが今でも通用する素晴らしい憲法だと思った。しかし、現在進行形の社会に対応するために少し解釈を変えるべき部分があると思った。
＊憲法は制定された当時は穴がなく「良い」憲法であっただろうけど、時代が進むにつれ、新しい人権の発見や、世界の変化によって少しアバウトな憲法なのかもしれないと思った。
＊四〇条の中でもあいまいに感じる条文が多くあった。でも今まで全然憲法改正されていないから、そのあいまいな部分から多くの問題、誤解が生じるし、「新しい人権」もいつまでも明記されないので、憲法改正のハードルを下げる方がよいと思った。

実際に、有志で憲法改正案の提案を求めたところ、全クラスで延べ二六条分と前文の改正案が出された。なかでも具体的な条文案を示してくれたものを、憲法審査会を通過し本会議に付されたという想定で、提案者による趣旨説明、質疑応答を行い（国会の野次、居眠り等のマネをする生徒もあらわれ、非常に盛り上がる）、採決にかけた（全案否決となったクラスもあれば、一案だけ可決されたクラスも）。そこで三分の二以上の賛成が得られた四案を、模擬国民投票（自由投票で投票数を分母に過半数を算定）にかけた結果、すべて可決となり、「有効投票数の過半数」の安易さを実感させられた。

［憲法「改正」が成立した条文］※傍線部が変更箇所

○改正第一三条**【プライバシーの権利の明記】**
すべて国民は、個人として尊重され、私生活等を守る権利を有する。生命、自由及び幸福追求に対する国民の権利については、公共の福祉に反しない限りは、立法その他の国政の上で、最大の尊重を必要とする。
○改正第二四条【「両性」から「両者」へ】
婚姻は、両者の合意のみに基いて成立し、夫婦が同等の権利を有することを基本として、相互の協力により、維持されなければならない。
②配偶者の選択、財産権、相続、住居の選定、離婚並びに婚姻及び家族に関するその他の事項に関しては、法律は、個人の尊厳と両性・両者の本質的平等に立脚して、制定されなければならない。
○改正第二五条【社会保障分野の記述整理。公的扶助明記】
①同上
②国は、すべての生活部面について、社会保険、公的扶助、社会福祉及び公衆衛生の向上及び増進に努めなければならない。
○改正第二五条（に追加）【Free Wifi 設置】
③全て地方自治体は、営む公共施設に Free Wifi を設置しなければならない。

[本会議で否決された条文例]
○改正案第九条【国防軍の保持及びその限界】
現自衛隊を改め、国防軍とし、自衛に限り武力の行使を認める。
②我が国と安全保障の関係にある国が他国から攻撃を受け危機に陥った場合、その国と共に集団的自衛権を行使する権限を有する。
③侵略戦争は永久にこれを放棄する。
④国防軍の派遣は、平和維持活動のみに限定する。
⑤上記すべては、国会の認める所により権限を有す。
○改正案　新設【議員定数】
衆議院は人口比例で選挙区及び定員を決め議員を選出し、参議院は各都道府県別に全て同じ定員で議員を選出する。
○改正案第九六条【憲法改正の手続】
①この憲法の改正は、各議院の総議員の過半数の賛成で、国会が、これを発議し、国民に提案してその承認を経なければならない。この承認には、特別の国民投票または国会の定める選挙の際行はれる投票において、有効投票数の過半数の賛成を必要とする。

模擬国会では、「自衛」の定義について問われた議員役の「詳しくは法律で」との答弁に「逃げるな」と野次が飛んでみたり、憲法改正発議の要件緩和についても、どちらが国民代表の軽視にあたるのかの議論が起こり、また憲法改正が増えると憲法の信用性が低下するといった指摘に、国民の支持が増すという反論が出たりと、いくつもの重要な議論に発展した。

［生徒の感想より］

＊憲法の一つひとつの言葉が変わるだけで内容が大きく変わってしまうので、一言がとても重要だと思った。

＊憲法改正案を作るのは難しく、反対するのは簡単だ。

＊憲法も人がつくったもので、いくらでも穴があることがわかった。改正案を出せばよかった。またこの機会が欲しい。

＊みんなの発表がすごすぎた。僕達のクラスでは改正案が全て否定されたが、憲法は本当に難しいものだと思った。

おわりに

本実践の主目的は、憲法をテキスト、メディアとして、まずは文言にこだわり読み解くことにある。その上で自ら作文することで、一語一語の意味、その言葉がなくなったり変わる意味を考えられる。改正案を考えさせることで安易に改正ありきの認識に向かわせるという指摘もあるだろうが、それ以上に、憲法に対し主体的に向き合う姿勢を育むことができるという手応えを得た。その学びをふまえ、憲法の意義について考えを深める実践を追求していきたい。

（東京・駒場東邦中学高等学校）

若手教員のための授業入門編

民主と立憲の政治・法システムと教材づくり

吉田 俊弘

代表民主制と議会の機能

高校の教科書において、議会制民主主義は、「国民が選出した代表者で構成される議会の討議に基づいて政治を運営していくことによって、国民の合意による政治という国民主権及び民主主義の理念を実現しようとするものである」（加茂利男ほか『高校政治・経済』実教出版五四頁）と記されている。

ここで議会の機能をまとめてみると、ポイントは、次の通りとなる。第一に、討論を通じて社会の統合を進めることである。社会の中に多くの対立する利害や意見があるとき、それらを調整し統合して何らかの統一的な意思決定をしなければならないときがある。その方法は多様であるが、議会においては理性的討論を通して合意を達成することが期待されている。第二に、国会が唯一の立法機関であると規定されているように、議会は、国政の基準となる法律を制定する機能を果たさなければならない。第三に、議会は、先の統合機能や立法機能を通して社会における利害対立を調整し、紛争を解決することが期待されるが、それが可能となるためには、社会と議会との間に何らかの対応関係があることが必要となる（阿部斉『政治学入門』岩波書店二七頁）。こうした社会と議会との結びつきを果たしているのが議会の代表機能である。議会には、このほか行政部を主導する首相を選出する行政部形成機能や行政を統制する機能を果たすことなどが期待されている。

違憲審査制の採用

代表民主制のしくみとは別に、現在、欧米各国の立憲主義憲法において広く採用されているのが違憲審査制である。違憲審査制を世界で最も早く制度化したのは一八〇三年のアメリカ合衆国であるが、西欧諸国は国家行為の合憲性を審査・決定する違憲審査制が民主主義に反すると考え、制度化してはこなかった。しかし、これら諸国においても基本的人権が立法・行政の両権力によって侵害される苦い経験を重ねるうちに、憲法の最高法規性と人権を守るためのしくみが求められるようになり、第二次世界大戦後には多くの国で違憲審査制が採用されるに至るのである。

多数者支配型民主制と立憲民主制

しかし、ここで憲法学上の重要な論点が浮上する。それは、国民の代表からなる議会が制定した法律を、選挙で選ばれてもいない裁判官が違憲審査することによって法律を無効としてしまうことの正統性の問題である。

国民代表による政治は、国民の選挙で選出される国民代表が多数決によって公の政策をつくりだすしくみである。多数決による意思決定（統合）という視点から民主政治をとらえたならば、裁判所による違憲審査制は「非民主的」なしくみであるといえるであろう。違憲審査権を行使して法律を無効とすることは、国民の多数意思の否定にもつながりかねない行為であることから、この立場からは、できるだけ慎重かつ抑制的に違憲審査権を行使すべきことになる。これは、多数者支配型民主制とも呼ばれる考え方である。

これに対し、多数者による支配や多数決の原則は確かに民主政治の基盤を形成しているといえるとしても、民主政治の目的が個人の尊重を核とする人権保障にある以上、多数決によってつくられた法律といえども、個人の自由や平等を奪ってはならないと考えることもできる。そのためには、国家権力を合理的に制限し、少数者の人権も保障することこそ民主政治の本質であると説くことが可能であろう。これは、立憲民主制と呼ばれる考え方である。

政治システムと法システムをつなぐ教材づくりへ

高校の政治教育・法教育の現場において、代表民主制や違憲審査制は必須の学習事項であり、多くの高校生がこれらの用語を記憶していることも事実である。しかし、これらの制度が現実の政治的・法的課題の解決に向き合ったとき、どのように機能しているか（あるいは機能していないのか）、あるいは、対立から生ずる紛争を前にして、意見の異なる人々がどのように解決に取り組み、共存できるかなどを考察するような学習にうまくつながっていかないことも、もう一つの事実であろう。このことは、数年前まで高校教育の現場において公民科・社会科を担当していた私にとって大きな課題であり、政治や法に関わるシステムをより立体的かつ構造的に理解していくための手掛かりとなるようなモデルケースがあれば、それを教材として提案し、授業研究のための視点を提供できるのではないかと考えてみた。そこで、とかく政治的・法的用語の暗記のレベルにとどまりがちな政治制度の学習を見直し、政治を主権者、政治部門、司法部門をつなぐダイナミックな動態として理解できるような学習へと転換していくための教材を試案として次に示してみたいと思う。

民法の相続規定と「婚外子相続分格差違憲決定」を素材に

今回取り上げるのは、結婚していない男女間に生まれた子（婚外子）の遺産相続の取り分を、結婚した男女の子（婚内子）の半分とする民法の規定が、法の下の平等を定めた憲法第一四条一項に違反するかどうかが問われた「婚外子相続分格差違憲決定」に関する事例である。本事例を扱う理由は、次の通りである。第一に、議会の多数派によって制定された民法の相続規定に対し、社会的少数派である婚外子が裁判において違憲であると主張していること、第二に、ある時点において多数決によって成立した法律であっても、婚姻や家族の実態の変化、国民意識の変化など、婚外子をめぐる様々な事情の変化を理由として最高裁判所が違憲であると決定したこと、第三に、最高裁判所の違憲の決定を受けて国会等の政治部門が法律の改廃を行っていること、第四に、法律の制定から違憲の決定、国会による法律の改正といった一連の政治的・法的プロセスを総合的に学習できるとともに、問題解決に至るための市民の意識、政治部門の動向、国際社会の情勢までも検討できる点で有効な教材となるように考えるからである。

授業づくりで確認しておきたいポイント

本事例をもとに授業をつくる際のポイントを示してみたい。

第一に、二〇一三年改正前の民法第九〇〇条四号を取り上げ、その規定内容と、これが日本国憲法第一四条の保障する「法の下の平等」に違反しているか否か検討してみたい。

【資料・旧民法第九〇〇条四号】「子、直系尊属又は兄弟姉妹が数人あるときは、各自の相続分は、相等しいものとする。ただし、嫡出でない子の相続分は、嫡出である子の相続分の二分の一とし、…」

この違憲か否かをめぐる意見交換は、授業の導入部分に相当し、学習の動機づけを目的として行うものである。条文に出てくる「嫡出でない子（非嫡出子・婚外子）」、「嫡出である子（嫡出子・婚内子）」の意味を解説し、本条が、婚姻届けを出していない男女間に生まれた子の遺産相続の取り分は、婚内子の半分とする規定であることを確認したうえで、同規定の合憲性について意見交換をさせてみるのもよい。

その際、裁判の当事者の声を婚内子・婚外子それぞれの立場から紹介し、なぜ裁判で相続規定の違憲性が問われているかを考えてみたい。当事者の声を知る上で朝日新聞二〇一三年九月二日付の記事は有益である。

第二に、嫡出子と非嫡出子との間に差をつける相続規定が誕生した理由を考えてみたい。これは、導入部分で相続規定の合憲・違憲を考えた生徒が、いよいよ本格的に学習を深めていくプロセスの第一段階であり、民法の本規定制定当時の立法者意思を知り、検討するうえで必要な作業である。

ここでは、今から一二〇年前の一八九八（明治三一）年に施行された明治民法第一〇〇四条に「庶子及ヒ私生児ノ相続分ハ嫡出子ノ相続分ノ二分ノ一トス」との定めがあったことを確認し、明治民法が相続差別規定を置くことによって婚内子側の権利を厚くし、法律婚を尊重する立場をとったことを学んでおきたい。なお、婚外子の取り分をゼロにせず、「二分ノ一」としたのは、当時の「家」制度の下では、「戸主が正妻以外の女性との間にもうけた婚外子は、婚内子の男子が死亡した時などに、家を継ぐ候補として軽視できなかった」（朝日新聞二〇一三年九月二日付）からである。このことから本制度は、婚外子の権利を一定程度尊重するという趣旨よりも、あくまで「家」の存続に目的があったことを確認したい。

なお、「家」制度については、戦後の民法改正（一九四七年）に際し、日本国憲法の「法の下の平等」や「個人の尊重」の規定をふまえ、根本から変革されることになった。婚外子の相続分差別撤廃についても議論がなされたが、当時においても「法律婚を尊重して一夫一婦制を守り、家族の結び付きを重んじる考えが強く」（東京新聞二〇一三年九月二日付）、結果として明治民法と同じ「二分の一」規定が残ることとなった。このあたりの事情は戦後の民法改正時の多数派の立法者意思を知るうえで重要である。

第三に、法律婚の尊重と婚外子との関係をどのように捉えるかをめぐって意見交換をしてみよう。その際、生徒の中には、〈法律婚の家族の尊重〉という立法目的を重視し、相続分格差規定を合憲とする意見を持つ者もいるであろう。他方、個人の自己決定による自由な家族の形成を重視し、事実婚の家族も法律婚と同様に保護されるべきだと考える者もいるであろう。多様な意見が表明されるであろうが、最高裁判所の二〇一三年決定の法的論理構成はクラス全体で共有すべきである。同決定は、法律婚が日本において定着していることを認めつつも、「父母が婚姻関係になかったという、子にとっては自ら選択ないし修正する余地のない事柄を理由としてその子に不利益を及ぼすことは許されず、子を個人として尊重し、その権利を保護すべきであるという考えが確立されている」と述べており、この言葉の意味を吟味してみることが大切である。

第四に、最高裁の違憲決定という判断が、国会等の政治部門にどのような影響を与えるかという問題が検討されるべきであろう。実際、二〇一三年の最高裁決定までは、国内政治においては、法制審議会が相続分を同等とする試案を公表したり、閣法や議員立法で相続差別撤廃を内容とする法案を提出したりする機会があったが、保守系の議員を中心に反対の声があがり、実現するには至らなかったという事実がある。こうしたなか、家族の在り方や市民の意識の変化、諸外国の立法の趨勢、国連の関連委員会からの勧告など、「事柄の変遷」を総合的に考慮し、最高裁が違憲の判断をしたことの意義は大きいといえよう。結局、婚外子のような社会的少数者への差別や人権侵害を是正しようとしても、国会の多数者に任せていてはなかなか解決できないことがあり、裁判所が政治部門に果たす役割は決して小さくないということを今回の決定は示している。本事例では、二〇一三年の最高裁決定を受け、同年一二月に国会において民法第九〇〇条四項但し書き部分は削除され、婚内子と婚外子の相続分は同等になったのである。最高裁判所の違憲決定を受け、国会がどのような議論を行ったかを理解するためには、二〇一三年第一八五回国会法務委員会の会議録を教材として活用してもよいであろう。

まとめにかえて

本事例を教材として利用することで、現在の政治・法システムが多数決主義のみで運用されているのではなく、多数派の意思で形成された法律であっても、人権を侵害するような法律の場合には、裁判所の判断によって違憲・無効とされることがより具体的に理解されるはずである。その際、重要なのは、多数決主義を批判するだけでなく、少数意見を含む多様な意見をいかに議会に反映させ、熟議の条件をいかにつくりだすかを考えることである。このような民主主義の質的向上と立憲という枠組み活用することはいずれも必要なことであり、片方だけでは政治システムも法システムもうまく作動しないことになるであろう。「婚外子相続分格差違憲決定」が公民科・社会科の教材として大いに活用され、授業教材としてさらなる改良が加えられていくことを期待したい。

なお、本事例を教材として活用する際には、次の文献を参照されるとよいであろう。山本龍彦・清水唯一朗・出口雄一編『憲法判例からみる日本』日本評論社二〇一六年二一頁以下（白水隆・宇野文重執筆）、石井俊光ほか編『判決から読みとく日本』本の泉社二〇一七年一八二頁以下（菅澤康雄執筆）。

（大正大学）

大学授業料無償化は可能か？

――「一八歳選挙権」「財政」「教育を受ける権利」の授業の導入として

小林　孝生

はじめに

授業の導入にどんな話題を取り上げるか、目の前の生徒の状況、その時々の社会情勢、授業者のモティベーションなど様々な要因が絡んでくる。あるクラスで一度うまくいった題材が別のクラスでもうまくいくとは限らないし、次の年同じ内容で授業をしても同じようにうまくいくとも限らない。常に題材を見直すことが必要だ。

私も毎年一年間の最初の授業で何を「導入」とするか、色々と試みてきたが、必ずしもうまくいったわけではない。ある年の四月の最初の授業（「現代社会」）で、前年夏以来ニュースで取り上げられていた『はだしのゲン』の小学校図書室からの撤去問題を取り上げた。教室に『はだしのゲン』

全一〇巻をもちこみ、四人ずつの班に一冊ずつ配り、この本を子どもたちの眼から遠ざけようとすることについて議論してもらったりしたのだが、生徒の多くは『はだしのゲン』を読んだことがなく、前年夏に学校の図書室から撤去されていた事件も知らなかった。この問題から、戦争認識、表現の自由、教育を受ける権利などの諸問題にふれ、一年間の政治分野の学習の「導入」にしたかったのだが、私の思いと生徒の「現実」との乖離があったことを思い知らされた。

しかし、春休みに「四月の授業をどの話題から始めようか」と考えることは楽しい。本稿では、最初は「思いつき」から始まった「大学授業料無償化」の授業の概要を述べたい。

なぜ「大学授業料無償化」の授業を思い立ったか
――「一枚のチラシ」から

日本国憲法第二六条第一項には「すべて国民は、法律の定めるところにより、その能力に応じて、ひとしく教育を受ける権利を有する」、第二項では「義務教育は、これを無償とする」と書かれているが、大学、専門学校などの高等教育を受けるには高額の授業料等を負担しなくてはならない現実がある。昨年、今年と勤務校で日本学生支援機構の予約奨学金の担当をし、一〇〇名近い生徒の書類をみてきたが、高校生を抱える世帯の家計状況の厳しさを感じた。

私自身は一九八〇年に高校教員になり、今年で教員生活三八年目を迎えたが、「政治・経済」や「現代社会」の授業で「教育を受ける権利」を教えることはあっても、「大学授業料無償化」を扱うことはごく最近までなかった。私が大学に入学した前年の一九七五年までは国立大学の授業料は年間三万六千円だったが、一九七六年に九万六千円に値上げされ、現在では五三万円ほどになっている。公立高校の授業料も私が在学していた一九七三〜七六年当時は月額八〇〇円であったのが、民主党政権による「無償化」の直前では月額九〇〇〇円を超えていた。これらのことを一九八〇年代の「行政改革」の話の中で、教育や福祉の予算が削減された例として語ることはあっても、「この日本で大学の授業料を無償化できるか」という発想自体が私にはなかったのである。

その直接のきっかけとなったのは、毎年秋から冬にかけて取り組まれている「教育署名」のチラシを見たことである。数年前に私が見た「ゆきとどいた教育をすすめる会」のチラシには「就学前から大学までの教育無償化は実現できます」の見出しで、ＯＥＣＤ並に教育予算を増やす（公財政教育支出の対ＧＤＰ比がＯＥＣＤ諸国平均は五・四％、日本は三・六％、その差は八・五兆円）ことで、高校無償化（約一兆円）と国公私立大学授業料無償化（約二・二兆円）は入学金を含めても三・三兆円で可能、残りの五兆円余で就学前からの無償化だけでなく、三〇人以下学級、高校生・大学生への「給付制奨学金」も可能と書かれていた。ヨーロッパ諸国で大学の授業料無償化の国がある、などという話は聞いたことがあったが、日本でそれが実現できるかなどと考えたことがなかったので、「目から鱗」であった。

「声をあげる文化」と一八歳選挙権
――「大学授業料無償化」問題を政治教育の導入に

二〇一三年三月に発行された『季刊人間と教育』七七号（民主教育研究所発行）に「『声をあげる文化』をとりもどす」という特集が組まれた。神奈川高生研（神奈川高校生活指導研究会）で「基調提案」をまとめていた私は、このテーマに飛びつき、「声をあげる文化」という視点で「基調提案」をまとめることができた。これを全民研神奈川支部の例会でも報告したところ、編集長の目に止まり、二〇一六年発行の「民主主義教育21」第一〇号に「『声をあげる文化』をとりもどす――一八歳選挙権と若者の社会的『自立』」と改題し、掲載していただいた。この論文をまとめるときに、理屈だけでなく実践もと考え、未実施ではあったが、大学授業料無償化を高校生と考えてみるという構想を付け加えた（二〇一五年一二月末執筆）。

そして、この授業構想を初めて実践してみたのが、翌二〇一六年四月の三年生「現代社会」の授業である。二〇一六年は、七月の参院選で初めて一八歳の高校生が国政選挙で選挙権を行使した年である。神奈川では、三年毎の参院選に合わせて全県立高校で模擬投票が実施されている。そこで、三年の最初の授業で、一八歳選挙権の導入と合わせて、若者に政治への関心を高める格好の題材として「大学授業料無償化」を取り上げた。授業の趣旨としては、「今年から君たち高校三年生も誕生日を迎えれば選挙権を持つことになる。若者の低投票率が問題になっているが、選挙というのは自分たちの生活や将来と大いに関わっている。例えば、大学の授業料は政治の力で無償化することができる。自分の生活という視点からでもいいので、政治に関心を持って欲しい」ということだ。

経済の授業の導入教材に
――大学授業料無償化問題から「財政」の授業へ

二〇一六年度は、このように、三年「現代社会」（政治分野中心）での導入の授業として、一八歳選挙権に絡めて実施した。二〇一七年度は二年生の「政治・経済」（経済分野中心）を担当することになった。経済の授業の導入としては、自分たちの生活や将来が経済を含む社会と深くかかわっていることを実感するところから始める必要があるだろう、と考え、冒頭に「大学授業料無償化」問題を扱うことにした。以下は、大まかな授業の流れである。

①まず初めに四人（～五人）の班を作る（この時、「ウォーミングアップ」と称して、班内で自己紹介をしてもらう。名前だけでなく、血液型や星座などを冠してやってもらうと、少しは話しやすい雰囲気になるようだ。「例えば、好きなジブリの映画を言ってみたら？」とすすめると、非常に受けて「名前は〇〇です。好きなジブリの映画は△△です」となぜか各班で盛り上がっていた）。

②次に、ワークシート（左資料）を配布し、自分の目指す大学（あるいは知っている大学）の授業料・納付金等（時間があれば、通学定期代等も）を調べる。無償化のために総額いくらかかるかは学生数などの統計が必要なので、なかなか難しい。私の方から文科省の数字などを紹介して総額を計算してもらった（各自のスマホを使用して作業を進めた。生徒たちは班毎わいわい言いながら調べていた）。

③次に、「大学授業料を無償化すべきかどうか」グループで話し合ってもらう。

④班での話し合いの結果（無償化すべきかどうか、その理由）を発表してもらう（驚いたことに、生徒たちは「無償すべきでない」という結論の班がほとんどを占めた。理由

２０１７政治・経済　ワークシート０１　大学の授業料無償化は可能か？

○希望する大学の４年間の学費を計算してみましょう。

大学名；＿＿＿＿＿＿＿＿＿＿＿＿＿＿＿＿

入学金　＿＿＿＿＿万円

授業料　年間　＿＿＿＿＿万円　×＿＿＿＿年　合計＿＿＿＿＿万円

その他の納付金　＿＿＿＿＿万円（施設設備費等々）

その他学生生活を送るための費用は？（自宅から通うと計算した場合）

・教科書代　＿＿＿＿＿万円　・通学費　＿＿＿＿＿万円　・その他　＿＿＿＿万円

○大学を無償化するためにはいくらお金がかかるか（計算方法；平均授業料×学生数＝？）

・現在の大学生の数は？　＿＿＿＿万人（国公立＿＿＿＿万人・私立＿＿＿＿万人）

・授業料の総額はいくらになるか？　国公立平均授業料×学生数＋私立平均授業料×学生数

＿＿＿＿＿＿＿＿＿＿＿＿＿＿＿＿＿＿＿＿＿＿＿＿＿＿＿　円

（グループ討論）

○大学の授業を無償にすべきなのかどうか？　無償にするなら誰がそれを負担するのか？

２　年　　組　　番＿＿＿＿＿＿＿＿＿＿

（4）一般政府総支出全体に占める公財政教育支出の割合（2011年）

一般政府総支出全体に占める公財政教育支出の割合は9.1%であり、データの存在するOECD加盟国の中で下から2番目である。

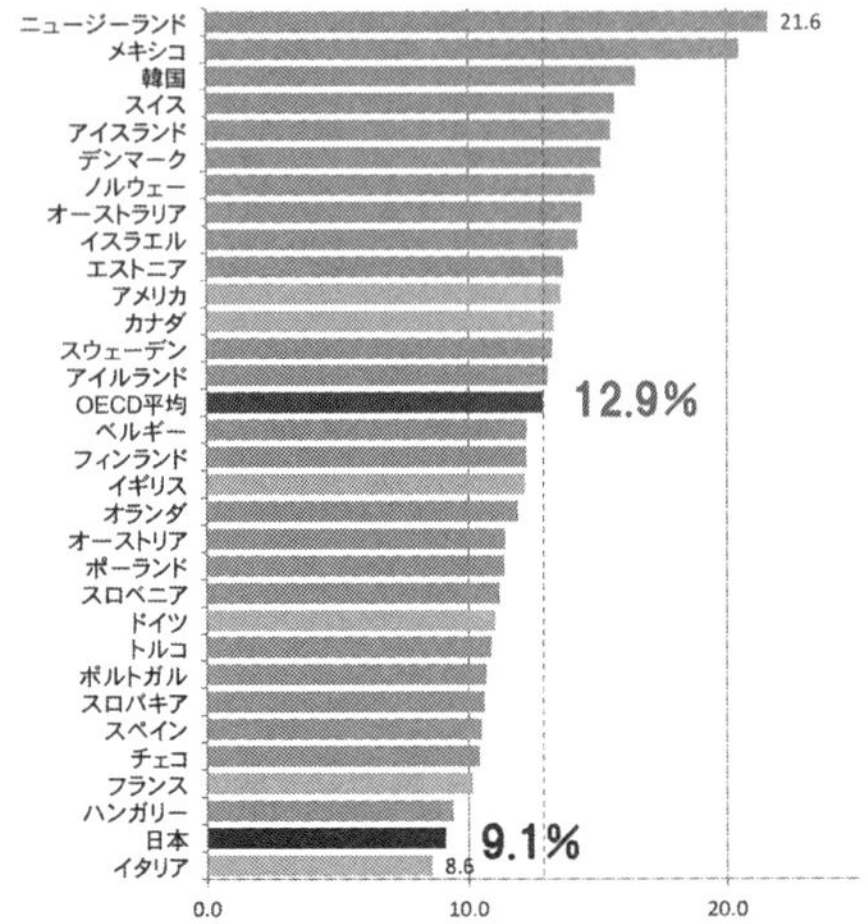

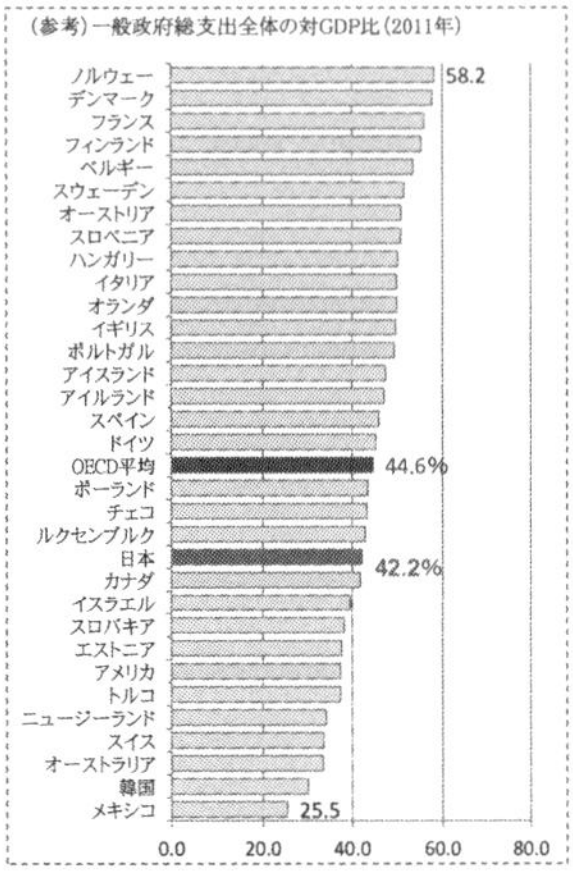

＊OECD加盟国のうち、ギリシャ、ルクセンブルクを除く

（出典）OECD『図表でみる教育』（2014年版） グラフ緑色は日本以外のG7諸国

6

（3）各学校段階別の公私負担割合（2011年）

教育段階別で比較すると、初等中等教育段階では他のOECD加盟国と同様の水準である一方、就学前教育段階と高等教育段階では、OECD加盟国と比べ公費負担の割合が低い。

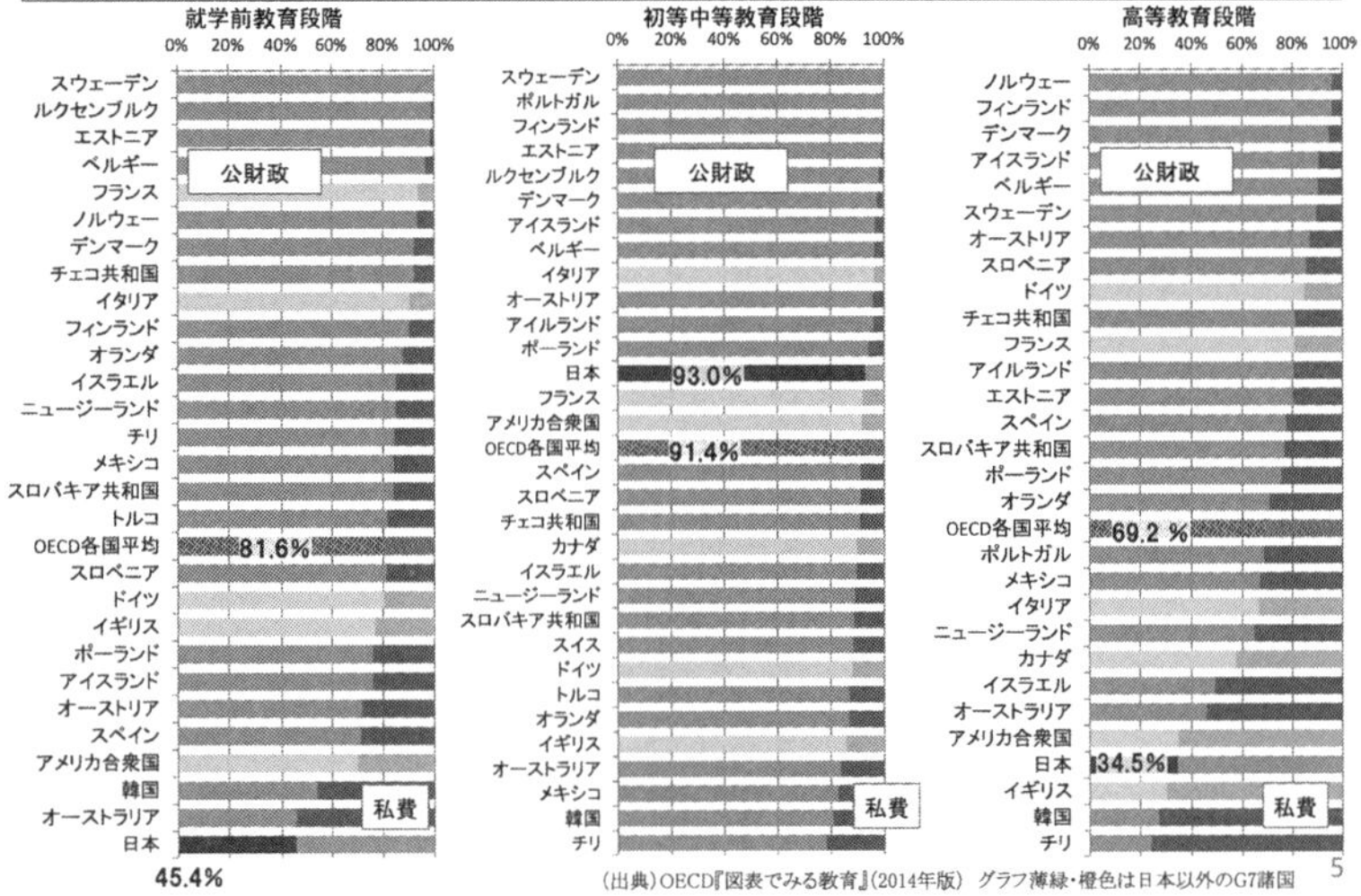

（出典）OECD『図表でみる教育』（2014年版） グラフ薄緑・橙色は日本以外のG7諸国

5

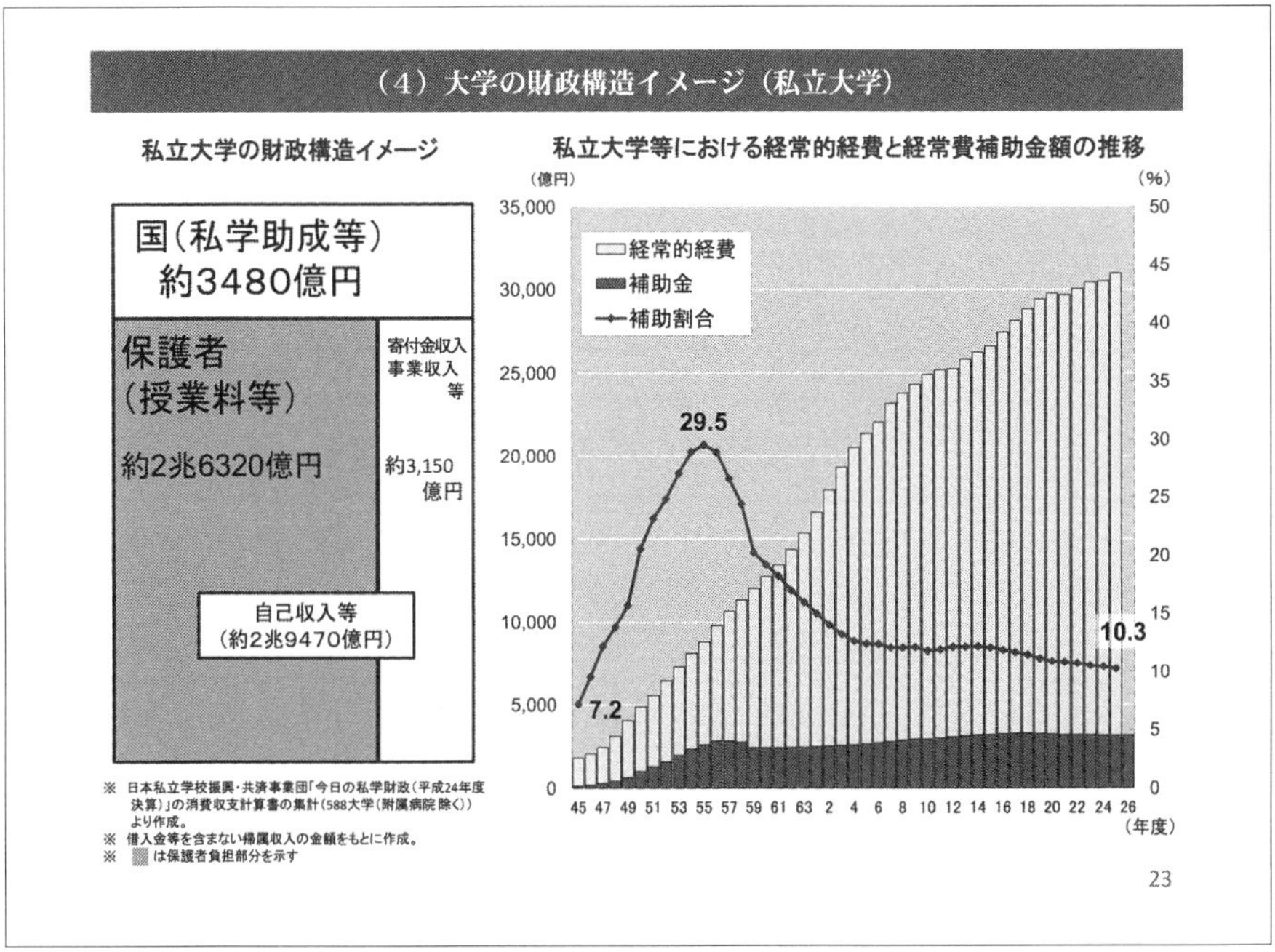

は「国の財政赤字が大変だから」「これ以上税金を上げたくないから」等々）。

⑤最後に、資料プリント（日本の教育費のＯＥＣＤ諸国との比較、国際人権規約など）を使って、私から次のような説明を行った。

①各班からは「無償化すべきでない」（無償化は無理？ ということかな）という意見が多かったが、実現不可能なのか考えてみよう。

②各班の授業料の平均はいくらになりますか。文科省の資料では、国立大学が五三万五八〇〇円、私立大学が八六万四三〇〇円。もうちょっと高いような気もするけどね。学生数は国立が五七万六〇〇〇人、私立が一九七万五〇〇〇人。これを計算すると大学の授業料無償化に必要な金額が出てきます。計算すると、二兆一五五億円になります。

③それではこの約二兆円という金額は日本の政府にとって負担できないほど多い金額なのかどうか。教科書の財政のページを見ると、国の予算額が出ていますが、約九八兆円です。二兆円は九八兆円の約二％。この金額を国は負担できないのかどうか。それは政策判断の問題になります。つまり、国民が必要な支出と考えて、国が予算に入れれば可能になります（政治の話であれば、ここから選挙、政党、請願、などの話につなげることができる）。

④配布したプリント（文科省の「我が国の教育行財政について」など）を見ると、すでに国連は今から五〇年前（一九

六六年）に採択された「国際人権規約」A規約一三条二C項（註・外務省HP）で「高等教育の漸進的無償化」をうたっています。今すぐは無理でもだんだんその方向に進めるよう努力していこう、ということだと思いますが、むしろ日本ではとても安かった国立大学の授業料が（私が入学した一九七六年は三万六〇〇〇円）年々高くなり、先ほど見たように今は五〇万円を超えています。私立もそれに伴って高くなっています。国際的な無償化の流れに逆行している、ということですね。

⑤プリントには文科省の資料を載せておきました。これを見ると、日本の教育費が諸外国と比べても特に低いことがわかります。日本は、高等教育ではOECDの平均点以下の「赤点」ということになります。

⑥それなのに、君たちの多くが「無償化すべきではない」という結論になったのは何故なのでしょうか？　理由として「これ以上国の赤字を増やせない」「消費税を上げたくない」などがありましたが、つまり国の財政と関わるわけですね（授業料等学費が大変なはずの生徒たちは国の財政赤字のことを「忖度」している！）。ということで、次回から「財政」の内容をやっていきます。

汎用性のある題材（教材）

――18歳選挙権・財政・教育を受ける権利・憲法改正でも？

私の場合、一八歳選挙権、財政、教育を受ける権利の授業で「大学授業料無償化」問題を取り上げてみた。この授業を始めた直後、憲法改正のテーマとして「大学授業料無償化」を主張するする政党が現れて少々戸惑ったが、大学授業料無償化をすすめるために「憲法改正」が必要なのかどうか、生徒と考えることもできるのではないか。

私たちの周辺にはいろんな題材が転がっている。その中から生徒にとって身近な問題を見つけ、そこから入ることで、興味・関心を刺激し、公民分野の学習を進めていきたい。「大学授業料無償化」問題・奨学金問題は、今の高校生（とその保護者）にとっては切実な問題だと思う。「導入」として扱うだけではなく、国の財政のあり方、政治のあり方、人権の問題として本格的に考えるべき問題でもあると思う。

〔註〕

国際人権規約A規約（経済的、社会的および文化的権利に関する国際規約）第一三条

2　この規約の締約国は、1の権利の完全な実現を達成するため、次のことを認める。

（c）高等教育は、すべての適当な方法により、特に、無償教育の漸進的な導入により、能力に応じ、すべての者に対して均等に機会が与えられるものとすること。

（神奈川・瀬谷高校）

若手教員のための授業入門編

比較生産費説をどう教えるか

杉浦　正和

価格変動の仕組みと比べると、教える意義が軽視されている比較生産費説

内容が難しいため教え方のニーズがあると思い、三月のデモクラカフェで比較生産費説を取り上げたが、関心が薄いだけでなく「教える必要がない」と思う人や「自由貿易宣伝のイデオロギー」とまで言う人もいた。需要供給曲線による市場機構ならばここまで無視しないと思うが、それ以上の経済理論についての蔑視があると感じた。改めてこのテーマを若手とベテランに理解してもらうのが本稿の目的である。

この理論は、簡単な数学モデルで分業の利益を確認できるもので、二次方程式の「解の公式」的なものであり、経済学の基礎理論だと言える。市場について需要供給曲線などを知らなくても、買いたい量（需要）が売りたい量（供給）より多ければ価格が上がる、という理解は必須だろう。そして、不作になると通常と状況が変わって、供給が大きく減り（供給曲線が変わって）価格が急騰することも知る必要があろう。さらに理論的には、需給の不均衡が価格によって自然に調整されることが、アダム・スミスの「見えざる手」としてそれなりに有名で、市場機構の意味として重要なのでここまで理解させたいところである。商品価格だけでなく、賃金や地価、株価、金利から外国為替相場まで、同じ仕組みが働いていることを知ると、経済に対する興味が一気に増すと考えられる。実際には、価格変動の意味や広がりまで理解させられていないことが多いと思われるが、これと比べて比較生産費説は必要性が疑われるほど深刻な状況に置かれて

いる。

わずかな分量で比較生産費説の意義だけを説明する高校教科書

深刻なのは、比較生産費説の意味について知っている人や理解度が格段に低いことであり、教科書や資料集においても分かりやすい説明がないのである。高校教科書では国際経済冒頭の貿易単元で紹介され、貿易によって国際的な分業が広がり、国際分業の利益がリカードの「比較生産費説」によって証明されるという趣旨である。勤務校で使っている帝国書院『新現代社会』は見開き二頁で、①写真やグラフで食卓にあるものから輸入品を確認、②貿易で互いに得意なものを輸出する、③貿易によって国際分業が進み、④得意の製品を多く生産し、不得意分野を縮小して「生産効率を高めることになる（分業の利益、比較生産費説）」と述べて、水平貿易や自由貿易と保護貿易の説明に入っていく。これで二頁。一応、比較生産費説は注によって〈表1〉の説明がついて、ミカンの増えた分を「貿易で分け合えば、消費できる量が増加する」と説明している。

表1　帝国書院『現代社会』教科書の説明数値（増加量は引用者が追加）

	貿易以前		貿易以後	
	リンゴ	ミカン	リンゴ	ミカン
A国（40ha）	30haで10t	10haで10t	15haで5t	25haで25t
B国（15ha）	10haで10t	5haで10t	15haで15t	−
総生産量	20t	20t	20t	25t
増加量			0	5t

基礎的な事項ではあるものの、一頁にこれだけの内容があると、知識が十分でない生徒にはかなり難しい。中学校の社会科公民分野では、日本の加工貿易や貿易相手国、貿易収支、円高・円安と経済への影響、円高不況などを学習するだけで、自由貿易の理念やその理論的根拠まで踏み込んではいないからである。この教科書では、なぜB国がリンゴだけ生産するのかを説明せず、貿易の結果も示していない。貿易以前のリンゴやミカンの生産が確保できない貿易以後の数値を見せられて、生徒はかえって理解に困るのではないか。要は、貿易や国際分業の意義を根拠づけるものとして「比較生産費説」を位置づけるが、その理論を正確に理解させることを目標としていないことがわかる。

貿易を示さずに、様々な単位や形式で総生産量増加を示した説明

倍の頁数を使って教科書で丁寧に説明すべきだが、日本は規制によってできずにかえって理解を難しくしている。それを補うのが資料集であり、そこにはもう少し丁寧な説明の文章が入れられている。しかし、数値については似たような状

表2　帝国書院『アクセス現代社会』の説明数値（増加量は引用者が追加）

	特化以前		特化以後	
	自動車	小麦	自動車	小麦
日本	20人で1台	30人で1t	50人で2.5台	−
アメリカ	15人で1台	10人で1t	−	25人で2.5t
総生産量	2台	2t	2.5台	2.5t
増加量			0.5台	0.5t

況である。同じ会社の資料集は〈表2〉で1頁を使っている。冒頭で労働投入量÷生産費によって「得意な財」を説明し、小麦への労働投入量が自動車への投入量の何倍になるかを日米で比べて、日本が自動車を得意とする。表に「特化」という語句を使っても解説文で説明がない。解説で「全体として生産量が増える」と述べても、総生産量を数値で示さない。他の資料集では、テレビ一台と小麦一〇キログラムの費用を比較させ、費用から生産量の変化を説明するものもある。要は、費用や生産効率、生産量のどれで数値を示すのかがバラバラなのである。

比較生産費説は、生産効率が悪い国でも交易する意義のあることを示す理論

センター試験の「現代社会」で、二国の生産効率を示す表が出されて、特化すべき商品がそれぞれ何かと総生産量の増加を理解できるかが問われてきた。分業としての特化とその利益としての生産増加がポイントとされる。確かにリカードは、『経済学および課税の原理』一八一七年で、ポルトガルとイギリスにおいてブドウ酒と布の生産を例にして、自由貿易の意義を説明したわけである。投下労働価値説に基づいて「ブドウ酒一単位に八〇の労働量」という形で生産効率の条件を示した。こうした説明では、貿易に関する経済学の難しげな理論と思われてしまうと感じる。

しかし、比較生産費説の最も重要な意味は、二国を比較してどちらの商品とも効率の悪い国でも、つまり「絶対的劣位」の国であっても、相対的に優位のある商品に専念（特化）すればよいこと。二国の総生産量が増えるので、貿易によってより多くを得るというメリットがあることを示すことである。これは端的に国際分業の意義を説明するのだが、その思想は、分業そのものの意義、一人一人の存在意義／尊厳を説明する理論なのである。

そこで、会社の中で分業するケースを考えてみる。受注する営業でもその事務処理でも能力の高い人と、どちらの能力も低いが事務に長けた人が二人で仕事をする〈表3〉のケースである。このケースでは、事務に長けたBさんが事務に専念すれば四五〇万円まで受注を増やせること、つまり分業により会社の効率が上がることを示せる。これが二人の能力をよりよく活かすことなのである。多様な人がいてそれぞれ自分の得意な分野を持っていて、それを上手に組み合わせれば全

〈表３〉会社内で能力の異なる労働者の分業（月 30 日）

Ａさん：１日 20 万円受注、20 万円分事務処理

Ｂさん：１日５万円受注、１日で 10 万円分事務処理

	分業なし		分業あり	
	営業	事務	営業	事務
Ａさん	15 日で 300 万円受注	15 日で 300 万円分	22.5 日で 450 万円受注	7.5 日で 150 万円受注
Ｂさん	20 日で 100 万円受注	10 日で 100 万円分	–	30 日で 300 万円受注
総生産量	400 万円受注	400 万円処理	450 万円受注	450 万円分

員活躍できることがわかるだろう。授業の導入でこれを説明すると、特別な世界の話ではないことを伝えられるのである。

なお、相対的に得意な分野がわかりづらいので「機会費用」という経済概念で説明することもできる。これは、あるものを得るために諦めた分を費用と見なす考え方である。この場合Ａさんが一○万円分の事務処理に10万円の受注を諦めねばならないのに、Ｂさんは、一○万円分の事務処理に五万円の受注を諦めるだけである。とすると、Ｂさんは事務処理の方に優位のあることがわかりやすくなろう。

総生産量と貿易後の結果まで示して、比較生産費説をわかりやすくする

教科書や資料集の事例表は数値の単位がバラバラなだけで

〈表４〉二国間における貿易を通じた分業（特化）の利益　（年間の数値）

	国内分業のみの生産状況		国際分業をした生産状況	
	食料品	衣料品	食料品	衣料品
Ａ国	1000 人で 1000t	1200 人で１万枚	2200 人で 2200t	
Ｂ国	2000 人で 1000t	1600 人で１万枚		3600 人で 2.25 万枚
総生産量	2000t	２万枚	2200t	2.25 万枚

	食料品 1100t を衣料品 1.1 万枚と交換	貿易後の消費状況	
		食料品	衣料品
Ａ国	食料品 1000t は衣料品 8333 枚と同価値	1100t	1.1 万枚
Ｂ国	食料品 1000t は衣料品 1.25 万枚と同価値	1100t	1.15 万枚

なく、「自動車一台に二○人の労働」という意味が実ははっきりしない。特化前では生産効率の違いを主として示すのに、特化後が生産量の増加を示すためにあり、比率と数量変化が並べられて何となくわかるけれど、しっくり来るまでに理解するのは大変そうである。これを解決するには、表自体を詳しくする必要がある。ある意味で複雑になるけれど、ていねいに順を追って考えることで理解が深まり納得しやすくするのである。

まず、国際分業のない状態とある状態を左右で並置する。相対的優位を示すための「必要な労働量」でなくて、一国全体の分業の形を「生産状況」として示し、左右とも総生産量で表示する。そして、貿易前の二商品の交換比率とその中間で決る貿易時の交換比率も示し（全て生産量として表示）、貿易を通じた最終的な消費量まで示すのである。この場合、国内での交換比率が相対的に低いものが「比較優位」とわかる。その例が〈表4〉である。A国とB国は、B国の人口がA国の一・五倍ほどなので、総消費量からわかるように、B国はどちらの分野でも生産効率が悪く、消費も少ない貧しい国となっている。

なお、リカードは、投下労働価値説という生産にかけた労働時間で商品価値が決まると考えたが、これでは貿易時の交換比率を左右する法則を説明することができない。

比較生産費説が個性を重視することと、歴史を持つ現実の貿易問題との違い

比較生産費説（比較優位の理論）は、絶対的な生産効率でなくて、相対的な生産効率によって貿易の利益が生まれること、協力して分業を行うことで互いの利益が増える、Win-Win の関係がつくれることを説明するものである。ただし、「得意なものを輸出する」とだけ言うと、相対的優位というポイントが抜けるので注意が必要である。

もう一つ注意すべきなのは、これが単純な数値モデルであり、複雑な状況を考慮しておらず、歴史の中でできた産業編成、国内分業のあり方を考慮していないことである。特定の相対的優位がどう続くかが現実状況で決まり、比較生産費説が示すのは、その時の相対的優位によって分業のあり方が変わる、ということだけである。「発展途上国に不利、先進国に有利」「農業国はずっと農業国、工業国はずっと工業国」を言っているのではない。

そしてこの数値モデルで国際分業を考える場合、二国の労働者全体の間で能力が異なるとして、国内の労働者間では能力差がないと前提している。〈表4〉では、食料品と衣料品のどちらかが得意な労働者がいない前提である。ところが、実際には得意の違いがあって、国内分業が行われるようになるのである。つまり、国際的に相対優位な分野に特化しても、国内では異なる分野の労働者の効率が違ってモデルのような結果が出ず、混乱が起こるかもしれない。

農業の自由化は、日本農業の現状（零細化、兼業の多さ、輸出志向弱い）を踏まえ、どのように農業を活性化するか、地方の環境や食糧自給のあり方がいかにあるべきか、具体的条件での検討が不可欠なのである。また貿易に絡んで、移動・流通や情報交換の難しさ、地理的な条件の違いなどの様々な障害もある。比較生産費のモデルによって自由化賛成とは単純に言えないことを心得なければならない。

（芝浦工業大学柏高等学校）

現代の課題を学ぶ

授業実践報告
「一八歳成人」の授業から考えたこと

斉木　英範

二〇一六年に始まった一八歳選挙権の実施と「有権者教育」、「現代社会」の廃止と新科目「公共」など、高校生をめぐる教育の変化、加えて小中の「道徳」の教科化など、青年の政治参加や社会参画など前向きな方向にも見えながら、なにやらきな臭い「改革」をどう考えるか。現場の教員として、すぐ前に迫った「一八歳成人」をテーマにした授業の実践を通して考えてみた。

はじめに

この本が出される頃には指導要領の形で出されているのだろうが、現在の段階では新科目「公共」は分からない。「高等学校学習指導要領における『公共』の改訂の方向性　答申資料3―1」の図を何度見ても具体的なイメージがわいてこない。説明会や学会に行っても説明はほとんど紋切り型で何も伝わってこない。そのような中で、何か自分なりの提起ができないかと考えた。そこで、一八歳選挙権に続いて「一八歳成人」を実現する法改正が国会で審議されるとの記事を見て、これを授業化して生徒と共に考えることにした。

その際に、若者の社会参加と公共性をどう考えるか、「公共」の意味をどうとらえるかという課題を、従来より全民研が実践を積み重ねてきた主権者教育の成果を踏まえて考えたい。

注　新科目「公共についてては」桑山俊昭（全民研・法政大講師）の「新科目『公共』（仮称）はどんな内容か」（二〇一六年一一月一九日）が詳しい。又、杉浦真理（全民研・立命館宇治高）「『公共』（概念）の取り合いが起こる」（二〇一七年六月）との関西支部の学習会での発言が印象に残る。

授業展開

1、一年生現代社会　大単元　青年期

単元の指導と評価の計画（全九時間）

	学習内容	評価の観点
第一次	青年期と自己の形成（2時間） 自己形成の課題（3時間） 青年期の発達課題（2時間）	（第二次の評価）・青年期の自己形成、発達課題を解決するには、社会との関わりが重要であること、社会参加することによって、社会の維持・発展に貢献するばかりでなく、自己実現を可能にすることができることなどを理解し、どのように社会的役割を担っていくのかについて考える（関心・意欲・態度）。
第二次	青年期と社会参加（2時間） （本時） 18歳成人を考える（ワークショップ）	

2、小単元のテーマ：一八歳成人を考える

＊一八歳成人について学習し、青年の社会参画のあり方について考える。

＊二重討議と知識構成型ジグソー法の手法による「主体的・対話的で深い学び」の探求をめざして。

3、趣旨とねらい（教材観）

（1）単元設定の理由

一八歳選挙権の実現につづいて、一八歳成人が検討されている。

また、新学習指導要領では、「現代社会」の廃止と新科目「公共」の設置などによって、新しい学習課題が付け加わることになる。

加えて、授業方法についても、「主体的・対話的で深い学び」を実現する授業の工夫が要求される。

（2）そこで、

①生徒にとって「現在的」な課題である、一八歳成人をテーマにした授業を構想した。

直接このテーマの対象になる高校生に、その賛否、実現に向けた課題を検討した上で、実現するにはどのような施策が必要か、また自分はどう対応するかという主体的な関わり方について、考えさせたい。

②この課題は、主権者教育、法教育、公共性などにもかかわる広がりを持った学習テーマである。

学習の内容や切り口は「青年期における自己実現」であるが、考察を重ねる中で、論点は社会的な様々な問題に広がる可能性を持つ単元になり得る。

③「主体的・対話的で深い学び」につながる学びの方法を取り入れた。

生徒の学習活動は、班単位での調べ学習と班討論、全体討論が中心になる。

具体的には、従来の二重討議方式（討論する）と東京大学CoREFの提案する知的構成型ジグソー法（調べる・報告する）を組み合わせた手法でおこなう。

なお、二重討議は主として生徒の自主活動などでオープンエンドの問題を討議するのに優れた手法であり、知識構成型ジグソー法は協働的に知識を学ぶ方法としてクローズドな問題を扱う授業に優れた手法であると考えられている。授業の目標はオープンエンドな課題に対する自己の立場を考えることに置くが、実現のための論点整理をすることで確実な知識獲得というクローズな面も重視した。

参考：『協調学習　授業デザイン　ハンドブック―知識構成型ジグソー法を用いた授業づくり』東京大学CoREF（平成二七年）

4、事前の準備

*調べるためのシート：各エキスパート班用、各ジグソー班用、個人用感想用紙。
*調べ学習用のパソコン各班一台（一〇台、LAN接続）。
*班編成のための配慮：班分けカード：できるだけ各班が男女数などで同数になるように編成する。
*授業のために：生徒が論点を調べる際に使えるHPをチェックしておく。
関連するHPの確認→信頼性のあるデータがそろうか、生徒の疑問に答えられているか。公的なHPの紹介。

5、学習の展開

	第1時		
	入室	導入	展開1 調べ
授業内容	班分け…抽選カードを使って班分け、着席する［A～E、a～e］	青年期の特徴（復習） モラトリアム、延長していること 法的に見た青年　20歳成人と18歳選挙権 国会に法案が提出されることの紹介	18歳成人について ①自分の第一印象を記録　賛成／反対？ ②（エキスパート班活動）調べ学習4人×5班×2＝40人 課題設定　18歳成人についての論点（5つ）を調べる 1A班　世界の様子、18歳選挙権を導入したときの議論 2B班　契約と未成年、消費者問題 3C班　犯罪と未成年、少年法 4D班　酒たばこ、結婚、成人式 5E班　高校生の意識調査 *班ごとに課題についての調べ学習…パソコン10台
留意点、評価の観点	班編成・男女構成	青年期はモラトリアムの時期…学ぶことが増えて、責任や義務を猶予されている	論点の共有化 ●班毎のシート配布 ●エキスパート班で論点を深める（論点の深化） A：知識、 A：情報収集の技能 B：思考、表現力 C：主体的・協働的態度 *アクセスしたHPを記録させる

第2時		
展開2 報告 質問	班移動：エキスパート班をジグソー班（各5人）に再編成 各論点毎に1人のエキスパートがいるように班編制する ③（ジグソー班活動）学び合い5人×8班 各自がエキスパート班で学んだことを、班で説明 班ごとの学び合い・話し合い ポイント：各論点ごとの課題を知り、解決策を考える	●ジグソー班で共有（論点知識の共有化） B：思考力・判断力・表現力 ＊クローズドな知識の共有 ＊オープンエンドの課題を考える B：思考力・判断力・表現力 C：主体的・協働的態度
展開3 討論 発表	④班討議 1. あなた（の班）は、18歳成人についてどう考えますか。 2. 18歳成人を実現するために必要な（望む）政策は何ですか ⑤時間があれば：班討論→全体への発表 →全体討論	
まとめ	⑥各自の活動　自分の考えをまとめる	

生徒の感想

1、アンケート結果

	男子	女子	合計
1年生（回収113名／3クラス119名）	51	62	113

	男子	女子	合計
参考：3年生（回収68名／2クラス79名）	22	46	68

賛成	反対
21人 41%	30人 59%
11人 18%	51人 82%
32 28%	81 72%

賛成	反対	DK
13 59%	7 32%	2
10 22%	33 72%	3
23 34%	40 59%	5

注　3年生は、授業をせずに、3つの社説を読んだ後の意見

2、生徒の意見

賛成

M　賛成です

理由は選挙権が一八歳になったと言うことは、一八歳も政治に参加できる年齢となったわけだから、未成年が選挙に参加していることになります。未成年とは大人ではないと思うので、未成年が政治に参加するのは少しおかしいと僕は感じます。なので、一八歳を大人の仲間入りにすることは賛成です。

そしてお酒やタバコなどを一八歳以上に変更すると、税金を多くの世代から取ることができるので、日本の経済が良くなることも考えるからです。

（対策）一八歳成人によって脳の成熟がまだ完璧でない年齢の人が成年になるということで、犯罪の増加や契約する際のトラブルが多くなると思います。成人になるということは少年法が適応されないということです。少年法が適応されないと、今まで一八、一九歳だった人とは異なる刑罰を受けるこ

とになります。なので、一八歳、一九歳は準成人という位置づけにして、お酒やタバコ、結婚も契約も成人と同様にできるが、もし罪を犯した時やトラブルに巻きこまれた時に少年法が適用されたり、体に悪いお酒やタバコは月に何本までとか、一人ひとりを国が管理できるシステムを導入することができたら良いと思います。今の時代はスマホなどで個人を管理するのは簡単だと思うので実現できると思います。

今二〇歳が成人、成人式は大学生の時にすると思いますが、一八歳だと、受験の時に成人式をしないといけないと授業でいわれていました。なので、一八、一九歳は準成人として、今まで通り二〇歳の時に本当の成人式を行うという考えが良いのではないかなと思います。

F　私は一八歳成人について賛成です。

理由は二つあります。

一つ目は、責任の重みを感じることができるからです。一八歳でもどちらが正しく、どちらが間違っているのかぐらいの判断はできると思います。だからこそ、「一八歳成人」になれば、自立した若者も増えると思います。

二つ目はさらに政治に参加できるということです。一八歳から選挙権を持つことはできますが、やはり大人ではない一八歳、一九歳の若者の意見は政治に反映されにくいというのが今の現状だと思います。しかし、「一八歳成人」になれば一人の大人として政治に意欲的に参加することができると思います。そして政治も若者の意見も反映させた柔軟性のあるものになると思います。

（対策）「一八歳成人」はとてもいいこともありますが、少し悪い面もあると思います。一八歳、一九歳といえば、まだ、ほとんどの人が経済的に自立できていない学生です。もし、多額のお金がかかわることに巻きこまれた時、実際に払うのは親になってしまいます。このように、まだ全ての責任は一八歳、一九歳の若者には一部の責任を免除するというような政策や条例を国や地方自治体などで作ってゆくことが大切だと思います。

また国や地方自治体などで若者についての政策を決めているというのが今の現状です。しかし、政策が実施される年代の若者がその政策に対して賛成なのか反対なのかという意見はほとんど反映されていません。その年代の立場になれば、実施しないほうがいいという政策もあるからです。このような問題を回避するために、直接対象の年代にアンケートをとることが大切だと思います。これをすれば若者の意見も取り入れた政治ができると思います。

このように、一八歳、一九歳の若者には責任を負うべきところを増やし、一部の責任に対しては国や地方自治体が守り、そして政治参加をうながすことが大切だと思います。

反対

F　一八歳成人について、反対です。

その理由は二つあります。一つ目は、大学受験の時期に成人式をされると困るからという理由です。大学受験は自分の将来を決めるぐらいの大切なものだと思います。しかし、成人式も子どもから大人へと変わる、大切な節目です。この二つの時期が重なるととても大変だと思います。

二つ目は、成人としての自覚を持てない大人が増えそうだという理由です。正直私は政治・社会について関心もなく、知らないことばかりです。高校三年生になるまでに関心が持てるとは思いません。受験勉強はしても、現在の政治について勉強することはないと思います。これらの理由から、私は一八歳成人について反対です。

（対策）私は「成人になるということはどういうことなのか」という理解を深める教育をもっと行うべきだと思います。インターネットで調べてみると、お酒が飲めるようになる、たばこが吸えるようになる、などの他に、競馬、競輪など公営競技の投票券が購入できる様になる、ローン契約や賃貸契約など契約行為に親の同意がいらなくなる、国民年金の加入義務が発生する、親の同意なく結婚できる、一〇年有効なパスポートを申請できる等、私が知らないことばかりが書いてありました。もし、今回の授業で成人について考えることがなければ、こうやって成人になるとどうなるのかを知ることがなかったと思います。

そして、授業の中で「成人」について多くのことを知ることは将来自分が「成人になる」という自覚を持つとても大切なことだと思います。だから私は、「成人になるということはどういうことなのか」という理解を深める教育をもっと行うべきだと思います。

F（対策）「一八さいからせいじんですよ～自由ですよ～」とフワッとしたものではなく、「一八歳以上から酒たばこはいいが、月〇〇まで」と制限をつけるといいと思います。契約でも「二〇歳までは〇件までの契約まで可能」みたいな感じでルールを作ると一八歳成人が実現しやすくなるのかなと思います。

まとめると、一八歳以上からは成人とするがいきなりなんでもしほうだい、とかではなく二〇歳までの二年間をおためし期間にする「仮成人」なら実現しやすいと思います。私は今、一八歳成人がスタート（二年後にはもう成人）と言われると嬉しいとかより、戸惑いが大きいです。

今後の課題を考える

①生徒の感想から：やはり、課題が残った。

第一に、高校一年生段階では、事象や基本的知識への理解が足りないことが最大の問題であった。例えば、人権学習や契約の意味、憲法的価値の基本的な学習なしに、一八歳成人の課題を考えることはできないのではないか。

第二に、生徒はさまざまな知識を知り、理解してゆく過程で考え、原理・原則について気づいてゆく。『答申資料』にかかれているような「選択判断の手がかりとなるような考え方や基本原理」を身に付けた上で、「活用」して新しい知識を獲得する訳ではない。

従って、新科目「公共」は高校社会のまとめのような役割を果たすことになるのではないだろうか。

まとめにかえて

授業の最後で生徒の意見を書かせる際には、賛成・反対だけではなく、提言を求めた。

一八歳成人の課題が、他人事の議論にならない工夫であった。しかし、「～してほしい」という要求の意見が多く、当初はどうとらえるか、戸惑った。

その後、大阪弁護士会の「シンポジウム　成年年齢引き下げ問題を考える」（二〇一七年九月三〇日）で報告の機会をいただいた際に、少年法や消費者保護の分野に一八歳から二二歳までを「若年成人」として保護するという考え方があることを知った。

注　消費者庁・消費者委員会成人年齢引き下げ対応検討ワーキンググループ報告書（二〇一七年一月）

京都産業大・板東俊夫教授はこれを、「未成年者保護とは、市民法にとってその担い手を絶えず生み出してゆくために、市民一人ひとりがその身体に刻み込み、尊重すべきところの第一義的な法的価値基準である」（川角由和・島根法学３５４）を引用され、「ちょっと我慢して育ててゆく仕組み」と紹介された。

一八歳選挙権でも、一八歳成人でも、まじめに考える生徒ほど、自分のようなまだ何も知らない者が選挙に行っていいのか、大人として扱われていいのかと、戸惑い、不安に立ちすくんでいる。私たちは、生徒を自立した大人に育てる、と同時にこれからからも成長し続ける大人として期待してもよいのではないだろうか。

ガトー・ビースタは、「すでにある（所与の）「公共」に適応するから、新しい「公共」を作り出すこと＝（市民の飼い慣らし）から、新しい振る舞い方と存在の仕方、秩序の環境設定をし直すことへ、これはまさに民主主義を学ぶこと」（『民主主義を学習する』勁草書房、二〇一四年二月）であるとしている。全民研が、民主主義、主権者を育てる実践を積み重ねることで、新科目「公共」を、若い人たちが自分たちの「公共」を考える機会にできるような取り組みをしようではないか。

（大阪府立北千里高校）

高校生の政治参加・教育と開かれた学校づくり

横出加津彦

はじめに

一八歳選挙権が法制化されて今年度で二度目の国政選挙となり、一一月には、地元の紀の川市議会選挙も実施された。全国的には若者の投票率の低さ、政治への関心の低さが問題となっている中で、各校で具体的な実践が全国的に報告されている。しかし、色々な実践といっても、模擬投票や選挙の知識を問う授業実践、政党のマニュフェストを読み合いながらの討論会やポスターセッション、発表会などである。もちろんそういった実践の中に優れたものもあるが、本当にそれだけでいいのだろうか。高校生の政治意識を本当の意味で伸ばす方法とは、自分たちの足元の地方自治から出発し、国政へとつなげていくこと。また、高校生の夢の実現と政治が関係しているという実感を理解させるため、教材として具体的な地域の課題や進学・就職の課題などをあげながら、若者を取り巻く環境を理解させていくことが重要なのではないか。今回の報告は、地方自治や夢の実現のためにどのような政治が必要かを班討論などで創造させた授業と本校の特色であるKOKO塾という自主活動をリンクさせた「高校生の真の政治参加」を考えた取り組みを報告したい。

KOKO塾「まなびの郷」とは？

授業実践や政治参加について報告する前に、本校のKOKO塾なる取り組みを紹介したい。二〇〇二年度から和歌山大学、地域（紀の川市行政・商工会・地域のNPO組織）と粉河高校が連携し、地域公開型の四つの講演会を開催したことに始まる。翌二〇〇三年からは、「まなびの郷ＫＯＫＯ塾」という名で、テーマごとのワークショップ形式（ＷＧワーキンググループ）での学習に取り組むこととなり、その後ＷＧは、現在まで続くことになる。生徒は、四月に一年生に対してオリエンテーションをおこない、毎年一〇〇名ほどの登録がなされ、放課後・土日に活動する。ＷＧは、現在、「まちづくり」「福祉」「教育」「環境」「情報」の五つ設定され、独自の活動を行っている。本校の高校生やその他の連携した学校（小・中・他高校）、大学生、大学院生、地域の住民が参加し、和歌山大学からは各ＷＧのテーマを専門とする教員が担当講師となっている。定まったカリキュラムがあるわけではなく、参加者が自由に意見やアイディアを出し合って年間の目的やテーマ、具体的な活動方法などを話し合いながら決め、一年間活動していくという形式。高校生と大人が同じ立場で話し合い、全員参加型の学びを創り出すことを重視しており、学校での授業・講義とは全く違うものである。

ＫＯＫＯ塾の現在までの取り組みと成果

一六年目を迎え、現在五つのＷＧの成果が出てきている。「まちづくりＷＧ」は、地域の宝探しをすることから活動は始まり、地元とんまか通り商店街を一軒一軒訪ね、インタビュー調査を行い（ＤＶＤ撮影）、その結果を取りまとめた。ＷＧを通じて知り得た地域の課題が、地理の授業でＤＶＤなどで紹介され、時には店主がゲストティチャーとして生徒たちの前に再登場することもあった。地域での課題発見や生徒たちの驚きや感動が高校の系統地理の授業（村落と都市・流通など）によって全国の状況ともリンクし、知的理解となって高校生たちの意欲や思いを引き出していった。高校生にとって自分たちに期待してくれる他者と出会うことは、自分の中の潜在的な力が引き出されることにつながっていく。地域の実態や現実、悩みを自ら知るなかで、高校生たちは自らの中に、「〇〇をやりたい」という意欲を育てていった。２００６年から「オープンカフェ」（町中の露天カフェテリア）を始め、以来恒例行事となって今日まで継続している。また、全校生徒から応募したマスコットキャラクターのゆるキャラを自分たちで製作し、「こかワン」というかぶり物を何体も作った（こかワン増殖中）。さらに一日のカフェに留まらず、粉河町にある大正六年建築の古民家（山崎邸）では、高校生のオリジナルメニューで高校生カフェを開業したり、地元を紹介する「粉河生ガイド」に取り組むことになり、現在も続いている。他にも環境ＷＧは水をテーマに水質調査をした結果、有機栽培が、環境にも健康にも大切であることを、自分たちの学びで感じとり、校庭に畑を作り無農薬で野菜を育てることを生徒が発案し、さつまいもやトウモロコシなどを育て、育てた野菜を加工し、毎年オープンカフェで販売している。このように、そこに参加している生徒たちは、多様な世代、異業種の人たちに出会い、様々な人の考え方、姿勢に接し、おとなたちの生き様そのものから、多くをつかみとっている。高校生たちは、人前で堂々と意見を述べ発表する力など、当初からはくらべようもないほど成長し、教員にとっても、地域の人たちにとっても大きな喜びになっている。そして今、学校はかつての荒れを克服し、今年度は指導件数が〇の状態となった。

ＫＯＫＯ塾による地域の変化

地域の側も、ＫＯＫＯ塾での学びを生かして「地域のつながりを取り戻そう」と商店主らが立ち上がり、ＮＰＯ法人紀州粉河まちづくり塾を発足させ、商業振興だけでは、消費者には長く受け入れてもらえないと考えるに至り、「人づくりから地域づくり」を目標に、各種団体とも連携をとりながら、活動を継続している。

地元商工会では、「粉河検定」を始め、粉河ガイドの時にお世話になった地域の郷土史家の方が中心となり、私も含め集まって問題を作成し、地域の方々に呼びかけ、実施している。もちろん、ＫＯＫＯ塾の生徒たちも受検している。

行政からは、教育委員会はもちろん、商工観光課・企画調整課・市長公室などがそれぞれにＫＯＫＯ塾と一緒に取り組みをすすめている。商工観光課では、フルーツツーリズムという市の取り組みに高校生が参加している。また地域おこし協力隊のメンバーもＫＯＫＯ塾に参加していただき、高校生と一緒に企画立案している。さらに企画調整課では、紀の川市の長期総合計画の策定にあたって、ＫＯＫＯ塾の高校生に参加して欲しいという要請があり、全三回のワークショップに全て参加した。来年度は、その具体的なアクションプランにも高校生が参加していくことを約束してもらっている。また市長公室においては、授業における「市長への質問状」を取り扱うという計画もおこなっている。

行政とのコラボレーションは、以上の直接的な連携だけではなく、行政に集う各種団体との連携を新たに生み出すきっかけとなっている。紀の川市障害児者父母の会の方々との出会いから、通級学級の学習会ができないかと模索をしたり、農業関係者や高齢者団体との接点も新たに生まれつつある。

授業とＫＯＫＯ塾のキャッチボール

では、具体的な授業についての報告に移りたい。二〇一五年度「一八歳選挙権と地方自治」というタイトルの授業を三年生の政治経済で取り扱った（全五時間）。その流れを主な発問にそって、まとめて報告したい。

「今年、大きく選挙についての制度が変わりました。知っていますか？　一八歳選挙権になりました。それについてどう思いますか」「なぜ若者の投票率が低いのでしょうか？」などの質問から導入。生徒は、「政治に興味がない・わからない」「政治家を信頼できない」などと答える。そして本題。「若者の投票率を上げる方法とは？」と発問すれば、一部の生徒から「被選挙権が一八歳になり、高校生（友達）が議員になること」と提案があった。「では先進国の多くは、被選挙権はいくつだろうか?」などクイズをしながら、ドイツ・イギリス・北欧の国などは、一八歳であることを説明。選挙に立候補するとすれば、先ずは地元からと「紀の川市の実態を知ろう。先ず紀の川市の誕生について。紀の川市は、5町が合併しました。その町名は?」「合併によるメリットデメリットとは?」「紀の川市の運営しているものは何だったかな?」などと地元市町村の状況を確認した。そして主題。「その運営している図書館について具体的に考えてみよう。図書館は、今まで各町に一つ、五館があった(五館の現状:来館者数と蔵書数を説明)。以上の事実から、あなたが行政をするとすれば、統廃合計画をおこなうにあたって、市民が使いやすく納得できる図書館行政を考えて発表してみよう」→二館に統合する計画と五館残す計画が生徒の中で割れて議論になった。

＊二館統合派の意見　打田と貴志川は利用者数も多いし、合併したのだから、経費削減のために二館に集約した方が、そのお金を他に回すことができる。

＊五館存続派の意見　図書館は、利用者数に関係なく、市民が気軽に行くことができることがポイント。遠くなってしまえば、本来の図書館ではなくなる。

「そして紀の川市の選択は、二館併合でした。さて、この決定をしたのは誰でしょうか?」「市長」と大半の生徒は答えたが、「答えは、議会です。」

この授業には、紀の川市教育委員会の方もゲストティーチャーとして来てくれていたので、図書館統廃合については、様々な声が行政に届けられ、その意見を背景に話し合っていることを生徒に伝えてくれた。つまり、市長や議会は確かに権限を持っているが、市民の声の力は予想以上に大きいことを確認できた。

授業後の生徒の意見では、五館存続派も二館統合派も、両者の意見にゆれながらも、自分の意見を主張していた。真剣に身近な課題に取り組んだことが分かった。

参議院議員選挙　公開討論会への取り組みへ

以上が二〇一五年度の授業であった。そしてその延長線上に二〇一六年度の取り組みがある。そしてKOKO塾をサポートしていこうという本校OB・OGの組織である「粉河大学」が四月に立ちあがった。

また和歌山県のNPOの組織として公開討論会を地道に行ってきた『自治ネットワーク』より、「今回の参議院議員選挙は、ぜひ高校生の力を借りたい」という依頼があった。

先ず「粉河大学」を中心に二〇名ほどの実行委員会を形成し、「わかやま夢スクール実行委員会」と名付け、何度も打ち合わせ会議をおこない、また県教育委員会への後援申請や当日の日程・宣伝の方法などを協議していった。また平行して私は、和歌山県社会科研究協会で和歌山県下の社会科教員に対して、参議院議員候補者への質問状をつくる授業を教案とともに提案した。授業の中身は、ワークショップ形式(KJ法)でおこなった。発問とともにタックシールを使い、自分の意見を明確化・概念化して、最後に質問状づくりにむかうというもの。発問は、「君の夢は何ですか？」「夢の実現のために必要なものはいったい何か」「夢を実現するために足りないものは何か」「総合的に考え、何をすれば高校生の夢が実現していく社会となるか。具体的な方法を提案しよう」など生徒に考えさせながらすすめた。そして提案を受けてから、「みんなの素晴らしい意見を参議院議員候補者にぶつけていこうとKOKO塾が企画しています。具体的な質問状を作っていこう」と呼びかけ、授業で質問状を各班ごとにまとめていった。他校で、この授業の依頼に応えてくれた学校は、残念ながら四校であったが、たくさんの質問状が寄せられた。実行委員会メンバー全員で、私の授業や他校からFAXで受け付けた立候補者への質問状を吟味・選択。当日の役割分担も決定し、六月二〇日（月）公開討論会当日にのぞんだ。当日の主な質問は以下の通りだった。

①一八、九歳の若者にアピールしたい政策は何ですか？
②政治不信を払拭する政策を具体的に挙げてください。
③ブラック企業での過労死の問題など、とくに若者たちの間で労働問題が深刻化しています。私たちが将来、働き、家族と安心して暮らしていけるようにするために、どのような政策を考えていますか？
④奨学金制度の給付型をどのように考えていますか？

進行をおこなったOBの西端は、三人の候補者に堂々と質問をぶつけていった。会場は三〇〇人が集まる大盛況となり、KOKO塾参加の高校生も五〇人ほど駆けつけ、熱気に満ちたものとなった。実行委員会の大学生たちや会場に来た高校生たちも、マスコミに何度も取材を受け、興奮していたが、その応対に成長した姿を見せてくれた。

おわりに

KOKO塾が一六年目を迎え、地域の日常を自分たち高校生の力で変えていこうとする能力を養うことが「政治参加」であり、主権者教育なのだと考える。それは、地域だけではなく、本当に身の回りのHR活動や生徒会活動によって、自分たちの学校を創りあげる取り組みから出発するということはもちろんである。今回は紙幅の都合で紹介していないが、三者協議会を持ち、文化祭・体育祭も含めて生徒会活動が活発である本校だからこそ、地域へ出かけていく素地があること。また組合活動も活発であり、教職員も民主的な学校づくりに取り組んでいることが重要である。

さらにその自主活動と授業がリンクすることにより、自分たちの地域固有の課題と認識していたことが、全国・全世界の課題と共通していることを知り、新たな社会的課題（過疎化・高齢化・少子化など）を見つけ出していくことにつながる。その課題解決を考えていく具体的な過程でKOKO塾の意味を再認識し、KOKO塾の新たな扉を開けていくと考える。まさに、授業と民主的な自主活動は車の両輪である。今後もリアルに地域にアクセスしていくダイナミックな取り組みを生徒とともに追及していきたい。

（和歌山県立粉河高等学校）

現代の課題を学ぶ

高校生が政治参加について主体的に考える授業

——単元「『田中角栄』から民主政治と政治参加を考える」を事例として

渥美　利文

1　「選挙なんて行かないよ」

T：「みんな、今度の日曜日は選挙だね」
①（途端に首を横に振る生徒が数人）
S1：「えっ、日曜選挙？　うわっ、だるっ！　何それ、みんな行くの？　ああ、そういえばなんか手紙来てたわ〜。（隣の生徒に投票に行くか聞かれて）え、ぜってー行かねーよ。っていうか先生は行くの？」
T：「もちろん。ぼくは今まで一度も棄権していない」
S1：「え、じゃあ先生は誰に入れるの？」
T：「それは、ちょっと…（苦笑）」
S1：「いいじゃん。オレ先生と同じ人に入れるよ」
S2：「それって確か、先生は言っちゃいけないんでしょ。先生も大変だよね」
T：「まぁせっかくだから行ってきたら？　いい経験だよ」
S3：「選挙なんて行かないよ。行って何かいいことあるの？　②だいたい政治家なんて自分のことしか考えてないし、給料もらって（議会中に）寝てるじゃん」

二〇一七年七月の東京都議選の直前、三年生の教室でこんな会話が展開された。登場する生徒は三人とも、選挙にはあまり関心がない様子で、誰に投票すべきかを教師に訊ねる始末だった。傍線部①は、筆者が何気なく「選挙」と口にした途端、目が合った数人の生徒が首を横に振った。「どうせ先生は投票に行けと言うんだろう。その話は聞き飽きた」と言っているように見えた。②は、高校生がよく口にする政治評である。信条、政策、具体的な政治活動ではなく、高給をもらっている、議場で寝ているなど、目に付きやすいマイナス面をとらえて、それをそのまま「政治不信」につなげてしまう。こうした状況では、生徒たちの主体的な政治参加への意識を高めることは難しい。高校生が政治への関心を高め、政治参加について主体的に考える授業は、どうすれば実践できるだろうか。

近年は、「模擬○○」のように、架空の事例を取り上げた体験的な授業がさかんである。確かに、学年担任団が候補者に扮する模擬立会演説会や、実際の投票箱に投票用紙を入れてみる模擬投票などの取り組みは、それ自体は生徒に「おもしろい」と思わせるに違いない。しかし、筆者の経験に照らして、こうした授業は、授業自体に対する興味は高められても、肝心の内容に対する関心は十分に高められないと感じている。現実の政治はさまざまな争点や利害関係が複雑に入り組み、架空の事例にきれいに落とし込めるほど簡単ではない。現実を単純化して簡単に扱ってみせたところで、それが本当に現実の政治への関心につながるのかという疑問もある。もちろん、模擬的な実践の学習効果も報告されており、何を教材とするかは授業者の好みの問題とも言えるのだが、筆者は、授業ではなるべく架空ではなく、現実の政治を取り上げたいと考えている。

しかし、現実の政治を教材化するにあたっては、「中立」の確保をはじめ、さまざまな困難がある。そこで筆者は、現実は現実でも、現在ではなく「過去」の現実、それも、比較的評価の定まった過去の現実を使っている。これなら、歴史教育にも多くの実践例があるとおり、生徒たちは過去から今日的な示唆を得ることができ、政治参加について主体的に考えるきっかけにできる。それが、本報告で紹介する単元「『田中角栄』から民主政治と政治参加を考える」である。

2　過去の現実から考える

本単元の教材は、元首相「田中角栄」（一九一八〜一九九三）の人物と、政治家としてのその足跡である。田中角栄を取り上げた主な理由は、以下の三点である。

①政策や政治手法に対する多様な評価がありながらも、死去から二〇年以上経過してなお、日本の戦後政治史を代表する政治家とされていることから、授業の「中立」を確保しつつ、現実の政治的事象に対する生徒の関心を高めることが期待できること。

②代表的な政策や政治手法を取り上げることにより、国民主権をはじめ日本国憲法の基本原則、代議制の意義、日本の政治機構の課題、世論形成の意義等について理解するとともに、立法と行政、多数決原理と運用、権力分立等について考察できること。

③選挙のたびに地元で圧倒的な支持を得る一方、「利益誘導政治」「選挙民の意識の低さ」などの批判もあったことを手掛かりとして、主権者としての自覚とは何か、政治に参加するとはどういうことか等について、各自が教訓を読み取ることができること。

田中角栄は、「コンピューター付ブルドーザー」「庶民宰相」「気配りの達人」などの評価がある一方、「金権政治家」「派閥政治の象徴」「闇将軍」といった批判もあり、その死後から二〇年以上を経過しつつも、きわめて多様な評価のなされる政治家である。政策についても、例えば「日本列島改造論」は、「新幹線や高速道路網の整備により国土の均衡ある発展を目指した」と評価される一方、「地価上昇と土地投機に拍車をかけ、〝狂乱物価〟とよばれる国民経済の混乱をもたらした」との批判もある。「角栄の『利益還元政治』は、見方を変えれば『社会民主主義』だった。それを新潟三区の選挙民は支持した。…政治の世界では、それを端的にカネという形で表現した。そして転落した」(早野透『田中角栄―戦後日本の悲しき自画像―』中公新書)という評価もある。こうした人物や政策の多様な評価に触れることで、生徒たちが、現在の政治と自分達との関わりを考えるきっかけとするとともに、政治家に必要な資質とは何か、私たちが政治に求めるものは何か、政治に参加するとはどういうことかなどについて、考察を深めてほしいというのが、田中角栄を教材として取り上げた理由である。

なお、田中角栄は特定の党派に所属した一人の政治家であり(ロッキード事件で逮捕後は無所属)、本人やその周辺を一方的に称賛したり批判したりする取り上げ方にならないよう配慮が必要なのはもちろんである。しかし、実際には田中の死去からすでに20年以上経過しており、政治状況は当時から大きく変化している。田中の足跡として今日取り上げられる事柄も、すでに歴史上のできごととなっているものが多い。かつての「田中派」には現職の国会議員もいるが、その多くは政界を引退している。本単元の授業が、現在の特定の政党や政治家に有利・不利に働いたり、生徒を支持・不支持に誘導する危険は少ないと思われる。

3　生徒は「田中角栄」をどう見たか

本授業は五時間構成で、その大まかな内容は以下の通りである。

(第一時)授業の趣旨を説明し、田中の人物と足跡をＶＴＲ(ニュース特集、二五分)で紹介。

(第二時)田中の足跡を事例として教科書的な知識を確認(国民主権をはじめとする日本国憲法の基本原則、国会と内閣を中心とする政治機構の概要、代議制の意義等)。

(第三時)「日中国交回復」「日本列島改造論」「ロッキード事件」の三つの具体的なできごとについて、そのあらましを時代背景や対立意見とともに紹介。「あなたが当時生きていたら、田中をどう評価したか」というテーマで、レポートを作成。

(第四時)田中の評価に関して意見交換し、それを踏まえて今度は「政治(家)の役割、私たちが政治(家)に求めるものは何か」について、①政策、②判断力・実行力、③人柄から選択し、その理由について再度レポートを作成。

(第五時)「政治(家)に求めるもの」について意見交換し、論点を整理。まとめとして、民主政治を実現するための私たちの政治参加の意義を確認。

本授業は二〇一一年度から、筆者の勤務校の三年「現代社会」(必修三単位)にて実践している。ここでは、第四時・第五時の授業における生徒の意見を紹介し、高校生が政治参加について主体的に考える授業をどうつくるか考察したい。冒頭の○は田中に対する高評価の意見、×は低評価の意見である。内容は一部補足要約し、氏名は仮名である。

○もし新幹線や高速道路がなかったら、都心の過密化、地方の過疎化はさらに進行していただろう。そして、日中国交回復は、今の日本経済において中国はなくてはならない存在なので、四〇年前の国交回復が現在とても良い影響をもたらしていると思う。(佐藤)

×田中のやり方はあまり好きではない。新幹線を張り巡らせるために土地を買うと言ったせいで、地価も物価も上昇した。そのために、投資家などお金持ちの人は苦しまずに得をして、貧しい人は何一つ得することがない。格差社会がはっきり表れるような政策はすべきではなかったと思う。(鈴木)

佐藤も鈴木も、具体的な政策と、それに伴う影響を具体例を挙げて論じ、そのことを田中に対する評価に結び付けている。1で述べたように、高校生の政治評は政策に基づいて行われることが少ないが、過去のものとはいえ、高校生なりに説得力をもって政策を分析している。そしてそれを、「経済への良い影響をもたらす」(佐藤)「格差社会にすべきではない」(鈴木)など、個別の政策への評価をこえた政治に対する考え方(政治思想)にまで高めようとしている。過去の現実のできごとを教訓として、現在の政治に対する考え方を身につけようとしていると評価できる。

○ニクソンショックやオイルショックは田中にとって想定外のことで、これがなければ日本列島改造論は実現可能だった。何より、田中がこれをしようとしなかったら、誰もやろうと考えなかっただろうから、それをしようとしたのはすごいことだと思う。派閥の子分に選挙資金を配ったり、「角福戦争」でお金を使ったりしたことは、良くないことだけど、私たちに直接関係しないだろうからどうでもいい。(高橋)

×どんなにすごい政策を打ち出しても、後先考えずに強引に押し進めるやり方は評価できない。本当に「日本列島改造」をしたいのであれば、経済の地盤を安定させ、環境に配慮し、外国との関係をより強固にしてから実行に移すべきだったと思う。(伊藤)

高橋は、「ニクソンショックやオイルショック」など、当時の時代状況を踏まえつつ、田中の構想力、実行力の高さを評価している。一方、金権・金脈批判については「私たちに直接関係しない」と、政治家はあくまで政策の中身とその実行力で評価すべきと考えている。一方、伊藤は「すごい政策を打ち出しても、後先考えずに強引に押し進めるやり方は評価できない」と、政策は内容だけでなく、その決定や実行の過程も重要であると述べている。その上で、政策は経済や外交などの状況を総合的に判断して実行すべきと主張している。両者とも、具体的な事実に基づく意見で説得力があるが、これらは比較的評価が定まっている過去の政治的な出来事を取り上げているからこそ、生徒がそのような評価を「利用」して自分の評価とすることができるのである。現実から遊離せず、歴史に学び、学問的成果を活用して自身の政治的な考え方を形成することは、民主政治と政治参加を学ぶ上で重要な要素といえる。

○私が田中の一番いいなと思うところは、演説を聞いていて硬い感じがなく、とても親しみやすいところです。部下や仲間一人ひとりの家族のことまで覚えたり、学歴がなくても勉強して政治家になったりと、努力家なところに好感が持てました。（渡辺）

×地価や物価の高騰でお金持ちになれた人はいいけど、出費が増えるだけなら国民はつらいだけ。国民のための政治なのにこれじゃ意味がないと思う。新幹線だってお金に余裕のある人しか乗れなくて、これでは国民全体を見ていないと思う。その田中自身がお金に関することで捕まっており、国民の代表である政治家が逮捕されては、国民が不安になると思う。（山本）

両者とも、個別の政策やその実行力ではなく、田中自身の人柄や信用性に着目している。渡辺は、田中の生い立ちや演説の仕方に注目し、「硬い感じがない」ところに親近感を感じている。一方、山本は、お金に対する田中の姿勢について「国民が不安になる」と述べ、政治家は特に「政治とカネ」の問題について、透明性と倫理観が必要であることを述べている。政策やその実行力とは直接関係ないこのような人柄や人物評も、高校生の政治への関心には重要な影響を及ぼす。生徒の中には、家庭で保護者や祖父母とこの授業のことを話題にし、家族の「田中評」を報告してくれる生徒もいる。話題豊富な政治家だからこそ、家族でその話題を共有でき、政治への関心につなげることができる。

このように、多くの生徒がクラスの仲間のさまざまな意見に触れることで、「中立」を保ちつつ、政策や政治家に対する多様な評価につなげていくことができる。最終的には、これをもう一段、現代の政治に対する関心や政治参加への意欲へと高めることが必要だが、第五時ではより広く、政治に求めるものや政治家の資質について意見交換を行った。

4　高校生が考える「政治家の役割」

第五時は、「政治（家）の役割、私たちは政治（家）に求めるものは、①政策、②決断力・実行力、③人柄のどれか。田中角栄の評価を手掛かりに考えてみよう」というテーマで意見交換を実施した。この３つの分類は、マックス・ウェーバーの「政治家の条件」（『職業としての政治』岩波文庫）を参考に、第4時で出された生徒の田中評をおおまかに分類したものである。主な意見（要旨）は以下の通りである（①～③は分類番号）。

> ①国民により近く、国民の声を聞こうとする人。
> ①復興も大事だが、子どものための政策を実現してほしい。
> ①五輪もいいが国民第一の政策を実行してくれる人。
> ②国民が納得できる行動をしてくれる人。
> ②決断できる人。決断できないから国民に不満がたまり、デモが起こる。
> ③国民を信頼してくれる人。
> ③自分ではなく国民を思った発言、行動をする人。
> ③お金をムダ使いしない人。

実際には毎年度、どのクラスでも①～③の意見がどれかに偏るということは少ない。しかし、どの分類であっても、上表のように「国民」の語が多用される。授業では生徒にこのことに気づかせ、民主政治においては「国民」の声が政治的な意思決定の最終的なよりどころとなること、国民の声を政治に届ける方法はさまざまあるが、もっとも大切なのは「選挙」であり、田中も選挙に強く、その強さを自らの政治力の源泉としたことなどを紹介し、選挙での意思表示を中心に、私たちの政治参加の意義に気づかせて単元を終えた。

5　意見交換とまとめ方をめぐって
――教職学生がみた本授業の課題

二〇一七年度、この第5時の授業を、大学の教職課程の学生（公民科教育法）を対象に「実演」する機会を得た（講義テーマは「公民科の授業づくりの実際」）。大学生には、第4時までの授業の流れを説明した上で、高校生役として高校生が実際に書いたレポートを読み上げてもらい、筆者が単元のまとめを行った。その後、今度は教職学生の立場から、本授業の課題について、自由にレポートしてもらった。以下は、そのレポートである。

> とても面白かったです。先生の形式のような授業を受けたことがなかったので新鮮でした。みんなの意見を出してそれを先生が伝えたいことにしゅうけつさせるのはすごいと思います。（山本、傍点は筆者）

山本は「しゅうけつ」をひらがなで表記している。これは文脈上「終結」ではなく、「集結」あるいは「終決」ととらえることができる。山本は、授業の中で教師が、生徒の意見を1つにまとめ（集結）、教師の意向に沿う形で最終決定（終決）していることに注目しているのである。このことに、以下のように疑問を呈する学生もいる。

> 生徒に参加させるための授業を作るにも、先生の準備はとても大変なのだなと思いました。もしかしたら、先生が一方的に話す授業を作るより、前準備が大変なのかなと思いました。先生はこの授業の終着点を「民主主義」にもっていきましたが、私みたいに「政治家の信頼とは？」とか「政治とカネ」について、もっと突っ込んでくる生徒がいたらどうしますか？「終着点」がブレたりしますか？　無理やり教師の準備していた終着点に落ち着けると「結局先生はこういうことを言いたかったんじゃん」みたいな雰囲気になりませんか？（中村）

中村は、本授業は、授業者が生徒の意見を使って「無理やり自分の準備していた終着点に落ち着ける」ことをしているのではないかと疑問を呈している。そしてそれは「『結局先生はこういうことを言いたかったんじゃん』みたいな雰囲気」をつくる恐れがあると述べ、生徒の意見を尊重する型の授業のように見えて、結局は教師が一つの方向に結論をもっていく結果を招きかねないという危険性を指摘している。より直截的に、この授業を「誘導尋問っぽい」と批判する意見もあった。

こうした批判は、単に授業の進め方、生徒の意見の取り上げ方という問題にとどまらない。「民主政治と政治参加」がテーマの授業において、大人の「誘導尋問」にしたがって、大人の意に沿う回答をもとめるようなことがあれば、生徒に対し、上意下達を是とするような、非民主的で「参加」とは真逆の態度を形成する危険がある。この点は、本授業の大きな課題といえる。以下の指摘も同様である。

> 今日の授業を聞いていて、（一見、生徒から多様な意見が出されて）面白いとは思ったのですが、意見を述べる人とそれを聞いている人で立ち位置が分けられてしまい、（聞く側の生徒は）かやの外だと感じる生徒もいるのかなと思いました。全員が全員、意欲的に参加する授業をつくることへの難しさを感じました。（小林）

小林は、本授業では「意見を述べる人」と「それを聞いている人」で役割分担が明確化してしまい、後者の生徒は「かやの外」に置かれていると感じている。「かやの外」が授業の中にとどまらず、肝心の政治や社会的課題に関しても同様の感覚を抱かせることにつながらないだろうか。発言の機会がある生徒とない生徒との間に、授業参加だけでなく、政治参加への意欲に格差が生じることは、十分に想定される。意見交換とまとめ方をめぐって、この点は重要な課題である。

6 おわりに

「政治は人が動かすものなのに、教科書には人がほとんど出てこない」と批判される。政治の授業を終えても、生徒は地元選出の衆議院議員の名前はおろか、来歴や活動実績や「所属派閥」さえ知らない。教科書に沿って政治分野の授業を進めようとすると、制度や機構の学習が中心となってしまい、それらに関連した現実の政治の動きや人物の取扱いは、授業者が知り得た情報を口頭でエピソード的に補足する程度になってしまう。模擬や架空の事例ではなく、あくまで現実の政治にこだわり、「中立」を確保しつつも具体性をもった意見交換することを目指した本授業は、そうしたことへの問題意識からつくられたものである。しかし、特に意見交換とまとめの方法をめぐっては課題が残された。これを肝心の「主体的な政治参加」につなげていくにはどうすべきか、引き続き考察していきたい。

（東京・都立農芸高校）

主権者を育てる対話型社会科授業
——社会を考え・話し合う場を創るワークショップ「ワールドカフェ」授業

藤川 瞭

はじめに

二〇二一年から全面実施となる中学校の学習指導要領が公示され、その総則の中にアクティブ・ラーニングという文言はなくなった。しかしそれに代わって「主体的・対話的で深い学びの実現のための教育活動」が必要であるとされている。そして、そのために「多様な人々との協働を促す教育の充実に努める」ことが述べられている。これからの教育活動はそういったことを意識して行われなければならないのである。

社会科の教育現場で「主体的・対話的で深い学び」の必要性がさけばれたきっかけはこの学習指導要領の改訂だけではない。二〇一五年六月に改正公職選挙法が成立し、我が国でも「一八歳選挙権」が誕生した。それに伴うように社会科で主権者教育が脚光を浴び始めた。文部科学省は主権者教育を推進するために「深い学び」「対話的な学び」「主体的な学び」のアクティブ・ラーニングの三つの視点に立って学び全体の改善を図ることが必要だと述べている。

これらの社会的背景を見てもこれからの社会科授業は知識講義型の授業だけでは不十分であることがうかがえる。さらには政治的無関心が問題となり、政治的思考停止や政治的思考回避とも呼ばれる現状もある。それを打破し主権者としての意識を高めるためには生徒が現代政治について「主体的」に自分事として捉え、他者との「対話」の中で自身の考えを醸造できるような場を授業で創り出す必要があるのではないだろうか。本稿ではその授業手法の一つとして私の実践したワークショップ授業の一つである「ワールドカフェ」実践を紹介したい。

本稿はまず一章でワークショップと主権者教育との関連について述べる。続く二章でその具体的取り組みとして、多様な人々との交流・協働を促し、主体的・対話的な場の創出を試みたワークショップ授業「ワールドカフェ」実践を取り上げこれからの主権者教育の一助にしたいと思う。

一章　ワークショップと主権者教育

中野民夫氏はワークショップを双方向的、全体的、ホリスティック（全包括的）な「学習」と「創造」の活動であると定義した。そしてワークショップの特徴として「参加」（先生や講師の話を一方的に聴くのではなく自ら関わっていく主体性）、「体験」（アタマだけでなく身体と心をまるごと総動員して感じていくこと）、「グループ」（お互いの相互作用や多様性のなかで分かち合い学んでいく双方向性）という三つを提示した。

一方で主権者教育の目的について文部科学省は、「単に政治の仕組みについて必要な知識を習得させるにとどまらず、主権者として社会の中で自立し、他者と連携・協働しながら、社会を生き抜く力や地域の課題解決を社会の構成員の一人として主体的に担うことができる力を身に付けさせること」(1)としている。また林大介氏は「社会の問題にまさに当事者として、権利主体として社会に参加することは民主主義社会について健全である」(2)と述べ、主権者教育の必要性を主張する。また佐貫浩氏も現代の受験学力競争によって教室が「正解」を与える場になったことで社会からの閉ざされてしまっていることを問題視し、共に政治を語り合う場を作り出すことが教育には必要であると述べる。

つまり、中野氏の述べるような「参加」「体験」「協働」を構成要素とするワークショップは、社会に対して窓を開くきっかけとなり、多様な意見に触れていく中で自らの意見を醸成し、社会問題に当事者意識をもって参画するという主権者教育の目的とする力を身に着ける際に非常に有効な手段になりうるといえる。また、中野氏の提示する「参加」、「体験」、「グループ（協働）」、「創造」、「学習」のワークショップの特徴は主権者教育にとどまらず、中学校の学習指導要領に見られる「主体的で対話的で深い学び」を実現するための「多様な人々との協働を促す教育」の理念にも合致する。したがって教育現場でのワークショップ実践は主権者教育だけでなく現代の教育全体においても重要な意義を持つといえる。

二章　ワークショップ授業「ワールドカフェ」実践

①なぜ授業で「ワールドカフェ」なのか

ワールドカフェは一九九五年にアニータブラウン氏とデイビッド・アイザックス氏によって始められたものとされている。そのきっかけは、中庭でする予定であったミーティングが雨によってできなかったときに、なんとなくリビングに集まったメンバーたちがいつの間にかテーマについて話し始めていたということにある。このコーヒーブレイクから始まったワールドカフェは二〇年の時を経る中で理論づけられてきた。現実にワールドカフェと言われている方法とはカフェのようなリラックスした空間でグループごとに「問い」についての議論を深め、一定時間が来るとそのグループの中で一人のホストを残し後は他のグループに散らばり、そこでまた議論を深めるというワークショップの一つであるとされている。この方法により、多様な意見に触れることができ、リラックスした空間の中では自然と自分の意見を述べることができるのである。

林氏は現代の学生が「政治」について話すことはほとんどあり得ないということを問題視し、「政治」や「社会問題」について安心して話し合う空間を未来の有権者は欲していると述べる。ワールドカフェを授業で行うことによって現代問題について他者と語り合い、多様な意見に触れながらその解決策を考える場を創出することができる。また、それだけではなく、リラックスした雰囲気での話し合いは、生徒を授業という強制感から解き放ち、実生活でもニュースを見たときなどに現代問題について友達や家族と気軽に話すことに抵抗が少なくなるのではないかと私は考えた。つまりワールドカフェの実践で、林氏のいう「政治」や「社会問題」を安心して話し合う空間を創出するだけではなく、若者の政治的無関心からの脱却のきっかけにもつながるという可能性があると考え、数あるワークショップの中で「ワールドカフェ」方式による授業の実践を試みた。

②高校「現代社会」での「ワールドカフェ」実践

高校一年の「現代社会」分野で単元の最後に教科書の知を現代問題に関わらせて考える際にワールドカフェ方式の授業を何度か行った。以下がその時のテーマである

＊憲法九条は「今」改正すべきか？（政治分野）
＊ＴＰＰ離脱に賛成？　反対？（経済分野）
＊過労死を防ぐためには（経済分野）

テーマの文面が少し堅苦しくなりすぎたというのは反省点であるが、様々な分野から議論がされ多様な意見が出やすいようなテーマにした（例：ＴＰＰ→経済、産業、地域結合、医療、農業、アメリカ、日本、中国…等）。それぞれ単元の学習を行った後に自分でテーマについて調べる時間を設け、ワールドカフェの時間にはそれを交流しながら話をするという方式を取った。

ワールドカフェの時間ではまずはアイスブレイクを行い、気軽に話し合う雰囲気を作る。その後1ターン目（一五分）で書いてきた意見からキーワードをブレインストーミング形式で交流する。続く2ターン目（一〇分）ではホストを一人残してグループをシャッフルし、意見を他花受粉しながらＫＪ法によって意見を分類していく。３ターン目（一〇分）で

は元の席に戻り、他のテーブルで得たことを伝えさらにそれぞれの項目に厚みを持たせていく。最後に他のテーブルを見て回りテーマに対する自分の意見をレポート形式（一〇分）で書く。こうすることでテーマに対して自分が調べた以外にも多様な分野での争点があることを知り、社会問題の多様性も実感することによって、自身の考えに深みをもたせることにもつながるのである。

ワールドカフェの授業ではカフェのようなリラックスした雰囲気の中で話し合うことを意図していたため、ワールドカフェの原点にならい授業中のお菓子や、飲み物を自由とした。生徒達も普段の授業と違った自由な雰囲気で話し合うことができたようで好評だったが、一歩間違えば授業規律や学校規律に影響を及ぼしかねないので授業の最初にそのあたりはきっちりと確認しておかなければならない。

一年が終わった後すべての授業を振り返り、私の授業の中で印象的なものを聞いた際に、このワールドカフェ授業を挙げる生徒が多かった。これまでそういう経験がなく新鮮だから印象に残ったというのもあるとは思うが、リラックスした雰囲気で政治や現代問題について話し合う場は生徒に求められているということである。そしてこれを任意参加のイベントとして行うのではなく、全員の受ける授業で実践することにも意義があったと考えている。任意参加のイベントだと今までのイメージから参加に踏み出せない生徒もいただろう。しかし授業内であれば意欲の差こそあれ、どんな生徒も関係なく活動に関わらせることができる。もちろん授業で行うに際して授業規律、授業時数、などの課題もあることは確かである。しかし「政治」や「社会問題」を身近に感じるきっかけを全員参加の「授業」で作り出したことは主権者教育においても大きな意味を持つと私は考えている。

おわりに

様々な事象が日々多様化・高度化する現代においてこれまでの知だけでは解決できない問題に直面することも少なくない時代となった。さらにはＡＩ（人工知能）の発達によって人間の在り方までもが問い直されようとしている。これからの教育はそのような時代を生き抜くことのできる生徒を育成することが求められている。そのためには教師が正解を知っており、それを教授し、その知をテストで再生産して確かめるといった教育の在り方も考え直さなければならない。これからの授業に求められるのは「今」社会で起きている事象を授業でも取り上げ、それに関して教員も含めた他者と意見を交流させながらより良い解決策を模索するというプロセスを生徒たちに経験させることである。ワークショップを定義した中野氏は次のように述べる

ワークショップの中で、自分の率直な言動がその場の状況を変えていくのだ、という経験を私たちはもっともっと積み重ねるといいだろう。そして、それはワークショップの中だけでなく、実際の社会の状況もそうなのだということ

とを学ばなければならない。そうして初めて、「市民」としての自覚も出てくるし、民主主義の主体としての成熟にもつながるだろう(3)。

ワークショップは生徒を授業という拘束感から解き放ち、多様な意見に触れつつ自身が発言しやすいような場を創り出すことができる。また自身の行動がその場の状況を変えるという経験もさせやすい。この経験の積み重ねで育った人材こそが将来には社会問題を当事者意識をもって考える「主権者」になることができるのではないかと私は考えている。実社会と教科との関わりを考えさせやすい教科である社会科が授業形体としてのワークショップを今以上に取り入れ、多様な意見に触れる場を今以上に創出し、「主権者教育」の先陣を行くべきではないだろうか。そしてその際に本稿で紹介したワールドカフェ実践がその一助になってくれれば幸いである。

〔註〕

（1）文部科学省「「主権者教育の推進に関する検討チーム」最終まとめ～主権者として求められる力を育むために～」より引用

（2）林大介『「一八歳選挙権」で社会はどう変わるか』（集英社新書　二〇一六年）一九一頁より引用

（3）中野民夫『ワークショップ』（岩波書店　二〇〇一年）一三七頁より引用

〔参考文献〕

荒木寿友「ワークショップの構造からみた新しい類型化の試み—連続した取り組みとしてワークショップを展開するために—」『立命館教職教育研究』特別号　二〇一六年
香取一昭・大川恒『ワールドカフェをやろう　新版—会話がつながり、世界がつながる—』日本経済新聞出版社　二〇一七年
開発教育協会編『開発教育』六一号　開発教育協会　二〇一四年
アニータブラウン・デイビッドアイザックス著　香取一昭・川口大輔訳『ワールドカフェ—カフェ的会話が未来を創る—』株式会社ヒューマンバリュー　二〇〇七年
佐貫浩監修『18歳選挙権時代の主権者教育を創る—憲法を自分の力に—』新日本出版　二〇一六年
中野民夫『ワークショップ』岩波書店　二〇〇一年
林大介『「一八歳選挙権」で社会はどう変わるか』集英社新書　二〇一六年
堀公俊『ワークショップ入門』日経文庫　二〇〇八年
文部科学省「「主権者教育の推進に関する検討チーム」最終まとめ～主権者として求められる力を育むために～」http://www.mext.go.jp/a_menu/sports/ikusei/1369157.htm（最終閲覧日二〇一八年二月二日）
文部科学省「学習指導要領解説」（平成二九年三月公示）http://www.mext.go.jp/a_menu/shotou/new-cs/1387016.htm（最終閲覧日二〇一八年二月二日）

（立命館宇治中学校・高等学校、立命館大学大学院教職研究科実践教育専攻一年）

現代の課題を学ぶ

沖縄旅行は、肩の力を抜いて

川口　芳彦

1　生徒の意思を大切に　工業高校の文化にない旅行を

修学旅行は日頃の学習活動と表裏一体だと常々考えているが、工業高校ではなかなかそう簡単ではない。油断をすると、職人気質の徒弟関係に基づいた「担任について来い」型になり、生徒が主体的に動く場がまったくないものになる。ところが、〝真っ向勝負〟で挑むとスルーされ、かえって陳腐なものになりかねない。だから、あまり肩肘張らない準備を心がけた。そのふり返りである。

三月初旬の新一学年発足後、旅行係が遠足と修学旅行をダブルで検討する。下旬の入学説明会でアンケートを行い、それを参考に行き先を決めることにした。行き先ごとに旅行プランを例示し、書いてもらうのである。生徒、保護者が納得の上で決めたいのである（これに左右されるから、どこになるかわからない。が、）。結果はダントツで沖縄になり、学年会ですんなりと決まった。

2　選んだからこそ、沖縄だからこそ、モチベーションが上がる

ＬＨＲでは、「少しでも関心が持てれば…」と、一年次はテレビの旅行番組をクラス合同でみたりした。授業では、地学のブラタモリが好評だったし、家庭科では食生活と長寿、音楽（一年必修）では沖縄音楽を歌いながら、独特の音階を学べたようだ。「琉球石灰岩でできているため首里城の周り

にわき水があって水が豊富だったために泡盛産業が大きく発展したことがよくわかりました」「沖縄の人の娯楽のために国際通りができたと言われて、戦争のイメージしかなかった私には衝撃でした。米軍から食料の支給があったが、食器がないために壺屋が発展したなんて沖縄の人たちのすごさを感じました。街を歩くと、緩やかなカーブや段差、ガタついた道が気になったのですが、地形に沿って形づくられたものと知りました」「沖縄はとても朗らかで、優しいところです。那覇の街は昔、島の玄関となる港にありましたが、戦火によって焼き尽くされて元通りになるとは到底思えず、今の那覇に移り、壺屋→公設市場→商店街と発展していきました。当時の人たちのあきらめない、立ち向かう姿勢や団結力が復興を支えたのです。国際通りの由来は国際劇場で、戦災を受けた人の心のよりどころになるようにとの願いが込められています。〝あるものを大切にそこから発展させていく〟〝守りやすい〟ことを理由につくった曲線の石垣から温かさが感じられ、首里の成り立ちにも県民性があふれています」

学年では、新聞記事を使った朝学習をしていて、ここでも積極的に沖縄の話題を提供した。工業高校では、行程の工夫や事前学習についての関心が今ひとつ弱いなかで、若手教員が中心になって事前学習を充実させていき、通常の授業ではなかなか乗らない生徒たちも常にモチベーションを高く持てたようだった。

残念だが、入学以来沖縄のニュース（ほとんどが辺野古基地選挙）が途絶えたことはなく、私の授業では時事問題をよく取り上げた。また、朝日新聞による無料提供の「知る沖縄戦」は役立った。最初（一年二学期）に産経新聞によるこの新聞の批判（これにより教委も動いた）を読んだり、衆議院文部科学委員会での一般質問の模様（質問者も文部科学大臣も否定的な雰囲気）を見せたりと、彼らの価値観を揺さぶった。しかし、配るとみな、夢中になって読んでいた。比較的冷静に事実を見つめ、証言へのかかわり方、歴史の見方、仲間との意見交換、そして説得力ある文章の書き方などをよく学んでいたと思う。この授業でのまとめとしてグループごとに四つの柱にした。以下は一例である。

＊軍隊が沖縄県民を守らなかったのがひどいと思う
＊沖縄のことよりも国のことを考え、国のために死ぬのがあたりまえ
＊戦争がわからない人にでもわかるような証言だった
＊戦争について知るために証言は必要である

3　那覇市街をグループで回り、見学や体験に励む

事前学習と並行してコースや内容をつくった〈資料〉。実際の様子を生徒の声とともに一緒にふり返って、イメージを膨らませてほしい。

那覇空港に着くとグループ別にまっすぐモノレールに向かい、一日乗車券で移動する。事前のグループでの話し合いは大きな声の生徒に影響されたようだが、思い思いの見学地を

回る。首里城や伝統工芸体験の人気が高かった。「対馬丸記念館では、一〇〇〇人以上の死者が出ているのに外に公表しなかったのがよくないと思った」「キャンドルづくりは、色合いやガラス細工を置く位置を考えるのがたいへんだった」「漫湖が登録されるラムサール条約とは、水鳥の保護や総合的な湿地保全の条約です。漫湖水鳥湿地センターでは、マングローブを植えたことによるメリット・デメリットを学べました」「首里城は、まるで中国にあるような外装で、内部がとても複雑な構造のため、外部からの侵入が難しかったと想像できました」

実は最初からグループ行動（事前にグループごとに集まってから羽田空港の出発ロビーで担任に会い、チケットを受け取り検査場に行く。時間の節約にもなる）だが、1年から工場見学やインターンシップ等…グループ単位で動くことが多く、生徒も教員もあまりストレスがない。「修学旅行でのグループ行動は何回か過去にしていましたが、高校生のは、やはり目的地に着くのがとても早く、成長を感じました」「予定より少し押して移動は急ぎ足でしたが、時間をいっぱい使って見学できました。また、要所でたくさんの人と意見の交換ができ、よく考えることができました」

このグループ行動は、牧志の公設市場での夕食で盛り上がりを見せる。公設市場二階の飲食店対象の食券（一〇八〇円）を旅行前日に配っておくのだが、中華料理のようにみんなで別の料理（店も二つ以上にできる）を注文しあってとりわけができるし、人間関係も深まる。「おみやげ巡りをして楽しく話しながらグループで行動できました。公設市場の刺身定食を食べて、美味しいと思いました」

行き先は、旅行委員が資料をもとに例を挙げ、それを参考に選んだ。大きな〝制約〟を設けず、生徒が主体的に回る一日目であった。「とても楽しかった。ふだんよりも多くの時間があったことにより、いつもは会話のネタにもならないくだらないことが楽しめた」

ホテルに戻り、大嶺初子さんからは白梅学徒隊を中心に、琉球新報記者の松元剛さんからは米軍基地問題のことを三クラスずつにわかれて聴き、翌日につなげる。「子どもだった大嶺初子さんですら、人間とは思えない生活を送っていたのだと一時間の講演で伝わってきた。〝腸が出ている〟〝上半身と下半身が真っ二つになっている〟など、テレビでは聴けない内容だった」「実際に沖縄戦を体験した人のお話を生で聴くのは初めてだったので、テレビなどで見たり聞いたりするよりも記憶に残るものでした。特に家族での集団自決の話は、沖縄戦がどれほど悲惨なものかが伝わりました」「沖縄戦の戦火の中をくぐり抜け、今まで生き抜いてきた人の話を聴いて、沖縄戦がどれほどのもので、どんなに怖いか想像し、とても恐ろしいものと思った。戦争がなく、平和な世界になればいいと思いました」「夜に戦闘機の音がうるさくて眠れない様子や、オスプレイがどのような性能なのかを教わったあと、学校にオスプレイが落ちた映像を見せてもらったが、アメリカ兵がメモリーカードを奪い取ろうとしていたのが最悪だなと思いました」「沖縄の学校にアメリカのヘリが墜落して、アメリカ兵が事故のあったところにいち早く行き、勝手に事故を処理している映像で、アメリカだけの問題ではないのにひどいと感じました」

4　琉大平和ガイドと基地・戦跡を巡る

二日目はまず、琉球大学生と南部戦跡を回った。学生ガイドの発足後二〇年の重みを実感する生徒の注目度の高さだった。私のクラスを担当した方はプリントがとてもよくできていた。余談だが今回は、学生が降りた後のバスガイドさんの案内もどのクラスでも好評だった。

「ガマに入ると深くて暗くてよくすべり、こんなところで三ヶ月も過ごしていたなんてとてもたいへんだなと思いました。ガイドの木村さんの説明がすごくわかりやすかったです」「前日に雨が降ったから地面がぬかるんでいると聞いていて、雨が降ると戦時中もとても動きづらい状況だったことを想像しました」「初めて平和の礎を見たら、思っていたより戦争で亡くなった人の名前がたくさんあり、テレビではわからないようなことが伝わった。海側にある崖の下を逃げ回った人がいたとはとても考えられなかった」「沖縄の人たちだけではなく、いろいろな地域の人がいたのは知りませんでした。それを知って、もっとゆっくり見たくなりました」「捕虜になれば衣食住をちゃんと管理してもらうことができたから、ひめゆり学徒隊は解散命令がなければ多くの人が生きていたのに…と思いました」「ひめゆり学徒隊についてたくさん学べた。スクリーンに映っている方の証言で、『体の一部がなかった死体が転がっていた』などとあって、戦争はこんなにも人の命を簡単に奪ってしまうものだと実感しました」「県立資料館の展示で、本当に悪いのは日本（本土）ではないかと思った。当時の米軍人は集団自決を見て、とてもショックだったようだ。向こうでは、『生きて帰ることが何よりも大事だ』と教えられていたらしく、日本とは正反対だとわかりました」「展示してある写真の多くが、修正が加えられていない生々しい死体を写したもので、鳥肌が立ちました。ハエにたかられている子どもの死体は特に印象に残っています。戦争の醜い部分をボクたちの世代に伝えてくれる、なくてはならない場所だと思いました」

5　沖縄の自然や産業を観る、体験する

午後は、三クラスが屋我地島のマングローブ林散策を選んだ。「裸足になって歩き、いろんな種類のカニだらけで驚いた。足が土に埋まって動かなくなりました。天気がくもりだったのが残念だが、晴れたときに行ったらとてもきれいだと思う」「いろんな種類のカニを見ることができて楽しかった」「屋我地島にはマングローブ林が広がっていて、倒れている木も多かったです。干潮だったために、海に入ったらたくさんカニがいて、貝やウミヘビもいて、満潮の時は本当に海だと実感しました」「道の駅かでなでは、飛行場がとても広く、遠くにたくさんの家が見えて、墜落したら危ない

など思った」「道の駅かでなで見た戦闘機はものすごい轟音で、風がすごかったです。なぜ基地問題があるのかわかりました」「丘の上から見えるのは基地の一部に過ぎないと知り、予想より大きいと思いました」

三クラスは美ら海水族館だった。「日本最大の水族館だけあって、さまざまな種類のきれいな海の生物を見ることができました。チンアナゴエリアで、今までチンアナゴだと思っていたのがニシキアナゴだと知りました」

6　民家にてアットホームな瞬間（とき）を過ごす

夕方からは民家である。四日目の朝まで生徒も教員も脱力する。必然的に男女が分かれるために交流の機会が失われるが、工業高校は男性ばかりなので少しだけ気軽だ。二泊したため、三日目は終日民家だった。教員から離れ、おじいやおばあに癒やされるために好評なのか、最初の沖縄である二〇一〇年から本校では、スキーの時（一度）を除いて（沖縄以外の）各地で民家泊をつづけている。「ビーチに砂を採りに行って、その砂を庭にまいて砂絵を描きました。みんながひとつになったのでとても楽しかったです。離島だったので何もなく、村の人にコンビニに連れて行ってもらいました」「海は水が透明で本当に青かった。タピオカが土の中に埋まっているのを初めて知った。タピオカ揚げとサーターアンダギー作りが楽しかった。サトウキビを収穫し、搾ったものを飲んだが、ものすごく甘かった。三線はギターと逆で持ち、意外と簡単に弾けてうれしかった」「沖縄の生活を体験できてよかったし、地元の習慣が少しわかったし、ふつうの観光旅行ではしないようなことができた。本土の桜と比べると小さめで近くで見ないとわからなくて、梅みたいだと思いました。花見の習慣がないことにも驚きました。美味しいものが食べられ、沖縄独特の空気も味わえたからよかったです」「民家でおっとう、おっかぁに本当によくしてもらって楽しく過ごせたし、同じ班員の人たちとずっと笑いの絶えない日々を送ることができてよかったです。携帯電話がなくても楽しく過ごすことができました」「沖縄料理をたくさん食べたり、方言を学んだり、マングローブ林に行ったり、資料館に行って戦時中の人びとの生活を学んだり、費用に比べて内容の濃い旅行になりました。民家では、歴史よりも自然を感じる体験をさせていただき、沖縄のメジャーな料理であるゴーヤチャンプルーを食べられました」「最初は不安な気持ちがあったが、民家の人は自分たちを家族のように接してくれてとても感謝しています。お世話になった民家は、家業体験よりも名所を回ることが多く、世界で二ヶ所しかない塩川やこの季節では考えられない桜を見たり、イルカを見たり、砂浜に行ったりなど、バス見学ではできない体験ができてよかったです」「納豆を混ぜたのや紅イモ味のサーターアンダギーをつくりました。他にも落花生を使った食べ物や、今まで知らなかった知識を得ることができました。例えば、ビニール袋を火であぶって袋を閉じたり、サーターアンダギーの材料を教えてもらったり…。のんびりすることが少なかったですが、役に立つことが学べた気がします」

7　再び自然と産業、そして基地を学ぶ、体験する

民家に別れをつげて、四日目もクラス別に回った。「辺野古では泊まりがけで反対を訴えている人がいて驚いた」「自分的には、住民が危険にさらされるよりかは、辺野古に移した方がよいと思う」「辺野古は、ぎりぎりのところまで行きました。反対意見の寄せ書きや、切れてしまった結び目を間近に見て、空虚な感じがしました」辺野古に行ったのは一クラスだった。「恩納ガラス工房では、ガラスをつくる貴重な体験ができ、今でもそのコップを大事に使っています」

この日も半分は美ら海水族館だった。「サメに関する展示物だけのエリアがあったり、巨大な水槽にジンベイザメが泳いでいたりと、見どころが多かった。沖縄に来たら必ず行くべきスポットだと思いました」「とても広い土地をよく利用した構造で、希少動物のマナティがいて、おしゃれな食堂があり、都会よりもおもしろい場所だった」

8　生徒の可能性を信じて…

旅行委員がつくるちょっと薄めのしおりは一部の教員には評判が芳しくないのだが、最低限のことがわかればよし、という方針で生徒といろいろと取捨選択しながらつくった。また、国語教員と二人で地味につくった記録ノートも、よく書いてくれてよかったと思ったのだが、ハードルが低かったせいか書く欄が少なすぎて、卒業記念につくった記録集が若干貧相になってしまった。

その記録集の目標は、自宅の本棚に入れてもらえるような見栄えのよい表紙にして、卒業後のいつかにふり返れること、読むに堪える文を選ぶことである。情報技術科の生徒を中心に、文章選びからデータ入稿、そして構成まですべて生徒が自力で行った。印刷会社はデータを細かくチェックするが、直さない。修正点の指摘に対して生徒は的確にこたえてデータを送り返す。二月の家庭研修中だから、ふり返りつつ思い出話に花が咲く。「自分たちのクラスが行ってない場所に文集づくりを通して行ったような気になって、沖縄への理解が深められました」

最後は全体を通しての声で、唯一長く書いてくれた部分である。「一日目は少し迷ったりしてドタバタでたいへんだったけど、二日目は沖縄のさまざまな戦跡、道の駅からは米軍基地が見られて、埼玉では見られないからよかったです。民家でもさまざまな体験ができ、初めてのホームステイで緊張しました」「民泊がどうかと思っていたけど、マングローブ林などでみんな楽しめていたと思いました。自分は沖縄の文化に触れようという思いで行って、民家では釣りなどをして楽しめました。沖縄の戦争を知れてよかったところもあれば、悲しくなることもありました。しかし、話を聴いて、これからは戦争のことにもっとふれて、もう同じようなことを繰り返さないようにしたいと思いました」「初めて沖縄に

行ったので、あたたかさにビックリし、とても海がきれいで楽しかった。美ら海水族館で珍しい生き物を見たり、米軍基地を見たり、できないことをたくさん体験できてとても勉強になった。平和ガイドさんのおかげで、教科書や資料を読むだけではわからない戦争の生々しさが伝わって、戦争の悲惨さがあらためてわかった」「最初は沖縄に行きたくなかったが、食べ物はおいしいし、景色もよいから、思った以上に楽しかった。戦争は今なお心に傷をつけていて、基地も間近にあるからこそ地元の人びとは戦争の無意味さについて伝えていきたいのではないかと思う。騒音という形で沖縄の人たちの心の傷がえぐられていることに気づき考えることができたのは、平和学習としてよいものでした」（二〇一七年四月に埼玉県立入間向陽高校に異動しました）

〈資料〉実際の行程　二〇一六年一月二六日〜二九日

1日目：羽田空港八時五〇分―機内で昼食―モノレールに乗り那覇市街へ移動―グループ行動―公設市場二階で夕食―ホテルで講演会

2日目：バスでクラス別行動―南部戦跡―北部・中部見学―入村式―民家

3日目：終日民家

4日目：出村式―バスでクラス別行動―北部・中部見学1、2箇所―車内で昼食＝JEFのバーガーなど―那覇空港一五時三〇分―羽田空港

（元埼玉県立浦和工業高校）

沖縄県における教育実習の課題と「より良い社会科教育」とは

――「市民」を育てる社会科教員養成へ向けての提言

沢岻　安晴

はじめに

二〇一六年六月、私は教育実習生として沖縄県の某中学校の教壇に立っていた。幼いころからの憧れであった「教師」という仕事を実際の学校現場で学び、生徒たちとの関わりや、授業において「教える」という営みの難しさを直に感じる機会であったとともに、大学の教職課程での学びと実際の学校現場とのギャップ、生徒や教師との関係性、学校という組織の一員としての役割など、教育実習でしか学び、感じることのできない経験をさせていただいた。

今現在、大学院で「主権者教育」を研究している一学生ではあるが、本稿では私自身が教育実習を通して感じ、考えた沖縄県における教育実習の実態と課題を示す。そして、未来の社会科教育を担う若者として、「より良い社会科教育」、「市民」を育てる社会科教員養成とは何かを考えていきたい。

1　沖縄県の教育実習の実態

(1)　教育実習の概要

沖縄県の教育実習は、例年高校が六月、中学校が六月又は九月に行われる。私自身の教育実習は六月中旬から七月初旬にかけて一五日間の日程で行われ、科目は一年生の地理的分野、単元はアジア州とヨーロッパ州を担当した。実習一週目は指導教員をはじめとした学校内の社会科教員の授業見学を中心に、他教科の授業見学や教材研究を行った。奇しくも、実習期間中に教育委員会の学校訪問、教育事務所の指導主事同席の下で学校内の研究授業が行われたこともあり、教育委員会が求める「教育像」についても見聞きすることができた。また、実習期間中の六月二三日に「慰霊の日」を迎えることもあり、地元新聞を用いた特別授業が行われ、「どうしたら戦争をなくせるのか」をテーマに平和学習が行われた。例年、沖縄県では「慰霊の日」に合わせて平和学習を行うのが一般的であり、「沖縄戦」にまつわるドキュメント映像や演劇等を通じて平和を考える取り組みが盛んになされている。

授業作りにあたっては、学校から方法論について特に指定されることはなく、自由にやらせていただいた。とはいえ、担当教員の授業方法と大きく異なるのは生徒の混乱を招く恐れがあるため、板書形式で行う、電子黒板などのＩＣＴの活用といった点は踏襲して指導案を作成した。そして、実習二週目から教壇実習が始まり、毎回の授業後に指導教員からアドバイスをいただきながら、修正を繰り返し、実習三週目の研究授業・反省会（所属大学の教科教育法担当教員、学生、実習校の教員が参加）を経て教育実習が終了した。

⑵　スタンダード化された授業

自由に授業を作ることができた半面、その「形式」に苦慮する点が多々あった。それは、前述した教育委員会ら行政側が求める「教育像」、すなわち「学力向上」を目指した授業方法のスタンダードである。教育委員会は、昨今流行りの「アクティブラーニング」、電子黒板などのＩＣＴを用いた授業力の向上、黒板上で授業の経過を示すタイマーを用いた時間管理の徹底といった事項を学校全体で共有し、「生徒が主体的に学ぶ」という授業が理想の形として説明している。このような「教育像」は、私の実習校のみならず県内の多くの学校でも共有されているようで、実習を経た多くの学生も同様に苦慮していた。とりわけ、授業スタンダードの特徴とされるのが板書・ノート指導である。沖縄県では、授業マネジメントの中に、「児童生徒の思考過程に沿った構造的な板書」「思考の足跡が見えるノート指導」（沖縄県教育庁義務教育課学力向上推進室「平成二九年度版　授業における基本事項」）を位置づけており、実習校においてもノート指導の充実が図られていた。具体的には、授業冒頭で学習の「めあて」を板書し、重要語句に用いるチョークの色を統一、授業の最後に「まとめ」として生徒自らの言葉で要点をふり返る欄を設けるといった共通事項が社会科全体、学年を超えて統一されていた。また、社会科部会においては、授業を通じて生徒に獲得させたい認識や課題を「単元構想」として詳細に言語化し、「学習の課題」と「まとめ」を予め計画した上で、教科書に沿った授業展開に意義とねらいを補完する資料を作成していた。このように、各教師による授業実践の前提として、中学校三年間で身につけるべき力を見据えた学習計画が予定され、生徒が「主体的に学ぶ」ように方向づける社会科教育がなされている。

2　教育実習から見えてきた課題

(1) 教師の「教育の自由」とは
――授業をつくることへの抵抗感

教育実習において最も葛藤したのが「授業づくり」である。学校現場においては、学習指導要領の基づく授業の徹底、前述した授業スタンダードが支配的であり、教師自身が教材を編成し、教材研究を重ねるといった意味での「教育の自由」が曖昧になりつつあると感じた。無論、学校全体、教科部会内で共通の到達目標を定め、各教師間が連携した上で学習の展開計画を練り上げるといった過程は重要であり、社会科をいわば教科書体系的に学ぶことで生徒の理解が進み、所謂「学力向上」が期待できるかもしれない。しかし、それは教師の「授業づくり」における裁量、すなわち「自由」が限定的なものになることを意味する。

実習において印象的だったのが、ある検討会で「ノート指導」がテーマとなった際、指導主事が語った「手作りのワークシートは、子どもの学習意欲を高め、学習の効率化を図ることができるが、子どもの思考を大切にしたい展開には合わないところがあり、安易な使用は避けるように」という説明である。また、ある教師は「教科書を教えるのではなく、教科書で教える」ことが大切であると語った。教師の「教育の自由」や専門性は、決して授業テクニック的な部分に限られるものではない。板書とワークシートは、教師によってその用い方や意図することが異なり、「教科書で教える」という文言には、教科書に記載がない事柄を扱うことのブレーキ作用を感じ、最終的には教科書に基づいての社会事象の分析しか行えないという窮屈さを感じざるを得ない。実習において、様々な教師の実践から多くのテクニックを学ぶことができた半面、「授業づくり」が何かに縛られているような感覚に陥るという怖さも感じた。あくまで実習生という立場ではあるが、授業の形式や外見が評価され、それを目指すべく指導案を作成せざるを得ない状況に、果たして「自由」はあるのだろうか。

(2)「教員文化」が意味するものとは

教育実習を通じて教師の仕事を実際に体験し、学校現場の雰囲気を肌で感じるといった経験は、大学の講義では学ぶことのできない貴重なものであるが、同時にそれが実習生にとって負担になる場面があるのもまた事実である。全てがそうではないが、沖縄には地域や学校を通じた強い「共同体意識」「仲間意識」が存在し、先輩を敬うなどの上下関係を重んじる風潮が根強い。これは、「教員文化」として学校内にも現れる。全国的にも問題になっている部活動の多忙化と若手教師の重い負担をはじめ、半ば強制的に参加せざるを得ない飲み会など、教師の意思に反した行動を強いられる実態が多数存在する。事実、実習中の学生が先輩教師へお酒を注ぎ、一発ギャグを強要される場面に遭遇したという。快く受け入れ、その場を楽しむ学生もいれば、状況になじめずに不安に駆られる学生もいる。こういった年齢と経験による階層性を帯びた「教員文化」は、若手教師、実習生を強固に「抑圧」する側面を有している。「新人は働け」といった風潮がすくなからず存在し、対等な教師関係が風前の灯火と化している状況は、民主的な「市民」を育成する教師を形成する上で阻害要因にもなり得るだろう。こういった沖縄的コミュニタリアリズムの一面が実習を通じた実習生と教師との関係性からも見えてくる中で、業務外の場面においても実習は行われており、そこで生じる「抑圧」状況で犠牲となる者がいることを踏まえた上で、あるべき教育実習の姿を考え、問い直すことが必要であるだろう。

3　未来の社会科教育を担う立場として
——「よい教育実習」とは何か

これまで述べた教育実習での経験と実態が、沖縄県以外の教育実習の現場と何かしらの差異はあるのか、と問われると答えることはできない。あくまでも本稿では、私自身が実習を通して得た経験と、そこで見聞きした実情について赤裸々に書くことを意識したものであり、やや主観的な部分も見受けられるだろう。しかしながら、未来の社会科教育を担う者として、自らの反省すべき課題は引き受けつつも、「おかしい」と思われる問題には常に危機意識をもって臨まなければならないと考えている。

私は、「社会変革主体としての民主的な市民」を育成する教育を一つの理想とし、それは政治的問題を多く抱えた「沖縄」という地域であるが故に最も必要とされる教育であると考えている。近年、米軍属による強姦殺人事件やオスプレイ墜落事故、ヘリコプターの窓が小学校のグランドに落下するという危険な事故が立て続けに起こり、そのたびに県民の多くが怒りを表明するものの、基地の移設問題といった政治的論争に絡み取られ、地域を分断するような事態が生じている。しかしながら、価値論争や住民の生活事情にも関わるこういった問題を扱うこと自体がタブー視される傾向もあり、「平和学習」が盛んな地域でありながらも、平和を脅かす基地の存在を学習することがやや敬遠されている。前述した授業スタンダードや「教育の政治的中立性」言説の流布はこれをより後押しする。現状を丁寧かつ批判的に分析できるリテラシーを備えた社会変革主体としての「市民」「主権者」を育成することが、「沖縄」という社会に混在する問題を紐解き、変革していく一筋の可能性となりうる。こういった教育は社会科のみに限られるわけではなく、総合的な学習の時間や道徳、学級活動や生徒指導といった場面においても意識的に扱われるべきであり、同時に、「授業づくり」のみならず、生徒との関わり全てが、身近な事柄から社会全般にかけての理解と思考を促す機会であると認識することも重要である。教育実習では、こういった視点を実際の学校現場において、生徒と関わり合う中で試行錯誤できるような場へ変革していくことが、「市民」を育てる社会科教育を拓く人材を育成する上で鍵になると思われる。

（埼玉・埼玉大学大学院修士課程）

全国民主主義教育研究会　第四八回大会　基調報告

全民研と民主主義教育の課題

菅澤　康雄

常任委員会を代表して基調報告をします。

私は昨年の大会で事務局長に選出され、一年が経過しました。会則にある「平和で民主的な主権者を育成する政治教育」を研究する全国民主主義教育研究会として、この一年を振り返り、どのような教育課題が存在し、これからの一年、どのような教育実践と研究を行うべきかを提起し、基調報告にかえたいと思います。

一　教育勅語の教材使用について

政府は、二〇一七年三月三一日、教育勅語を「教育の唯一の根本となるような指導は不適切」だが、「憲法や教育基本法等に反しない形で教材として用いることまでは否定されることではない」との答弁書を閣議決定しました。教育勅語に関して、二〇〇六年の国会で、第一次安倍政権の伊吹文明文科大臣（当時）は、衆参両院の議決によって実質的に廃止されたと述べています。この伊吹発言は一九四八年六月一九日の衆参両院の失効決議を踏まえた答弁であり、まっとうな見解です。

まず、一九四八年六月一九日の衆参両院の失効決議を、簡潔に確認してみましょう。衆議院では、教育勅語の「根本理念が主権在君並びに神話的国体観に基づいている事実は、明らかに基本的人権を損ない、かつ国際的信義に対して疑問を残すもの」と決議しています。教育勅語は神話に基づいている、基本的人権を損なう文章であると明言しています。

参議院でも憲法、教育基本法の民主的教育理念に反するとして、教育勅語は効力を失っている事実を明確にすると失効決議を出しました。衆参両院は教育勅語を、国民道徳の指導原理と考えることをはっきりと否定したわけです。そして、教育勅語にかわるものとして一九四七年三月三一日に、教育基本法を制定したことは周知のことです。

ところが、安倍首相や菅官房長官は「教育勅語に素晴らしい理念が書いてある」と教育勅語を肯定的に評価しています。例えば四月三日、菅官房長官は記者会見で、道徳教材として「適正な配慮のもと、教材使用自体に問題はない」と述べ、戦前に教育勅語が果たした役割に対する不安に対しては「懸念は生じない」と発言しています。安倍首相、稲田防衛大臣、松野文科大臣らも同じ考えを持っています。教育勅語に対するこの評価は、正しいのでしょうか。

教育勅語は「朕惟フニ」から始まり、「父母ニ孝ニ兄弟ニ友ニ夫婦相和シ朋友相信シ恭倹己レヲ持シ博愛衆ニ及ホシ……」など、一二の徳目を列挙しています。教育勅語を大事にする人たちは、これらの徳目は現代にも通じる道徳律と考え、道徳の授業で教材として使用できると言いたいのでしょう。

しかし、何であってもそのものが持つ歴史を無視し、言葉だけを取り出して、評価することは問題の本質を見失います。教育勅語に書かれている徳目は、明治憲法や旧民法下での「父母ニ孝」であり、「夫婦相和シ」です。基本的人権を法律によっていくらでも制限できた明治憲法や、家制度を規定した旧民法下での「父母ニ孝」であり「夫婦相和シ」であることを忘れてはいけません。そして、教育勅語で最も大事な徳目は、「一旦緩急アレハ義勇公ニ奉シ以テ天壌無窮ノ皇運ヲ扶翼シベシ」です。これは「国家の非常事態の時は大義に勇気をふるって国家に尽くし、天と地とともに無限に続く皇室の運命を助けていくべきだ」という意味です。「皇運ヲ扶翼」する教育は、憲法とも教育基本法とも明らかに矛盾します。どのように「適正な配慮」をしても、道徳の授業で用いることはできないはずです。教育学を研究する日本教育学会や教育史を研究する教育史学会が、この閣議決定を批判的に検討するシンポジウムを開いているように、教育学や教育史の専門家からみても、教材使用できないことは明かです。

私は、教育勅語を教材化する視点は戦前期に果たした役割を教え、二度とあのような社会に戻らない、戻してはならないという認識を児童・生徒たちに持たせることだと思います。児童・生徒の発達段階にあった方法（特に言葉の意味や説明の仕方に十分に配慮し、時代背景を押さえたうえで）で、教育勅語を否定的な観点で授業化することが、道徳の授業で用いられる、または、用いてよい唯一の方法だと考えます。

二　一八歳選挙権その後

二〇一五年六月、公職選挙法が改正され、満一八歳以上満二〇歳未満の若者に選挙権が付与されました。高校生も一部ですけども、有権者となり、制度的政治参加が拡大したことは肯定的に評価してよいでしょう。しかし、有権者となった高校生から、「誰に投票したらいいのかわからない」、「政治に興味がない」との声が聞かれました。文科省や総務省は、一八歳選挙権に対処すべく『私たちが拓く日本の未来』（二〇一五年九月）を、副読本として配布し、これに基づいて全国の高校で全校集会や学年集会、公民科の授業で選挙制度の解説が行われたり、模擬選挙が実施されました。本日、参加されている皆さんの学校でも、副読本を用いた授業や模擬選挙が行われたと推察します。

二〇一六年七月に行われた参議院選挙の選挙区選挙の投票率を、七月一一日に総務省が公表しました。全体の投票率が五五％のなか、一八歳は五一％、一九歳は四〇％でした。二〇歳代が三三％、三〇歳代が四二％、四〇歳代が五三％でしたから、一八歳が半分以上、投票に行ったことは高校での「一八歳選挙権」教育の成果と判断できます。

しかし、昨年七月の参議院選挙を潮目に主権者教育や政治的教養教育は、一時ほど、聞かれなくなりました。全民研以外では、まったく聞かれなくなったと断定するのは言い過ぎでしょうか。この原因を名古屋大学の中嶋哲彦教授は、次の三点にまとめています。第一に、主権者教育・政治的教養教育に自発的・主体的に取り組む教師は、全体から見ればごく少数に留まっており、学校内部からこれらを率先して行おうとする動きが生まれにくいこと。第二に、主体的な政治参加意識をもち、積極的に政治的活動に参加する高校生や若者も少数に留まっており、高校生自身の政治的教養に関する学習要求もそれほど強くはないこと。第三に、安倍政権が若者の政治参加を自らの政治的目的達成の手段と考えており、国民の主体的な政治参加を真剣には考えてはいないことをあげています（「何が教育の自由と中立性を担保するか」『世界』二〇一七年三月号　八三頁～八四頁）。

この指摘で全民研が引き受けるべき課題は、引き続き主権者教育・政治的教養教育をすすめ、主体的な政治参加意識を持ち、自己の見解を主張できる生徒を育成し、国民の政治参加を促す教育を研究し実践することです。教育の流行に惑わされず、これからも主権者教育・政治的教養教育を積極的に取り組んでいくことが、会として必要なことだと思います。

三　小中の新学習指導要領と新科目「公共」

二月一四日、小中学校の新学習指導要領の改定案が公表され、三月に告示されました。私は中学校の新学習指導要領を一読し、従来の「大綱的基準」からずいぶん細かい部分まで書き込まれているという印象を持ちました。

中学校の学習指導要領では、総則部分に生徒の発達支援の記述がかなり増えています。「障害のある生徒」「日本語の修得に困難のある生徒」「不登校生徒」への指導が詳細に記述され、私の読む限りでは、この部分が最も大きな変更点だと思いました。私たちの教室や学校を見れば、生徒の発達支援（特に「日本語の修得に困難のある生徒」、「外国籍の児童・生徒」）を詳細に記述し、この指導を強化することは必要なことと思います。教育行政は現場の要求に応じて、教育課程の提案や人的・財政的な支援を行って欲しいと思います。

おそらく、二〇一八年三月告示予定の高等学校の学習指導要領にも、相当程度、書かれると思います（私の勤める定時制の職場には外国籍の生徒や親が外国籍の生徒が、数多く在籍しています。国籍を聞くわけにはいきませんから、正式な人数は不明ですが、三割から四割と想像しています）。

新学習指導要領の公民的分野の内容の取り扱い（5）のアには、「我が国が、固有の領土である竹島や北方領土に関し残されている問題…や、尖閣諸島をめぐり解決すべき領有権の問題は存在していないことなどを取り上げること」と政府の統一見解がはっきりと書かれました。小学校5年生にも「竹島や北方領土、尖閣諸島が我が国の固有の領土であることに触れること」と明記されています。竹島や尖閣諸島、北方領土は我が国固有の領土で、領土問題は存在しないというのが政府の立場です。

しかし私は、領土問題は現実に存在していると思います。存在する領土問題を「存在しない」と言い切っていいのでしょうか。言い切った途端に思考の停止が起こる可能性があります。領土問題に限らず、現実にある問題を授業で取り上げ、どのように解決するかを考えるのが社会科・公民科の授業です。

政府見解を学習指導要領に書き込むことも間違いです。政権交代が起こったら、学習指導要領の内容が変わってしまうからです。教科書には真実が書かれていなければなりませんが、何が真実かを、政府が公定してはいけないはずです。学習指導要領とはどのような文章か、どのような文章であるべきかを考えてみなければいけないと思います。

全民研は昨年一一月に「公共」の学習会を行い、神奈川の全国委員の桑山さんが「『公共』とはどんな内容か」でレポートしました。桑山さんは、①新科目「公共」が登場した理由、②「公共」の内容、③「公共」必修化のもたらすもの、④「公共」にどのように対応するか、を報告しました。「公共」は自民党の提言で創設されたこと、執拗に「主体と参画」を強調していることを指摘した後、どのように対応するかで、「全民研には、かつて新科目『現代社会』を当初は批判しながら、これは有益でおもしろく生徒参加型の科目につくりあげてきた実績がある。新科目「公共」についても、政治教育（主権者教育を含む）をになう有意な科目としての創造をめざすべきだと思う」（『民主主義教育21』一一号　九一頁～九二頁）と述べています。

この桑山提案を受けて、一月の中間研究集会で千葉の常任委員の杉浦さんは、全民研として「公共」の授業実践の自主編成案をつくることを提起しています。杉浦提案は、生徒に獲得させたい目標を、①現実問題、政治や社会のニュースに親しむこと、②現実社会の諸課題／探究的課題を提示し、自分の問題として接し、小さな主権者として考察すること、③どんな高校生にも主権者として最低限の政治・社会参加の構えと能力を身につけることをあげています。学習方法では、①現実問題の考察によって基礎的な概念と理論の理解を深め、活用に習熟すること、②現実社会の諸課題に関心を持ち、情報収集する習慣と能力を育てること、③多様な討論と模擬学習（模擬選挙、模擬裁判、政策提案など）を提示することを述べています。杉浦提案は、現実社会で起こっている問題を、「政治的中立」批判を乗り越えて、正面から取り上げることの重要性を強調しています。

桑山報告も杉浦提案も、告示される「公共」がどのような科目になっても、授業する者が創造的に作りかえ、実践によってその問題点を克服することを提起しています。これは会として、しっかりと受けとめたいと思います、

新学習指導要領の新科目「公共」でも、おそらく「教育の政治的中立」が問題となると想像します。本日、参加の皆さんには「中立を確保しながら現実の社会問題への取り組みについて提案します」を配布しました。これは大会参加の皆さんに、練り上げたものです。常任委員会で三回議論し、練り上げたものです。これは大会参加の皆さんに、「政治的中立」に関して、一つの考え方を示す文章です。社会科・公民科の授業をするうえで参考にする方もいるでしょう、批判的に検討する方もいると思います。この提案を素材に、皆さんと「授業の政治的中立」について議論し、一緒に考えてみたいと思います。

四　憲法「改正」について

今から五年前、安倍首相は、憲法「改正」を主張しました。ご存じのように、九六条の「改正」です。参議院の予算委員会で安倍首相は改正案を、「国会議員の二分の一、国民の過半数」にすると説明しました。その理由を、「三分の一を越える議員が反対すれば、議論すらできないのはおかしい」（平成二五年二月二六日　参議院予算委員会）と述べ、改憲のハードルを下げようと企図しました。

この発言に対し、護憲派は九六条の会を作り、「改正」反対の声があげ、改憲派の小林節慶応大学教授（当時）は、「九六条改正は『裏口入学』」と厳しく批判しました。小林教授のような改憲派の憲法学者から見ても、おかしな提案だったことがわかります。結局、九六条はなんだか知らないうちにうやむやになり、「先行改憲」という批判もあって、その旗を降ろしました。いま考えれば、安倍首相が信念から九六条「改正」を言い出したか、甚だ疑問です。

私は久しぶりに『読売新聞』（二〇一七年五月三日付）を熟読しました。「改憲」に関して安倍首相が、私の考えが書かれていると言ったからです（『読売新聞』への批判は、ここでは置いておきます）。安倍首相は、インタビューで九条の一項、二項は残したまま、三項に自衛隊の存在を明記すると答えています。安倍首相は「自衛隊が全力で任務を果たす姿に対し国民の信頼は九割を超えている一方、多くの憲法学者は『違憲』と言っている」と指摘し、「『違憲かも知れないが、何かあれば命を張ってくれ』というのはあまりに無責任」と理由を述べています。

私は、「現代社会」や「政経」の教科書に書かれている九条の記述を、あらためて調べてみました。九条に関する記述

は、「自衛隊は自衛のための必要最小限度の実力」であって、自衛隊は九条の禁ずる「戦力」ではないというものです。集団的自衛権行使も憲法上許されなかったが、二〇一四年、集団的自衛権を限定的に容認する閣議決定が行われたのち、自衛権行使の要件が改められ、二〇一五年には安全保障関連法が成立したと、事実経過を記載しています。教科書には、自衛隊は憲法学者の多くが違憲と考えている、違憲の疑いがあると考えている、とは書かれていません。自衛隊「合憲」が政府見解であって、検定を経た教科書の立場です。

なぜ、今、「合憲」の自衛隊を三項に明記したいのでしょうか。私には、とにかく憲法のどこかを変えたいという強い願望があるとしか思えません。変える箇所は、国民に異論の出ない条文や政党間で容易に合意できる条文を考えているのだと思います。

安倍首相は、憲法を「改正」して、大学等の高等教育の無償化にも言及しています。「中学校を卒業して社会人になる場合、高校を卒業して社会人になる場合、大学を卒業してなる場合。それぞれの平均賃金には相当の差がある。より高い教育を受ける機会をみんなが同じように持てなければならない。（中略）速やかに自民党改正案を提案できるようにしたい」と述べています。

私は、安倍首相の提案する高等教育の無償化に大賛成です。無償化によって多くの国民が高等教育を受けられることは良いことです。しかし理由は異なります。賃金が理由ではありません。私は高等教育を受けて、その結果、社会を批判的に考察できる国民が増えれば、日本社会がもっとまともな社会になると考えるからです。四年間、じっくりものを考えたり、本をたくさん読む経験は貴重です。社会人になったら絶対に出来ないこと、無駄だ、くだらないと思えることをやれるのは、大学生の時しかありません。こういう経験が、人を成長させると思います。

五　まとめ――全民研の実践に関連させて

本大会のテーマを「憲法施行七〇年と民主主義教育の課題」としました。一九四七年五月三日に憲法が施行され、今年は七〇年の節目の年です。七〇年前の憲法学の多数説・通説的な見解と、今日の多数説・通説的な見解は、相当、異なっていると思います。時代の変容や国民の意識の変化で、法律の解釈が異なることは、最高裁の違憲判決を見ても明らかです。七〇年前の憲法教育がどのような内容だったか、私は実践記録でしか知りませんが、今日の憲法教育とかなり違いがありました。

基調報告をするにあたって、私は手元にある全民研の機関誌「民主主義教育」を読み直しました。約五〇年前、全民研の初期の課題は、政治教育の内容を確定させることでした。その到達点として、第四回大会の基調報告で高野事務局長（当時）は政治教育の内容を、①民主主義的思想を身に付けること、②社会科学的認識を育てること、③主権者として行動能力の育成（『民主主義教育』一四号一九七三年秋号）をあげています。高野事務局長は堀尾輝久氏の言葉を引用しながら、「教師が民主主義者でなければ、民主主義を教えることはできない」とも述べています。

　実践記録では、何を教えるか（教育内容）に力点を置いた記録が多く見られます。例えば「国家をどう教えるか」「ファシズムをどう教えたか」、「平和教育をどうすすめたか」などです。実践記録は、教材選定の視点、教え方の順序性、教材の配列、教え方のポイントなどが中心に論述されています。学習方法としては、講義のほかに、班討論、発表学習、グループ学習などが見られます。

　機関誌『民主主義教育21』を読むと、教員の関心が何を教えるかより、どのように教えるか（学習方法）に重心が移ったことはわかります。どのような学習方法を用いれば、「平和的で民主的な主権者」を育成できるかという問題意識です。その到達点が二〇一四年に出版した『主権者教育のすすめ』です。

　教育実践は、時代とともに変化していきます。生徒が変容し、時代の状況が変わり、そして、教える側の問題意識も移っていくからです。本大会で、児童・生徒を「平和的で民主的な主権者」に育て上げるには、どのような教育実践が求められるか、皆さんとともに考え議論していきたいと思います。本大会での議論が、みなさんが教室や学校で行う実践の、何らかのヒントになれば大成功だと思います。三日間、よろしくお願いします。以上で基調報告を終わりにします。

（全民研事務局長）

全国民主主義教育研究会　第四八回大会　大会レポート

憲法施行七〇年と民主主義教育の課題

山﨑　裕康

二〇一七年度全国民主主義教育研究会の大会は、「憲法施行七〇年と民主主義教育の課題」をテーマに、七月二八日（金）から三〇日（日）まで、東京の国立オリンピック記念青少年総合センターで開催された。憲法が施行されたから七〇年がたったが、憲法が根づいたかを考えさせられる状況が続いている。儒教道徳と国家主義のブレンドを基本とする教育勅語で社会統合をめざすような人々が政権中枢にいたり、「個人を国家の上におく」のでなく、「国家を個人の上におく」ような、歴史の中で葬り去られた古めかしい国家像が繰り返し登場してくるような状況。今、あらためて「憲法と民主主義」を考え、大会に集う方々が、この「時代環境」を変化させる推進体となることを呼びかけた。

第一日目（七月二八日：センター棟三〇九号室）

【1】会長挨拶　高野哲郎（全民研会長）

【2】基調報告　菅澤康雄（全民研事務局長）

テーマ：「全民研と民主主義教育の課題」

【3】特別報告　新垣毅氏（琉球新報　東京報道部長）

テーマ：「沖縄の現状と自己決定権」

新垣氏の報告の後、映画「いのちの森　高江：高江住民の思い、闘いの記録」を視聴した。

第二日目（七月二九日）

【分科会】

第一分科会「民主主義思想と自治活動」（一〇七号室）
「沖縄旅行は、肩の力を抜いて」川口芳彦（埼玉県立浦和工業高校）
「今、福島のできごとに学ぶことは～高校生のフィールドワークでの学びの可能性」杉浦真理（立命館宇治中高校）
「クラス演劇から自立と連帯へ」山﨑裕康（東京都立井草高校）
「地歴・公民科における農業」多田統一（東京教育支援ボランティア）

第二分科会「憲法と平和」（一〇八号室）
「立憲主義の歴史的修正・発展」大坂誠（川崎市立野川中学校）
「憲法と平和の授業づくり―今日までそして明日から―」山本政俊（元　北海道足寄高校）
「憲法の授業、いろいろ教えてください」森田敏彦（埼玉・常任委員）
「一八歳成人を考える授業」斉木英範（大阪府立北千里高校）

第三分科会「学力と授業づくり＆デモクラカフェ」（五〇二号室）
「高校生が政治参加について主体的に考える授業―単元『田中角栄』から民主政治と政治参加を考える」事例として」渥美利文（東京・高校）
「比較生産費説をどう教えるか―経済理論の授業づくり―」杉浦正和（千葉・芝浦工業大学柏中高等学校）
「自然エネルギー一〇〇％社会のシナリオとビジョン―２０５０～２１００の持続可能な世界をどう創るか―」柏秀樹（香川県・全国委員）

三日目（七月三〇日：センター棟四〇一号室）

【１】会員総会
【２】大会記念講演
講師　木村草太（首都大学東京教授、憲法学専攻）
東京大学大学院法学政治学助手時代には、高橋和之教授に師事、学部時代には長谷部恭男教授のゼミに属す。
講演テーマ「憲法施行七〇年と憲法教育の課題」
【３】フィールドワーク：米軍横田基地・砂川学習資料館
大会終了後、ＪＲ立川駅北口に集合、バスで横田基地を一周する。東京平和委員会事務局次長の近森拡充氏がバスに乗車して解説をしてくれた。東京には、米軍の基地と施設が七カ所あり、その一つに長さ三三五〇メートルの滑走路を持つ「在日米軍横田基地」がある。バスから降り、第一八ゲート付近で解説を聞いていると、かなり遠くから車が来て、「写真を撮るな」と注意をうけた。このとき、トランプ米国大統領がここを使用して、来日するとは誰も思っていなかったと思う。次に砂川資料館に向う。そこは、公民館の一角にある小さな展示場。砂川闘争の写真を見ながら、会員の田中祐児の思い出を聞いた。
（事務局次長、東京都立井草高校）

全国民主主義教育研究会

第 49 回　全国大会のおしらせ

◆日時　2018 年 7 月 27 日（金）28 日（土）29 日（日）

◆場所　国立オリンピック記念青少年総合センター　センター棟

◆大会日程

7 月 27 日（金）　全体会　午後 1 時 30 分～

・基調報告

・高校新学習指導要領のシンポジウム

「新学習指導要領」「地理総合」「歴史総合」「公共」

・他

7 月 28 日（土）　分科会　午前 9 時 30 分～午後 5 時

・第一分科会　民主主義思想と自治活動

・第二分科会　憲法と平和

・第三分科会　学力と授業づくり＆デモクラカフェ

7 月 29 日（日）

・会員総会　午前 9 時 30 分～

・記念講演　午前 10 時 30 分～ 12 時

「憲法と教育」前川喜平氏（前文科省事務次官）

・29 日の午後フィールドワーク　第五福竜丸の見学　他

◆参加費　全日程　5000 円　学生 3000 円

◆宿泊申込みは受け付けます。

場所は国立オリンピック記念青少年総合センターです。

◆参加申し込み

〒 181-0022　東京都小平市上水本町 5 丁目 2-21-1-811 号　山﨑方

書評

●『判決から読みとく日本』石井俊光、杉浦正和、菅澤康雄、佐藤浩二、山口一雄、飯島裕希著　本の泉社　二〇一七年　日達　綾

●『13歳からの憲法入門』上田勝美著　かもがわ出版　二〇一七年　西川由布子

●『葛藤を組織する授業』服部進治著　同時代社　二〇一七年　山﨑　裕康

●『考えてみませんか　9条改憲』久保田貢著　新日本出版社　二〇一六年　大津　尚志

●『100万人が受けたい　社会科アクティブ授業モデル』河原和之著　明治図書　二〇一七年　八島　朔彦

『判決から読みとく日本――本社会のあり方を考える市民と社会科教師のための本』

石井俊光、杉浦正和、菅澤康雄、佐藤浩二、山口一雄、飯島裕希著　本の泉社　二〇一七年

日達　綾

夏の大会で入手した。タイトルにも惹かれたし、目次を見ると日頃教室で話題にしている裁判が主な内容である。「授業づくりで役立つかも」と感じたのが購入の動機だ。一読すると判決文の要約から論理を示すだけでなく、そのテーマに関連した様々な情報もあり、裁判所がいかに日本社会を変えてきたのか、変えているのか、日本社会そのもののカタチについて考えさせられた。著者である社会科教員たちは、当初教科書で取り上げられる判決をカバーした授業づくりのための資料集を目指していたという。しかし、それではダメだと気づいた。生徒たちが知りたいことは、学者たちの細かい概念や学説論争ではない。その裁判が、社会的にどのような意味を持つのか知りたいのだと。

第1部「裁判と憲法を読みとく」では、司法そのものを理解するための基礎知識や情報が数々のエピソードを中心に幅広くおさえられている。たとえば「裁判のあり方」は〈過払訴訟〉〈マタハラ訴訟〉〈令状なしのGPS捜査は違法〉と、社会に大きな影響を与えた最高裁判決を取り上げ、事例から分かり易く法律的知識が確認できる。さらに「裁判の独立と裁判官の独立」では、「裁判官は、

…良心に従い、独立して…職権を行い、…憲法及び法律にのみ拘束される」（憲法七六条）を理解するため、一九六九年提訴された長沼訴訟をあげている。その小見出しの一つは「裁判官は平等？ 上司も部下もない？」」。「司法権の独立」をこんな風に問いかけたら、生徒たちの目が生き生きするのではないだろうか。

　第2部「社会問題として判決を読みとく」の一五本の論考では、代表的な判決とそれに関連する情報から、今現在の社会問題に鋭く切り込んでいる。「社会を変える違憲判決」「国民の意思を正しく反映する選挙とは」「冤罪なのか、誤った裁判なのか」「朝日訴訟・堀木訴訟から見る社会保障制度」「プライバシーの保護と個人情報活用の規制」「歴史から学ぶハンセン病差別の構造」「死刑はやむをえない刑か」「長時間労働と過労自殺を止めるには」「騒音公害の差し止め請求の成果と課題」「人間らしい最期と安楽死・尊厳死」「母は誰？不妊が多い中の代理出産」「夫婦家族の多様化と夫婦別姓」…。どれも公民的分野の教科書や資料集で、非常に簡単な概略と判決の結論が記されているものばかりだ。

　生徒たちが主体的に思考し主権者として行動する資質を高めるために、どのような授業を創り上げるのか、社会科教員の多くは日々考えている。そんな時、誰かが読み解いた結論ではなく、判決文要旨とそれに関する情報、時には世界的な動向も含めまとまっている本書があったら…。そうここに記されているのは、日本社会のあり方を考える素材なのだ。しかも古きはもちろん、ごく最近の事例まで素材と呼ぶには時には重いテーマの数々。そこから思考するのは、生徒や私たちである。その自由を許しているところが、この本の魅力だと感じた。

（神奈川県立綾瀬西高等学校）

『13歳からの憲法入門』

上田勝美著　かもがわ出版　二〇一七年

西川由布子

　一八歳選挙権が導入され、高校生も選挙で投票するようになった。二〇一七年一〇月に行われた総選挙においては、私が想像したよりも多くの生徒達が「憲法改正」が争点の一つとなっていることにかなり敏感に反応していた。そして彼らが発する困惑のメッセージはどれも似通っている。「憲法は大事だって思ってるけど、よくわからない」「日本は戦争をするようになるの？」

「日本国憲法」について高校生は今まで何度も授業を受けてきたはずだ。中学校の公民、高校の現代社会や政治経済。だからこそ彼らは憲法の平和主義に言及する。それでも「憲法って、よくわからない」。彼らは憲法を自分の生活から距離があるものだと思っている。

　そんな彼らにぜひおススメだ。そう感

じたのが本書である。「13歳からの日本国憲法」という題名からも想像できるように、読者に語りかけるようなわかりやすい文章で書かれている。そもそも「憲法」とは何なのか、から始まり、日本国憲法誕生の歴史、日本国憲法に書かれている基本的人権、平和主義について。どれも具体例が示され、我々の日常生活を維持していくことと憲法はつながっていることがわかる。

もちろん中高生向けの本であるため、大人が読めば「これは公民の授業で習ったな」と思うような（思ってほしい）基本的なことが書かれている。しかし社会科教員の一人としてこう思う。「なぜ同じようなことを授業で習っているはずなのに、生徒は『よくわからない』と言うのだろう。そして、このような本が必要になってしまうのだろう」。答えは簡単。それは大人もよくわかっていないからである。子どもと違って「よくわからない」と口に出すのをためらってしまう分、よくわからないまま通り過ぎてしまっている。そして、わかってなくてもいいのだと思っている。大人が興味を示さないものを、子どもが理解しようと思うわけがない。子どもはバカじゃないから、大人の顔色をみて判断するのだ。

だからこの本を大人にも読んでほしいと思う。立憲主義とか人権とか、わかっているようで説明を求められるとホントはドキッとしてしまう大人に読んでいただきたい。そして本書の「はじめに」で書かれているように、「もっともっと憲法のことを勉強したいな」と憲法への興味を引き出すきっかけにしてもらいたい。そして私のように、生徒に「日本国憲法」を教える立場にある人も本書を読んで大いに反省すべきである。「ワタシの授業より、この本の方がよっぽどわかりやすく書かれているな」と（いや、「ワタシの授業の方がわかりやすい！」と自信をつけていただくのもいいかな）。

「憲法」ってすごく身近で、大事なもの。だからこそ子どもも大人も皆で理解していく努力が必要なのだ。

（千葉県立市川昴高等学校）

『葛藤を組織する授業——アナログな知性へのこだわり』

服部進治著　同時代社　二〇一七年

山﨑　裕康

「服部進治という男」を社会科教育傑出した実践家、理論家であることをはっきり見定めたのは、新進気鋭の研究者、村井大介氏である。彼は、ICレコーダーを片手に、全民研・都倫研の教員の勤務する学校、約束した喫茶店に次々に現れた。そして、「ある教師が物語った生のストーリー」を研究対象として集め、一連の諸論文と「ライフストーリーの中で教師は授業を如何に語るか—教師の授業観からみた社会科教育研究の課題」を書き上げた。この論文は、二〇一五年宮城教育大学で行われた日本社会科教育学会総会の席で「学会賞」を受賞する。この受賞論文の中での研究対象、A教諭とは、服部進治氏である。ここで村井氏は、服部社会科教育論の中核的概念をはっきりと「葛藤」と引き出している。

本書は、機関誌『民主主義教育21』と単行本『主権者教育のすすめ』（全民研編：同時代社、二〇一四年）に掲載された論説を加筆・修正してシェイプアップした内容（第1章〜5章）、今回のために書き下ろしの内容（第6章）から構成されている。章立ては以下のとおり。

第1章「デジタル思考」について―宗教を切り口とした学びとの比較、第2章　葛藤を組織する社会科の授業、第3章　福島をフクシマへと普遍化する授業の試み―原発と原爆をめぐる葛藤の組織化、第4章「言葉」にこだわり、葛藤を組織する授業―学生が抱いた授業への違和感をめぐって、第5章「A教論」のライフストーリー―授業観を支える価値意識について、第6章　得度した社会科教師の宗教断章―歴史学者上原専禄と対話しながら、終章　社会科学習の成立。

服部氏が教育実践を通して「闘っている時代」とは何か。それは「デジタル思考ないしデジタル社会化」、「グローバル資本主義ないし新自由主義化」と言えるだろう。さらにこの時代に抗うために「冷笑的相対主義と善悪二項対立」を越える、生徒の中に「葛藤」をつくる社会科教育の実践探究を強く意識している。

デジタルという言葉は、コンピューターの機能と深く結びつく語句。「すべてを0か1で割り切る」思考のこと。このデジタル思考が、自然科学以外の複雑な人間の領域に当てはめられると、異質な他者に対する否定から排除の論理へとなってしまう。このデジタル思考は、「反知性主義」でもある。競争と自己責任の競争を強いているグローバル資本主義は、行き詰まりを見せつつも、人間の尊厳と人間の連帯に無関心、もしくは目を向かせないマジックをもつ。このような時代状況に抗う社会科の授業として、「宗教からの教育」、「葛藤を組織する授業」、「中間項の理論」、「批判力を育てる」などが提案されている。例えば、原理主義や現代のカルトの独善的なデジタル思考を批判していくというスタイルの宗教教育でなく、既成の価値観を揺さぶる、打ち壊すために、「宗教からの教育」を手段として使うことが提唱されている。具体的な例としてマタイ二〇章「ぶどう園の労働者のたとえ」の授業が紹介されている。この譬え話は、「朝から働いた人、九時から働いた人、一二時から働いた人、五時から一時間しか働かない人が、一律に銀貨1枚を主人から貰う、当然最初のものが不平を言う」というものである。イエスという男らの傑出した宗教家は、言語能力が極めて巧みであり、逆説的な表現を多用する「逆説的反逆者」である。さらに、彼が生きる時代に立つ人々である。浄土真宗開祖親鸞の主流派の人々でなく、社会的弱者の側に立つ人々である。浄土真宗開祖親鸞の有名な「善人なほ往生を遂ぐ、いわんや悪人をや」も自らの価値観や現実認識の依って来るところを根本的に問い直す、ものなのである。これらを教材化する。

先に述べたが、「二項対立、敵味方という善悪二分法の問いかけ」では、生徒は「葛藤」を引き起こさない。民主主義社会の成熟には、少し立ち止まり、「これでいいのか」と、「問い」を共有し合う人間関係こそ教室に必要である、と服部氏は主張する。この基本哲学は、全民研内外の教育方法（競技ディベート・アクティブラーニング）に対する強い対抗意識の中で形成・発展してきたものと言えるだろう。ここから、オリジナリティのある授業実践が展開されている。例えば、次のような題材が用いられる。

＊朝日訴訟の茂さんに宛てた、日雇い労働者の手紙

「生存権を学習するときに、一般的には紹介されることの多い、朝日茂さんに、日当二四〇円の労働者が手紙をだした。彼は人から嫌われたり、危険な仕事している。雨が降ったらその仕事もない。その労働者が朝日さんに『あなたは贅沢だ』と言うのだ」。

＊「僕のお父さんは東電社員」というタイトルの新聞投稿

「原発は怖いとか危険だという授業ではだめ、この東電に勤務する子どもにとって、原発とはどういうふうに考えたらいいのか、を考えさせる文章。一方の立場でなく、違う立場、複眼的な視点で考えさせられる内容」。

＊三浦綾子の小説『母』

「憲法の『思想・良心の自由』を扱う際、小林多喜二に対する拷問の場面をなまなましく語ることで権力の怖さを伝えるのでなく、彼の母セキの生き方を語る。セキは『夫を愛し、子どもを愛する、心根の優しい女性』である。他方、民衆のもつ権力に対するしたたかさと批判性をもつ。多喜二の強さは、この母から受け継いだもの」。

紙幅の関係で、服部氏が提唱する授業哲学、教授方法に関して触れられなかったことが多々ある。それは、みなさんが手にとって読み、学んでほしい。機会があれば、著者を呼び読書会を開きたい。

最後に、この本は「白黒のつかない問題と向き合い続ける力を育む、今、教育で最も求められているもの」と、清水克行氏（日本史学者：明治大学）によって「今年の三冊」の一つとして推奨された（「読売新聞」二〇一七年一二月二四日付朝刊）ことを記しておく。

（東京都立井草高校）

『考えてみませんか　9条改憲』

久保田貢著　新日本出版社　二〇一六年

大津　尚志

二〇一五年九月一九日に「安保関連法」が成立した。その後、二〇一六年七月には参議院選挙が行われた。「改憲に前向き」といわれる政党に所属する議員が衆・参議院で三分の二を超えている以上、憲法改正の発議は可能な状況にある。そういった状況のなか、二〇一六年一二月に本書は出版された。

筆者は、以下の四つのことについて、

人々があまり意識していなかったのではないかと感じているという。

1 そもそも安保関連法で何が変ったのかについて

2 日本国憲法の立憲主義の意味について

3 日本国憲法の意義・平和主義・第9条の意味について

4 国際情勢が変化している中で、日本の安保政策も変るべき、という政府側の論調について

それぞれの項目にかかわる事項について、特に近年の憲法社会学的動向をわかりやすく説明している。米軍基地や平和に関する記念碑などの図版は豊富に使われている。実地を訪問する学習のための一助にもなるであろう。

安保関連法で何が変わったのか。安保関連法の問題点として、「集団的自衛権」の名の下にこれまで侵略戦争が繰り返されてきたこと、「後方支援」は戦争の一部に加担することに他ならないことを、筆者は挙げている。安保関連法により、「我が国と密接な関係にある他国に対する武力攻撃が発生し、これにより我が国の存立が脅かされ、国民の生命、自由及び幸福追求の権利が根底から覆される明白な危険がある事態」が認められた場合に、内閣総理大臣は自衛隊の出動を命じることができることとなった。出動命令が濫用されないという保障はない。筆者は一方で「安保法案の成立したことすら知らない学生が大多数である」とも述べている。

本書の出版後にも二〇一七年九月に衆議院選挙が行われた。自由民主党は選挙公約に結党以来はじめて「憲法改正」を載せ、改正すべき事項のなかには「自衛隊の明記」が含まれている。どのような改正が行われるかの文案の確定は現時点では行われていない。しかし、憲法九条三項が「加憲」されることにより、自衛隊が憲法に明記され、二項の「戦力の不保持」はますます骨抜きになるかもしれない。今後、憲法「改正」論議はヒートアップすることが予想される。憲法「改正」が「発議」され、国民投票が行われる可能性もある状況下にある。一方で、憲法改正問題に関する無関心も高校・大学生の間に存在するといわざるをえない。議論の前提としては本書を理解することが、大きな助けになると思われる。

（兵庫・武庫川女子大学）

『100万人が受けたい　社会科アクティブ授業モデル』

河原和之著　明治図書　二〇一七年

八島　朔彦

「『EUの課題は何か?』というテーマは、いつの間にか『今日、テレビ番組は何を見る?』に勝手に変わってしまう」。社会科の授業で生徒に話し合いの活動をさせる際の難しさについて、本書の編者河原和之さんが指摘している一節だ。私

を含め多くの教師が、「主体的・対話的で深い学び」を生徒に体験させようと試みては、実際に直面している事態ではないだろうか。もっとも、このようなことは話し合いなどの活動型の授業に限ったことではなく、教員が一方的に講義する授業であっても（むしろその時のほうが）、生徒一人一人の頭のなかで人知れず起きていることだろう。生徒を「主体的・対話的」な学びに引き付けるためには、「一言言いたい」「知りたい」と思わせる面白いネタが必要であり、一度つかんだ生徒の興味・関心を放さず、生徒に思考させ「深い学び」にまで誘う方法論が必要だ。本書はコンパクトながら二七人の先生方による四九の授業実践（地理一四、歴史二三、公民一二）を収録しており、「主体的・対話的で深い学び」を実現するネタ、方法のアイデアを手軽に学ぶことができる。

どの授業も実践してみたいと思わせるものばかりだが、私が特に興味を惹かれたものをいくつか紹介したい。〝Buy 1 Get 1 Free〟という販売方法（日本では一枚買うと一枚無料という宅配ピザ販売でお馴染み）を導入のネタとした地理の授業は、その販売方法がなぜ企業にとって得になるのか、生徒の素朴な好奇心を喚起し、そのからくりについて思考を活性化させたうえで、背後にある大量生産・大量消費のメリット・デメリットを考察するという深い学びにつなげている。歴史では、徳川吉宗についての授業が面白い。吉宗の幕政を、目安箱に投じられた倹約令批判や、同時代の尾張藩主徳川宗春の消費奨励策と対比させたうえで、吉宗の政策をダイヤモンドランキングで評価させる。生徒を吉宗の時代に引き寄せて思考させつつ、現代の政策判断能力をも養う授業だ。公民では、殺人事件を仮定して生徒に一カ月まえのアリバイの立証をもとめる授業。中学生が犯人と間違われた実際にあった事件を題材に、憲法による人権保障の学習を自分たちの身を守るための切実な課題にしている。

本書の難点としては、多くの授業実践を収録しているため、一つ一つの実践が二頁または四頁の紙幅に限られ、授業の概要か具体的展開の一部分しか紹介されていないことが挙げられるかもしれない。そのため本書は、これに従えばすぐさま活動型の授業ができるという類のものではない。紹介されているアイデアを実践するには、読者の教員一人ひとりが、主体性を発揮し、それぞれの生徒との対話を想定して授業をつくり直すことが必要だ。あるいはそれは、本書が教員自身にも授業づくりについて「主体的・対話的で深い学び」を求めているということなのかもしれない。

（千葉・芝浦工業大学柏中学高等学校）

◇全国民主主義教育研究会とは？

・一九七〇年の結成以来、「主権者を育てる民主主義教育」を研究テーマに掲げ、年一回の夏季全国大会、一月の中間研究集会のほか、研究委員会を開催しています。

・機関誌「民主主義教育21」（年一回）…全国民主主義教育研究会の機関誌「民主主義教育」（一九七〇年創刊。のちに「未来をひらく教育」に名称変更）は、一三九号まで刊行してまいりました。二〇〇七年四月より「民主主義教育21」と改称し、民主主義教育の専門誌としての性格をより鮮明に打ち出すことに致しました。『新学習指導要領批判と主権者・憲法教育』は、「民主主義教育21」シリーズの第一二号ではありますが、実質的には通巻一五一号として位置づけたいと考えています。

編集後記

次期学習指導要領が完成し、児童生徒たちにどんな教育が提示されたのか。「主体的・対話的な深い学び」は、多くの民間教育団体で取り組まれてきた。主権者教育でも模擬投票などの学習が進んでいる。今回企画した主権者教育としての憲法教育も然りである。

AIの人類的脅威を語り、グローバルな競争社会に生きる力を育むように、「社会に開かれた学校」も言われる。一部の富者、能力者のみが富んでゆくような教育に抗して、生徒児童の発達を保障し、生きる力を切り開き、授業づくり、生活指導、生徒会等自主活動に求められている。

今特集では、憲法教育をさらに主権者教育に位置付ける視点で特集されている。また、新学習指導要領は、公民科教育に地歴科の新科目、一部中学の社会科教育にも触れている。会員外の論考に学ぶところが大きい。今号は社会科系民間教育団体からの総合的な新学習指導要領批判第一号になる。会員の皆様、読者の皆様。今号を周りの生徒に良い教育を望んでいる先生方、憲法教育に関心のある市民に、今号を広めていただきたい。

今年は、憲法発議の年になる。狼は来ます。憲法改正問題を教室で、「人格の完成をめざし、平和的な国家及び社会の形成者」の生徒を育てる方向で展開しましょう。

（機関誌編集長　杉浦真理）

本誌は、全国民主主義教育研究会の機関誌（「民主主義教育」「未来をひらく教育」）としては、通号一五一号となります。

民主主義教育21 Vol.12

新学習指導要領批判と主権者・憲法教育

二〇一八年四月一五日発行

編集　全国民主主義教育研究会

発行　株式会社　同時代社
〒一〇一―〇〇六五
東京都千代田区西神田二―七―六
電　話　〇三（三二六一）三一四九
ＦＡＸ　〇三（三二六一）三二三七

印刷　中央精版印刷株式会社

ISBN 978-4-88683-835-3

全国民主主義教育研究会（略称：全民研）

入会のよびかけ

全国民主主義教育研究会（略称：全民研）は、民間の教育・研究団体として1970年7月に結成されました。「平和で民主的な社会の主権者たる国民の育成をめざす政治教育の研究」を行う団体として、社会科教育、道徳教育、学級づくり、学校づくりに取り組んできました。近年は、18歳選挙権、模擬投票、教育の「政治的中立性」、新科目「公共」などを実践・研究しています。

◆ 全民研の活動

7月末に全国大会、1月はじめに中間研究集会、支部例会を開催し、研究者やジャーナリストによる講演と授業実践の交流を行っています。

◆ 会員になるには

年会費5500円を振り込み、申込書を郵送するか、メールで申し込んで下さい。会員になると機関誌（年1回）、会報（年3回）、全民研の刊行する書籍を送ります。会員は機関誌へ研究論文や実践報告を投稿できます。

◆ 機関誌読者になるには

機関誌の購読費2000円をお支払い下さい。年1回発行の機関誌を送ります。

◆ 連絡先

下記まで、郵送かメールで連絡をお願いします。

〒273-0123　千葉県鎌ヶ谷市南初富1-18-5-2　菅澤康雄　方

メールアドレス　sugasawaya@jcom.home.ne.jp

◆ 会費及び機関誌代の振込先

郵便振替口座番号　00120-1-97883　加入者名　全国民主主義教育研究会

（振り込み用紙は郵便局にあります）

全国民主主義教育研究会　入会申込書　（　会員　　機関誌読者　）

○を付けて下さい

氏　名（　　　　　　　　　　　　　　）　連絡先電話

メールアドレス

住　所　　　　　　　　　　　勤務先（　　　　　　　　）